BLACK SWAN 黑天鹅图书

为 人 生 提 供 领 跑 世 界 的 力 量

BLACK SWAN

社会企业的力量

POWER OF GOOD

HOW SOCIAL ENTERPRISE IS SHAKING THE WORLD!

社企流 著

九州出版社 JIUZHOUPRESS

图书在版编目（CIP）数据

社会企业的力量 / 社企流著. —北京：九州出版社，2015.7
ISBN 978-7-5108-3852-1

Ⅰ．①社… Ⅱ．①社… Ⅲ．①企业管理－研究－中国
Ⅳ．①F279.23

中国版本图书馆CIP数据核字（2015）第181003号

社会企业的力量

作　　者	社企流　著
出版发行	九州出版社
出 版 人	黄宪华
地　　址	北京市西城区阜外大街甲35号（100037）
发行电话	(010)68992190/3/5/6
网　　址	www.jiuzhoupress.com
电子信箱	jiuzhou@jiuzhoupress.com
印　　刷	三河市嘉科万达彩色印刷有限公司
开　　本	710毫米×1000毫米　16开
印　　张	20
字　　数	348千字
版　　次	2015年9月第1版
印　　次	2015年9月第1次印刷
书　　号	ISBN 978-7-5108-3852-1
定　　价	58.00元

目录

第四章 | **改变世界的十二堂社企课——067**

目录

推荐序

社会企业创业发展需要良好的生态环境

李开复博士　创新工场董事长兼首席执行官

　　秉承有善爱之心、有影响力、有资金力量的各界人士的关注与推动，中国的公益慈善事业已经在很大程度上被感知、被认识、被参与，特别是诸多年轻人积极投身其中。公益慈善事业也因得到政府、非营利组织的鼓励和扶持而形成了相对良性的发展空间。比较起来，更具财务生存能力、产品及服务可持续发展、以企业经营方式解决公益需求与社会问题的社会企业，在中国大陆地区还处于初期阶段。一些年轻人、一部分有志于解决社会问题与需求的人士，正在以他们的勇气、智慧与见识，探索辽阔地域上的社会企业发展之路，学习进步国家和地区的方法和实践经验，结合国内的环境、政策、利益现状，摸索看得清、行得通、走得远的发展之路。这个历程中的困难、障碍、牺牲很多，但社会企业的创业、生存和发展，也像传统企业、科技企业或者互联网企业一样，期待共同力量的推动与支持，来创造出一片良好的生态环境与成长空间。发达国家和地区社会企业的发展历程告诉我们，用企业化方式解决亟待解决的社会需求和问题是一条行之有效的道路，希望国内更多的力量走到社会企业创业的第一线，为社会企业的生长与发展做出积极的贡献。

一千个种子对世界的全新想象

林以涵　社企流联合创始人

　　"社企流"萌芽于2011年夏天。当时我因工作接触到英美等国各种社会创新、创业模式而深受感动和启发，也有幸认识了一些为中国台湾社会企业发展努力的朋友。

　　我们发现，社会企业在台湾是一个持续成长、潜力无穷的新兴领域，许多创业者已在这块土地上深耕数年，运用不同的商业模式，改善关于弱势就业、环境保护、教育文化、农业经营等社会问题，对社会企业有兴趣而希望投入的青壮年也越发增加。

　　但台湾的社会企业，在大中华区、亚洲，甚至全世界的舞台上，交流与能见度都较低。一来国际交流活动皆使用英文沟通，以中文为母语的台湾创业者们的参与度有限；二来台湾社会企业尚未形成一个完整的生态系统，创业者多在各领域单打独斗，不确定同行与各种资源（如资金、顾问、研究、产业交流等）何在。

从当下能做的事开始

　　有感于这个领域的信息不对称与缺乏联结，我当时便有了"成立一个社会企业主题网站"的想法——专门撰写、分享与沟通有关社会企业的信息与资源。通过与几位前辈讨论，以及靖恩、玫成、宜萍、博渊、祖仪、荷杰等热血伙伴的加入，"社企流"于2012年2月6日正式上线。

　　诺贝尔和平奖得主，同时也是社会企业先驱的穆罕默德·尤努斯（Muhammad Yunus）曾说："从自己开始，做些有开创性意义的事。"这也是我们的初衷。社企流的LOGO专达了我们的使命：希望通过以中文介绍"社会企业"这个概念，累积大家对于"运用创新商业力量改善社会问题"的知识与智慧，降低知识落差；也希望创造出各种交流圈，让在不同领域或地区的社会创业者们互相交流，将台湾甚至全球社会企业领域串联起来。

网站上线至今两年，共分享超过1000篇文章，从即时新闻、采访报道到专栏评析，集结全球各地社会创新与社会企业的趋势和观察，并提供相关案例索引、资源联结、人才招募、活动分享等信息。截至2014年2月，社企流也走出网络，举办了16场大小型演讲、5场工作坊、2次国际参访等活动，让参加者和社会企业实务工作者面对面交流，认识志同道合的伙伴，累积超过1800位参加者，更受邀在超过50个企业与校园做讲座分享。

自我期许：共创、共好、共享、真忱

2013年2月，社企流举办一周年论坛"500个种子对世界的想象"，参与者们分享关于梦想、天赋、勇气、实践、坚持的故事，也激发出更多社企流能做、想做的事，包括通过出版，将新思维与更多人分享。

作为一个信息平台，我们从零开始，学习运用群体智慧创造社会资本，很幸运地遇到一群认同共创（co-creation）、共享（co-sharing）、共好（co-living）等理念、创新且"真忱"（为"真诚"加上"热忱"的新词汇，呼应我们的创新）的志愿者伙伴，从草创期的六七位渐增至目前的50位左右，累积起些微支持，也看到更多要努力的地方。

成立两年以来，社企流尝试经营跨越两岸和香港的社会企业社群，从数十位志愿者、数万名阅读信息的"关注者"、数千名参加活动的"支持者"，到许多向社企流表达想创立或参与社会企业的潜在"行动者"，逐渐形成一个小型生态圈，充满能量与资源。

走过懵懂摸索的2012年、站稳脚步的2013年，我们注册为正式组织，一步步朝着持续经营迈进。现在，社企流面对另一个新阶段的展开——除了持续提供更优质的内容与活动，我们也积极提倡From Idea to Action（从点子到行动）的实战精神，整合想创立或支持社会企业的资源，让更多改善社会的好想法与行动，能从这里萌芽并茁壮成长。

出版此书之际，我们衷心感谢所有至今参与社企流的朋友，也期望有更多新朋友一起加入这个社群交流学习。

第一章

社会企业考察笔记

用创新的商业力量改变世界——社会企业，在全球不同城市落地生根、遍地开花！

从创新、创业的角度出发，针对社会问题提出解决方案，积极面对机遇和挑战，勇于把变革带入我们的生活中并付诸实践。

社会企业，是翻转世界的变革力量！

十二座城市的社会企业考察笔记

在美国念研究生的经验，加上毕业后在台湾远端为一家提供"用商业力量改善社会"咨询服务的美国独立顾问公司工作，过去4年来我有机会走访许多城市，观察"社会企业"这个跨领域的新思维如何落实在不同社会中。从新加坡、河内、马尼拉、香港、上海、南宁、台北、东京、硅谷、波士顿、奥斯汀到伦敦，我观察到这个概念不分国家或地区的共享价值，也看见它落地生根后在各地的本土面貌，学习过程充满感动与启发。这些宝贵经验，种下我们于2012年在台湾创立"社企流"的种子。

改变社会的课堂作业

时间拉回到2009年秋天，当时的我在美国得州大学奥斯汀分校攻读公共事务硕士，那学期修了一门名为"社会创业"（Social Entrepreneurship）的课程。在选课系统中看到这门课时，我疑惑政策学院怎么会开设与创业相关的课程，查询后发现这是一个跨领域的新概念。当时的我并没有想到，课程结束后自己的人生会与它密不可分，我会继续投入许多时间认识、实践这个主题。

那年秋天戴尔公司在得州大学举办"社会创新挑战赛"，鼓励学生们运用创新思维，设计出改善社会问题的产品和服务。决赛时我坐在台下，看见台上名为陈珍（Jane Chen）的年轻女孩，手拿着一个很像睡袋的东西，利落地介绍着商业模式，并说道："我们用不到传统保温箱百分之一的价格，要让全世界的早产儿，都有平等机会拥抱健康人生！"这个名为"Embrace"（"拥抱"，参考第46页）的团队不负众望获得竞赛冠军。当时陈珍手上的保温袋，后来经过无数次改良，在印度、中国大陆、索马里等地销售，造福近千名无法负担昂贵保温箱的早产儿。Embrace团队也于之后几年站稳脚跟，陆续在TED和许多创新创业奖项中崭露头角，而这一切的开始，仅是4名斯坦福大学学生的课堂作业。

同样是课堂作业，以朱莉亚·西尔弗曼（Julia Silverman）为首的4名哈佛大学学生则有了"边踢球、边发电"的疯狂想法，希望用世界上最流行的运动，改善世界上最严重的发展问题。他们设计出电力足球"sOccket"（参考第40页），

1. 台北
社企流一周年论坛"500个种子对世界的想象"，超800位朋友共襄盛举。
2. 台北
社企流马年春酒，志愿者伙伴们一起做料理交朋友。
3. 奥斯汀
"戴尔社会创新挑战赛"参赛现场。（官网图片）
4. 奥斯汀
"戴尔社会创新挑战赛"鼓励年轻学生以创新思维改善社会问题。（官网图片）
5. 奥斯汀
"戴尔社会创新挑战赛"得奖者迈出社会创业的第一步。（官网图片）

为超过一万名家庭带来稳定电力。这个充满创意与乐趣的环保发电方式深受欢迎，美国前总统克林顿、现任总统奥巴马踢过电力足球后也大为赞赏。在与朱莉亚·西尔弗曼的访谈中，她提到当初创业动机在于"想要从人们现有且喜欢的行为中创新，用艺术和科学解决问题"。我身边一位电机专业的朋友说，"sOccket"的原理并不难，电机系毕业的大学生都可制作出类似产品。也许，"善于创新"的关键并非是"做不到"，而是"没想到"。

尤努斯，推动世界前进的梦想家

　　由于硕士毕业后的工作非常特别，我得以"脚踏两条船"：一边通过工作学习美国、英国等国家相关趋势与案例；一边实地走访台湾具有这样思维的创业者。面对存在贫穷、歧视、失学等问题的社会，他们勇于做梦、勇于实践，努力弥补社会断层。有人梦想让社会大众看见身心障碍者同等优秀的工作能力，有人梦想入口食材皆来自亲爱的土地，有人梦想把垃圾变黄金，有人梦想有朝一日所有人能以消费"投票"，让生活所需贸易皆能公平。

　　而最让我惊喜的，莫过于2012年夏天在台北听到穆罕默德·尤努斯博士的演讲。穿着孟加拉国传统服饰的他，当时已经72岁了，依旧神采飞扬，朴实、亲切，说起话来眼神坚定。看着台上笑得淡定的尤努斯，我努力想象他经历过的艰难关卡——放弃教职，甚至被自己一手创办的组织罢职，

1. 奥斯汀
在得州大学奥斯汀分校"社会创业"课堂上，学生分组提案创业想法和商业模式。
2. 新加坡
亚洲公益创投网络于2013年举办首届年度论坛。
3. 台北
"穷人银行"先驱尤努斯于台北演讲。
4. 上海
上海市"社会创新孵化园"为中国第一处社会创新园区。
5. 香港
"社企民间高峰会"是亚洲社会企业领域最大型聚会。

只为实践"将贫穷送进博物馆"的理想。从不崇拜偶像的我，觉得有点激动，还起了鸡皮疙瘩。

原先在美国大学担任经济学教授的尤努斯，于20世纪70年代中期回到刚独立的孟加拉国，发现穷人被视为金融贱民，传统银行不愿和没有抵押品的他们打交道，因此穷人往往身陷高利贷的恶性循环。他认为贫穷并不是个人错误，而是系统失灵，人类建立了一套制度让社会运转更有效率，却也牺牲了某些人的权益，仿佛将他们置于垃圾桶中。

"为什么我们不将这系统丢到垃圾桶呢？""传统银行怎么做，我就做得和它们完全相反就对了！"就是这念头，让他开启了借钱给贫民的创新尝试：在1983年于孟加拉国创立"格莱珉银行"（Grameen Bank），小额贷款给无法在一般银行开户的穷人，且无须抵押品。银行专往偏远乡村设点，因此常被称为"乡村银行"或"穷人银行"。

很多人觉得他疯了，也认为他铁定失败，但尤努斯运用经济学知识，设计不同于传统金融机构的机制，以团体借贷搭配财务与金融训练课程，让穷人相互监督、学会财务管理，并运用借款为自己的生意融资，进而自力更生。他亦鼓励极少数掌握家中经济权的妇女申请贷款，帮助孩子上学，为穷人、女性、下一代赋予信用与尊严。

从孟加拉国到全世界，尤努斯帮助超过1亿人脱贫自立，扭转"穷人无信用"的刻板印象。格莱珉银行至今已提供超过50亿美元（约为310亿元人民币）贷款给孟加拉国当地人民，小额信贷（Micro-Credit）的创新模式，结合了传统企业的动态竞争与社会良知慈善的目的，也在全世界形成极大影响，尤努斯更于2006年荣获诺贝尔和平奖。"我只为弱势的人做微小的事。"尤努斯说。所以他把这项创新取名为Micro-Credit，即小额信贷，也是小额肯定①，为最需要的人赋权。

人类因为想登陆月球而发明火箭，是科技实践科学幻想（science fiction）的好例子，我们也可以从社会幻想（social fiction）出发，想象一个没有贫穷的社会，便能发展出实现这个理想的方法。如司萧伯纳的名言："讲理的人要求自己适应世界，不讲理的人要改变世界来适应自己。所以，所有进步都有赖于不讲理的人（unreasonable people）。"

尤努斯曾提到，推动世界的从来不是专家，而是梦想家，他本人就是最好的例子。被问到当初哪来的勇气时，他说："我当初根本不知道自己会成功，做了再说，但我从来不放弃。"他教会我的是改变心态的方法与坚持实践数十年的勇气，从曲高和寡到万人景仰，他依旧亲民，古稀之年仍奔走于世界各地演讲并写书，努力推广以商业力量改善社会问题的各种可能，也被公认为是以创新、创业思维改变社会的先驱。

1. 香港
iBakery爱烘焙面包工房装潢精致，餐点美味。
2. 香港
社企流赴香港参访用心经营的社会企业。
3. 香港
社企流赴香港参加"社企民间高峰会"。
4. 东京·台北
Motherhouse在日本、中国台湾设有店面，展售孟加拉国人民制造的手提包，改善当地就业与经济。
5. 东京·台北
山口绘理子分享Motherhouse的新书。

①此为双关，credit有"资金"与"肯定"双重意思。

005

1. 东京·台北
日本皮件品牌Motherhouse，创办人山口绘理子来台与社企流分享创业经验。
2. 台北
胜利身心障碍潜能发展中心张英树主任（右三）找到整合身障者能力的成功商业模式。
3. 伦敦
Unseen Tours让游民当导游。
4. 伦敦
伦敦游民接受培训后成为当地导游，经济自立又自信。
5. 伦敦
伦敦街友带你体验"看不见的伦敦"。

不需要标签，不依赖援助

2013年11月底，我与朋友在香港造访"iBakery爱烘焙面包工房"，店铺位处热闹的新政府总部大楼一楼，一进门大家就被精致的装潢及美味的食物所吸引。负责人告诉我们，工房由非营利组织"东华三院"设立，为精神康复者提供就业机会与职业训练，一部分利润用来运营餐厅，另一部分利润用来支持东华三院"不同能力、同一热爱"的共融理念。餐厅陈列的画作、手工艺品、有机盆栽等，也都出于精神康复者的巧手。"这里一点都不像印象中非营利组织所经营的餐厅——一开始你会出于爱心支持，但食物却很难让人不想再度光临。"同行朋友这么说道。我发现餐厅内没有捐款箱，宣传品上也没有募款账号。大家看到圣诞曲奇饼礼盒的精美包装，纷纷想掏腰包订购，却被告知礼盒早已销售一空，每年都供不应求，可见消费者对iBakery品牌的肯定。

许多从创新、创业角度出发，试图改善社会的改变者（Change Maker），彻底落实企业经营管理的思维，而不刻意强调自身的公益价值。在社企流邀请这些创业者来分享的讲座中，最常见的观众提问便是："作为一个社会企业创业者（Social Entrepreneur）有何感想？"还记得成功进驻新宿、池袋等多家百货公司的日本皮件品牌Motherhouse（参考第68页）创办人山口绘理子小姐，在200多名听众前直率回答："我从来都不觉得自己是什么社会企业创业者，我只是做自己喜欢的事，在孟加拉国工厂和伙伴们一起画图设计、制作出有品质的包包，努力在发展中国家打造一流的品牌，仅此而已。"

走进台湾大学第二学生活动中心一楼的全家便利商店，顾客大排长龙，收银员有条不紊地为消费者结账，另一位店员补货、清洁、加热食品的动作十分利落。他们虽是残障人士，但通过取得全家加盟、经营的"胜利身心障碍潜能发展中心"（参考第192页）的训练，已能独当一面，克服恐惧并热情招呼顾客。中心负责人张英树主任　也常说自己不了解什么是社会企业，然而经营非营利组织的他不主动募款，十几年来积极开发符合市场需求，也能整合残障者能力的产品和服务，从不断尝试中找寻成功的商业模式及有效的运营管理方法。认为创业就像是自己DNA的他，凭借这股信念，把赋予残障者工作机会的路走得更长远。

为他打造舞台，他可以撑起全场目光

被誉为新加坡首屈一指的街舞学院"O School"，演出经常一票难求，无论是热情奔放的动感舞曲，或是柔美和缓的慢步调情歌，舞者们都十分在行，让台下观众也完全陶醉其中。这个当红组织，其实是创办人肯尼·罗（Kenny Law）当初为了协助一位无法找到稳定工作的舞者朋友所设立的，他逐渐发现可以运用此力量处理中途辍学、低收入等边缘青少年的问题，于是招募、培训对舞蹈有兴趣与天分的青少年，并通过学院举办的各项表演活动，为他们提供展现才能的机会与工作收入，表演邀约供不应求，他们更是许多国际巨星的指定伴舞。

源自德国、在两岸和香港皆有的"黑暗中对话"（参考第133页），培训视障人士担任主持人，在伸手不见五指的环境中，带领参加者以团队合作方式完成各项体验游戏，更让视障人士跃上"黑暗演唱会"舞台分享美妙歌喉。英国伦敦一群年轻人成立"Unseen Tours"（未见之旅）机构（参考第56页），使以观光胜地为家、对当地文化了如指掌的游民，摇身一变成为这个城市的另类导游。我有幸成为"团员"，曾住在伦敦大桥底下的导游，带我们一行人游览周遭大街小巷，还在知名剧作家莎士比亚故居前，为我们吟唱莎士比亚经典歌剧，是让我非常惊艳、难忘的一次小旅行。

主流与弱势，很多时候只是我们的主观划分，这些创业者以行动告诉我们，社会普遍认为的"受助者"，其实也可以担当"助人"的角色，若能为他们打造出适合的舞台，他们绝对可以撑起全场。

1. 波士顿
易社在哈佛大学进行的社会企业创业者培训计划。
2. 波士顿
易社学员，参访美国东西岸知名大学接受社会创业相关培训。
3. 波士顿
紧凑充实的易社美国培训行程，种下两岸和香港社会创新、创业的种子。

打破闷经济，社会企业做好事又能获利

有次参加《天下杂志》"新创业精神"专题发表会，主办单位希望探讨台湾新一波的创新与创业，鼓励社会摆脱"闷经济"，更是邀请台湾十大顶尖创业者（如宏碁施振荣、PChome詹宏志、王品戴胜益等），与7000位网友进行全台首次跨时代"创业调查"。被问到创业成功的关键原因时，十位创业者一致认为是"时势造英雄"，民众大多认为是"英雄造时势"。

2013年，我有幸参加ECSEL易社计划（Empowering Chinese Social Enterprise Leaders Program）的培训，此计划由美国慈善家钱威廉（William Schoenfeld）发起，希望提供教育训练、顾问咨询、交流网络等支持，协助两岸和香港的创业者，运用创新、可持续的商业途径解决社会与环境问题。我在培训中认识了绰号"垃圾小王子"的汪剑超，曾是微软工程师的他，注意到大陆环境污染问题严重的一大原因来自再生回收未被落实，于是加入"绿色地球"。他发挥自己的信息专长，从四川成都开始，给每包垃圾贴上条码，回收时换算成积分，每个家庭可用积分换取生活日用品，每扔一次垃圾，相当于完成一次微小交易。这个新鲜服务获得成都市5万多个家庭共同响应。"我们想用现代方法，推动大陆城市垃圾回收的产业革命。"汪剑超相信，"绿色地球"刷新丢垃圾这件事从头到尾的用户体验，蕴含极大的商业潜力。

像"绿色地球"这样想让社会更好的公司，在大陆日渐增加，从二手衣物回收、旧家具改造、帮助残疾人士就业、防止儿童走失的虹膜数据库建设，到鼓励阅读的中文线上实体图书馆，由于在大陆成立、经营非营利组织程序较为繁复，易受限制，这些创业者大多将组织登记注册成公司，也因此在培训过程中，大家不曾讨论如何为所属组织募集捐款或申请补助，而是在意如何获得更多投资者支

持、如何提高产品竞争力等课题，让我大开眼界。

　　提供类似培训或投资机会的组织，在大陆除了易社，还包括英国文化协会（British Council）中国办公室、友成基金会、南都基金会等，这些组织宛如加油站，为创业者补足所需资源，也像是扩音器，句社会大众介绍每年培训的创业者，让更多人了解原来有些公司能够一边做好事、一边赚钱。类似这样"先有鱼池再有鱼"的发展，也对应到美国、英国等地。阿育王基金会（Ashoka）、史考尔基金会（Skoll Foundation）、施瓦布基金会（Schwab Foundation for Social Entrepreneurship），通过每年选拔值得效法的创新者，推广并累积运用商业力量改善社会的案例与智慧，当草根创业者的数量越来越多，政府也会逐渐重视、参与及支持。

1. 新加坡
社企流与亚洲各地的社会企业工作者交流。
2. 马尼拉
亚洲开发银行社会企业论坛会场。
3. 马尼拉
东南亚的社会企业也开始蓬勃发展，企业、非营利组织、社企工作者齐聚一堂。

理想中的社会企业：创新、跨域、不求人

　　反观东南亚、南亚一带，"英雄造时势"的思维相对较为盛行。在一次于新加坡举办、探讨如何运用资本市场创造社会公益的研讨会中，我和来自各国的朋友聊起政府是否应该提供赋税优惠等政策诱因，鼓励大众创业来改变社会问题。听到韩国政府颁布法规、香港特区政府设立基金作为支持，尼泊尔、孟加拉国、印度的创业者马上摇头说不："政府唯一要做的事，就是别插手！"他们认为所属国家政府治理的不稳定性与官僚性，容易扼杀创新与创业精神，还不如放牛吃草，让创业者自由发展。一位在印度开设网站帮助偏远乡村的农民销售农作物的创业者说："不需要政府特地归类我们是什么企业，哪边有资源就往哪边去，像近年政府提供贷款优惠给网络产业的创业公司，我马上跑去登记为网络业，这才是最有效率的！"大家听后都笑了，而这种创新、跨域、不求人的创业精神，正是我理想中的"社会企业"。

第二章

翻转世界的变革力量

社会企业，在全球各地蔚为风潮！

它跨越了政府、传统企业与非营利组织的界限，成为新兴的第四部门；它形成一波新的公民自觉与自发的运动。

社会企业，让你一次看懂！

在这一章，你将站在全球的宏观角度，综览社会企业的发展和特色。社会企业问与答、社会企业大事记，让你掌握社会企业的最新趋势！

社会企业一次就懂

生活中各式社会问题——教育落差、贫富不均、环境污染、食品安全等，都是由谁来解决或改善？

除了政府、公益组织的推动，社会企业为我们提供了更积极、创新的解决方案。

社会企业：跨越政府、企业、社会组织的新力量

面对有待解决的社会问题，人们最先想到的往往是政府，也就是所谓"第一部门"。政府征收税金，管理众人之事，因此有义务提供社会福利、社会救济等机制给最需要的人。然而从20世纪80年代起，东西方许多"传统福利国家"经历转型，民众对政府的期待与要求，不再是样样都管的"大政府"，而是只做最基本服务的"小政府"，将许多社会服务项目交由民间团体处理。

第二部门，也就是传统商业，在市场这双无形的手引导下，各式公司组织自由竞争与生存，销售产品或服务，为股东追求最大财务利益。近年来，商业组织开始思考在运营过程中，对所处社会与环境负有责任，因此有了"企业社会责任"（Corporate Social Responsibility，简称CSR）概念的出现，因而许多企业在赚取利润后，拿出部分资源投资公益，回馈社会。资本市场也开始评估，有无可能运用风险投资、证券交易等机制，让资金除了"钱滚钱"产生财务投资回报率（Return on Investment，简称ROI），也能够改善社会，创造社会投资回报率（Social Return on Investment，简称SROI），也就是社会投资（Social Investment）或影响力投资（Impact Investment）的概念。

第三部门，也就是大家熟知的非营利（not-for-profit）或非政府（non-governmental）部门，包含基金会、协会、合作社等不同形态的组织。每个组织成立的目的都是想改善或解决某个社会问题，创造公益价值。而为了达成此目的，非营利组织会通过接受捐款、申请政府补助，或是销售产品或服务等方法筹措资金。然而捐赠、补助等外部资金占组织收入比例过高，会降低组织的财务自主性，不利于规划其中长期发展，运用捐款或补助的课责性（accountability）也容易受到质疑。因此许多公益团体也开始思考，有无可能发展出可带来自营收入

的事业体，来实现组织的社会使命。

　　以上三个部门，都在试着让社会更好，也都各自在反思与调整，是否有更创新的方法来改善目前所遇到的挑战，而社会企业（Social Enterprise）的概念，就是在如此背景下逐渐成形的。

⊕ **三个部门寻求各种社会问题的解决方案**

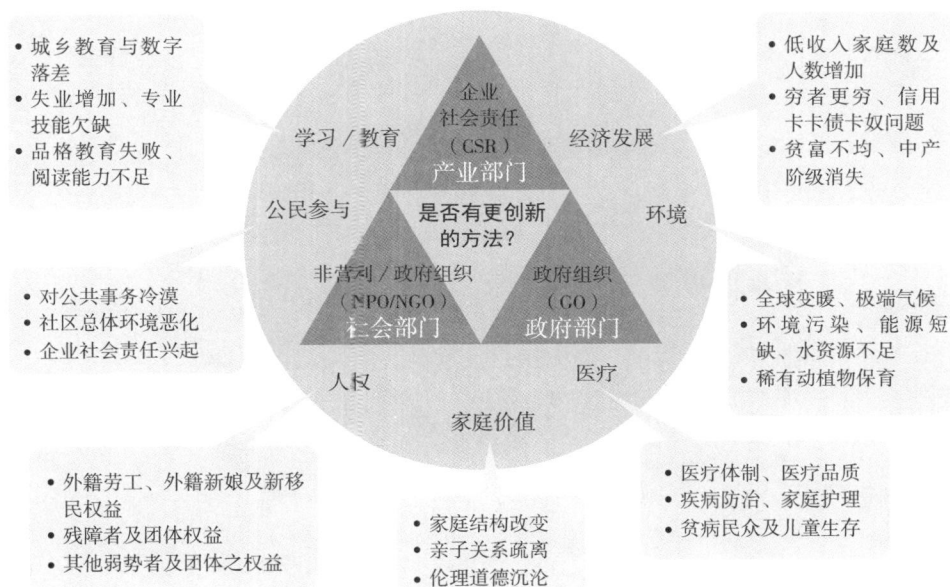

<table>
<tr><td>
• 城乡教育与数字落差
• 失业增加、专业技能欠缺
• 品格教育失败、阅读能力不足
</td><td rowspan="2">
学习/教育　企业
社会责任（CSR）
产业部门　经济发展

公民参与　是否有更创新的方法？　环境

非营利/政府组织（NPO/NGO）　政府组织（GO）
社会部门　政府部门

人权　医疗
家庭价值
</td><td>
• 低收入家庭数及人数增加
• 穷者更穷、信用卡卡债卡奴问题
• 贫富不均、中产阶级消失
</td></tr>
</table>

• 对公共事务冷漠
• 社区总体环境恶化
• 企业社会责任兴起

• 全球变暖、极端气候
• 环境污染、能源短缺、水资源不足
• 稀有动植物保育

• 外籍劳工、外籍新娘及新移民权益
• 残障者及团体权益
• 其他弱势者及团体之权益

• 家庭结构改变
• 亲子关系疏离
• 伦理道德沉沦

• 医疗体制、医疗品质
• 疾病防治、家庭护理
• 贫病民众及儿童生存

社会企业的三重基线：社会、财务、环境

　　什么是"社会企业"（简称"社企"）？广义而言，"社会企业"指的是一个用商业模式来解决某一个社会或环境问题的组织，如提供具社会责任或促进环境保护的产品（服务）、为弱势群体创造就业机会、采购弱势或边缘群体提供的产品（服务）等。其组织可以以营利公司或非营利组织的形态存在，并且有营收与盈余。其盈余主要用来投资社会企业本身，继续解决该社会或环境问题，而非为出资人或所有者谋取最大的利益。

　　社会企业常强调共享价值（Shared Value）、混合价值（Hybrid Value），主要就是因为它在传统企业与社会组织这个光谱两端的平衡点上。在追求的"目的"上，社会企业与非营利组织相似，都是为了改善某个社会问题，创造社会影响力。在达到目的的"方法"上，社会企业则与传统企业接近，通过进入市场机

制销售产品或服务，获得自营收入以支持组织财务自足、持续发展，而非以接受捐赠或补助为主要资金来源。而社会企业在运作上，也重视"三重基线"（Triple Bottom Line）精神，同等重视其组织对社会（Social）、财务（Profit）、环境（Environmental）三项基线的责任、投入与回报，而非如同一般企业唯"利"是图。

🌐 社会企业必须满足三重基线

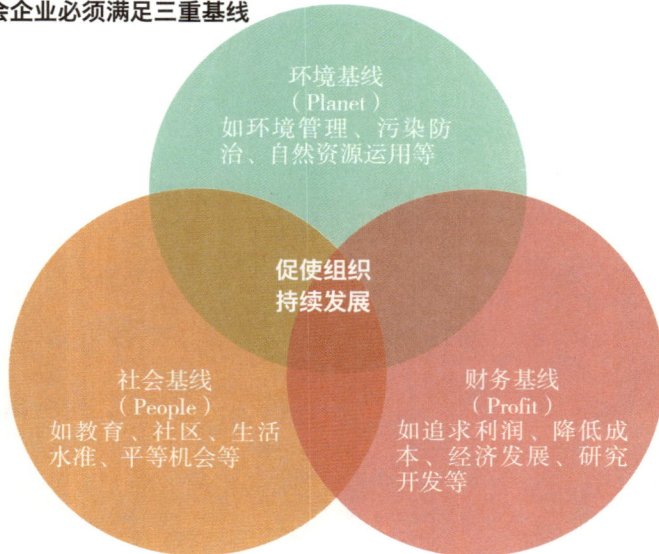

三重基线 Triple Bottom Line

社会企业创业者：变革的推动者

开创社会企业的个人，通称为社会企业创业者。面对严峻的社会问题，社会企业创业者认为不应全靠政府或商业企业来解决，他们对所关心的社会问题有深入了解，并且"知其不可为而为之"，运用"创新"思维与"创业"行动。在完成仿佛是"不可能的任务"过程中，一步步证明机会确实存在，发展出友善、易懂、合乎良知的解决方案来改变现状，并创造与管理一个组织。

全球最大的社会企业创业者支持组织阿育王（Ashoka），成立以来协助数千名社会企业创业者，为他们提供资金、技能、人脉等资源。就像传统创业者能创造新的产业，阿育王眼中的社会企业创业者，是促进社会进步的"变革推动者"（Change Agent），胸怀大志而脚踏实地，他们所设计、提供的产品或服务看起来可能很基本、简单，但在这行动背后代表的，却是创业者希望对社会造成根本性、系统性变革的愿景与抱负。

另一个鼓励、支持社会企业发展的施瓦布基金会（Schwab Foundation for Social Entrepreneurship），勾勒出社会企业创业者的轮廓：

- 以勇于创新与突破现状的信念，追求减少贫穷、改善环境、缩短教育落差等目标，期望策动大规模的社会创新与变革。
- 以创造社会与环境价值为组织首要理念，在此前提下试图优化其财务价值。
- 创新源于找寻能够改善某一社会问题的新产品、新服务或新途径。
- 如同一般创业者，以创业热忱与商业技能，打造强而有力、能持续发展的组织。
- 广泛地接受回馈以持续调整、采用新模式。
- 是一位有远见、亦重实效的领导者。

而社会企业创业者的共同特质，包括相信自己、充满热忱、把握机会、勇于创新、结果导向、从做中学、自主管理、谨慎冒险、成为行家、善于沟通、富于机智、领导有方、以终为始、拥抱失败等，这些在第七章（参考第299页）中有详细描述。

015

🌐 社会企业是跨领域的新概念

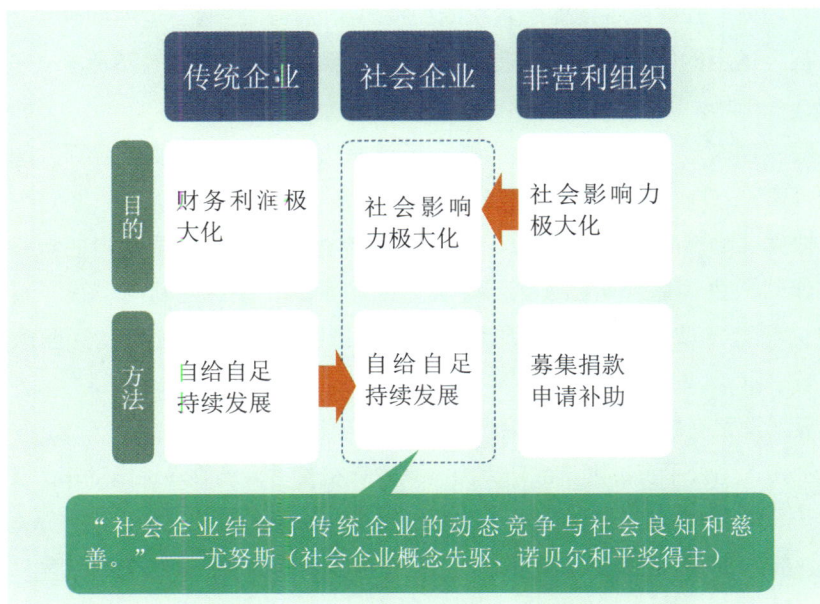

	传统企业	社会企业	非营利组织
目的	财务利润极大化	社会影响力极大化	社会影响力极大化
方法	自给自足持续发展	自给自足持续发展	募集捐款申请补助

"社会企业结合了传统企业的动态竞争与社会良知和慈善。"——尤努斯（社会企业概念先驱、诺贝尔和平奖得主）

社会企业：新的公民运动

近年来，社会企业与社会创业（Social Entrepreneurship）在全球蔚为风潮，形成了一场新的公民自觉与自发的运动，不但模糊了社会与企业的界限，转化了非营利组织的思维，甚至改变了政府的公共政策。

社会企业创业受到瞩目的背景因素，跟资本体系的改造及伦理消费的崛起很有关系，概括起来有以下几个原因：

一、金融海啸后，资本主义的制度与发展受到抨击，社会对企业的信任度也降低了，对资本体系、企业运作的反思与再造思维出现。

知名管理学大师迈克尔·波特（Michael E. Porter）在《哈佛商业评论》中提出"共享价值"概念，指企业家除了赚钱，也应当并且能够帮助社会解决问题，同时创造财富与社会价值，达到双赢。

二、非营利的社会部门（Social Sector）中，建立以市场为导向的解决方案的组织越来越多。

例如，"碳排放交易"把二氧化碳排放权作为一种在市场中的交易商品，借此改善全球温室气体排放与暖化现象；或是"社会效益债券"设计由投资者出钱，以支持某个可改善社会的方案，若目标达成则可拿回本金和分红。

三、许多成功的创业者，如微软创办人比尔·盖茨（Bill Gates）、eBay创办人杰夫·斯科尔（Jeff Skoll）等，都在社会企业领域展开第二人生。

他们将过去在硅谷创业所累积的独特思维与实战经验，运用到改善社会问题上，甚至运用他们的财富，创造投资非营利组织或社会企业的新资本——影响力投资——市场，即"公益创投"或"社会创投"。

四、越来越多的年轻人认为赚钱不该是人生的唯一选项与目标，想要同时"做好事"（Do good）与"赚钱"（Do well）。

根据《哈佛商业评论》2011年的一则统计报道，在美国有六成年轻人在应征工作时，会评估公司在社会与环境方面的表现；在最容易向"钱"看的商学院中，超过八成的企业管理硕士愿意以较低薪资在具有道德经营理念的企业中工作。

五、消费者愿意支持对社会负责的产品与服务。

例如选购公平贸易咖啡或巧克力、烹煮有机食材、骑乘环保电动车、支持如知名鞋子品牌TOMS等"你买我捐"（Buy one for one）的产品，消费者会认同不将所有收入放入口袋，而是愿意将部分金钱用在最有需要的那群人身上的品牌。

六、社会企业创业者的经验与智慧逐渐流传开来。

先有尤努斯在孟加拉国创办穷人银行，获得诺贝尔和平奖，而后在世界经济论坛等盛会上获得许多和社会企业相关的奖项，以及主流媒体的采访报道，都让社会企业创业者获得更多认知与肯定。

🌐 **社会企业兴起的六大因素**

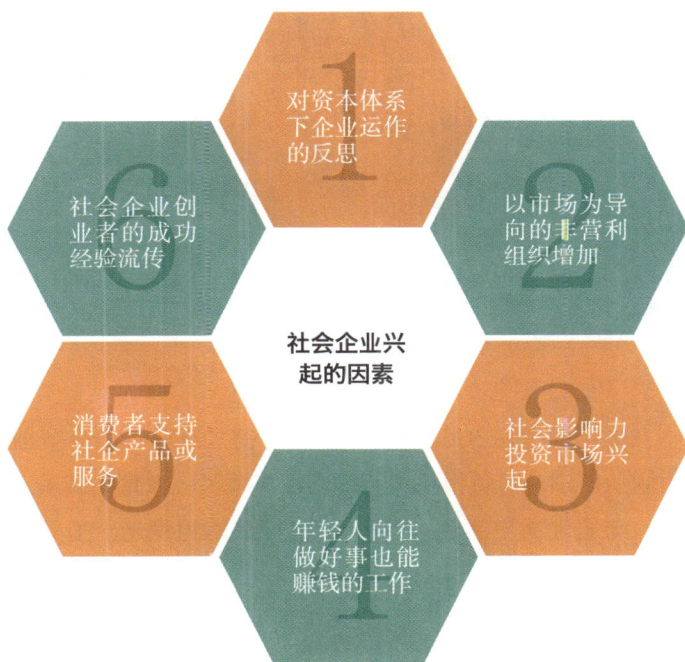

全球社会企业发展趋势

社会企业的概念在西方国家萌芽较早，在美国、加拿大等北美区域，社会企业重点在于以盈利方式解决社会问题；而在社会主义色彩较浓厚的欧洲，社会企业的"社区共有"精神与实践，是与传统"私人拥有"企业最大的不同之处。

美加地区社企发展

社会企业联盟（Social Enterprise Alliance）是一个由美国、加拿大地区社会企业工作者与关注者所组成的会员制组织，包含近1000家社会企业，以及来自政府、企业、非营利组织等的从业者。据其统计，社企概念自20世纪70年代后期在美加萌芽，2000年后开始加速发展，目前有几十万个具有社会企业精神的组

🌐 社会企业：混合价值

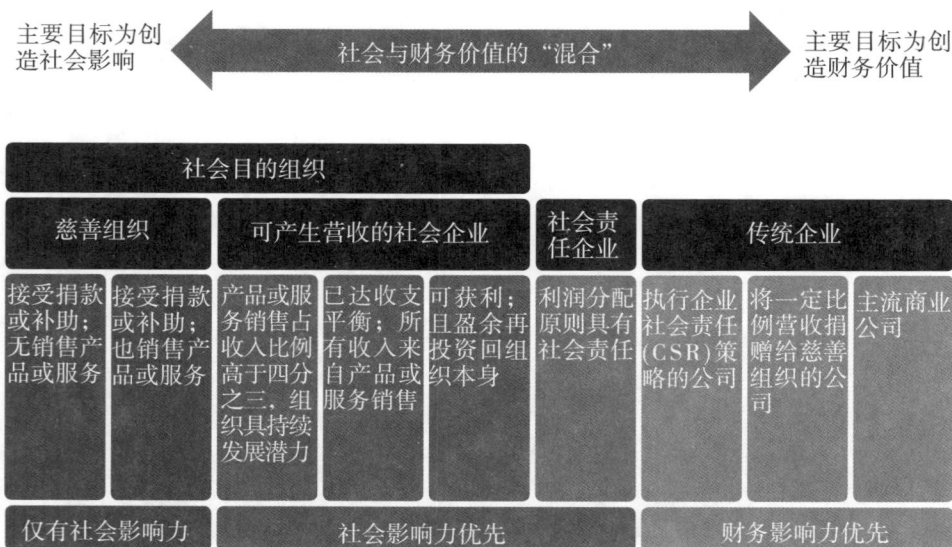

主要目标为创造社会影响	← 社会与财务价值的"混合" →	主要目标为创造财务价值

社会目的组织							
慈善组织		可产生营收的社会企业			社会责任企业	传统企业	
接受捐款或补助；无销售产品或服务	接受捐款或补助；也销售产品或服务	产品或服务销售占收入比例高于四分之三，组织具持续发展潜力	已达收支平衡；所有收入来自产品或服务销售	可获利；且盈余再投资回组织本身	利润分配原则具有社会责任	执行企业社会责任（CSR）策略的公司	将一定比例营收捐赠给慈善组织的公司	主流商业公司
仅有社会影响力		社会影响力优先				财务影响力优先		

织，其中约六成组织是在2006年后成立的。美加地区社会企业欲改善的前五大社会问题为职业培训、可负担住房、社区经济发展、教育和健康，超过九成组织草根性很强，与当地文化紧密相连，也有约7%的组织走出国界，在美加以外的国家设有运营机构。

欧洲社企发展

相比之下，欧洲通过国际贸易、加盟等方式拓展海外市场的社会企业则比美国多。如英国的*The Big Issue*（参考第150页）、德国的Dialogue in the Dark（参考第133页）都通过加盟制，让品牌在亚洲国家落地生根。法国的GROUPE SOS，更活跃于20多个国家，雇用1万多名员工，提供弱势就业、健康护理等多元服务，已经有超过100万人受益，促进社会共融。

在社会企业发展历史最悠久的英国，根据英国社会企业商会统计，2013年约有7万家社会企业，雇用了将近100万名员工，对英国经济贡献为187亿英镑（约为1826亿元人民币），约占GDP的1.5%。由于社会企业考虑的利害关系范畴广泛，并具备更客观的持续发展思维，在经济不景气时整体表现依然优于传统中小企业。

⊕ **欧洲、美、加等地区社会企业的中介组织**

欧美社企产业的四类中介组织

若将社会企业看成一个产业，随着创业者数目增加，生态圈中的各种支持角色也将越发完整。中介组织大致可分为以下四种类别：

一、教育推广：包括学术单位、基金会与协会、媒体出版、竞赛、奖学金等，通过提供研究、课程等渠道，推广社会企业概念。

二、社群建立：包括产业商会、共同工作空间、认证机制等，勾勒出较明确的社群，并为更多社会企业实务工作者创造交流机会。

三、财务支持：包括社会企业创投机构、天使投资者、慈善捐款、政府资金、群众募资等渠道，为社会企业提供资金。

四、能力建设：包括培训组织、顾问咨询机构、销售平台等，为社会企业建立经营管理所需要的技能或资源。

亚洲社企最新发展趋势

镜头拉回亚洲。亚洲各国急促的城市化，为它们带来了相似的社会问题，如贫富差距、人口老化、环境污染等。考量社会企业在亚洲各国兴起的背景，填补政府、企业、非营利组织三块领域的不足是共同点，但也有相异之处：

· **大陆**

大陆的非营利组织发展起步较晚，社会企业的概念几乎是同时间被介绍、推广至大众，然而成立、经营非营利组织较易受限制。一般大众对于国营慈善机构的不信任感亦增加，因此许多想创立社会企业的人士选择将组织注册为公司运营，以求创新与效率。

· **泰国**

泰国政府最为积极培养社会企业，成立"全国社会企业委员会"与"泰国社会企业办公室"，提供贷款、税赋、投资基金等优惠，打造社会企业发展蓝图。政府力挺加上青年踊跃参与，使得泰国社会企业活力充沛。据社会企业培养及创投组织Change Fusion统计，泰国共有11万多家社企组织。

· **印度**

社会企业精神在印度的崛起，与政府失能有很大关系，因此公民社会组织通过与一般企业紧密合作，大规模参与、提供公共服务，而且不希望政府干预太多。印度庞大的非营利部门（约300万个组织），也成为社会企业的摇篮。

· **孟加拉国**

社会企业在孟加拉国已达巨大规模，除了举世闻名的乡村银行，尤努斯博士

⊕ **支持社会企业的中介组织**

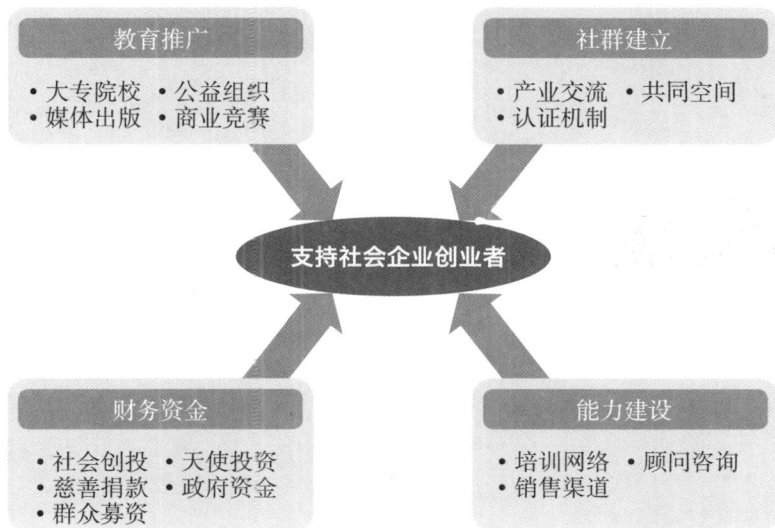

教育推广
• 大专院校　• 公益组织 • 媒体出版　• 商业竞赛

社群建立
• 产业交流　• 共同空间 • 认证机制

支持社会企业创业者

财务资金
• 社会创投　• 天使投资 • 慈善捐款　• 政府资金 • 群众募资

能力建设
• 培训网络　• 顾问咨询 • 销售渠道

亦创办格莱珉电信（Grameen Telecom）、格莱珉达能食品公司（Grameen Danone Foods）等社企，改善金字塔底端人民的生活需求。此外，孟加拉国农村促进委员会（BRAC），通过小额信贷、教育、医疗等服务支持包容性发展，在亚、非洲等10个国家运作，影响超过1亿人的生活。

· **韩国**

韩国是第一个为社会企业立法的亚洲国家，提供统一的社会企业定义并提供资金与辅导。2013年更敲定加强社企竞争力、扩大投资的"第二次社会企业培育基本计划"，期望至2017年培育超过3000家社会企业。

· **中国香港、新加坡**

两大金融枢纽中国香港及新加坡，都各有约400家社会企业存在，各类支持社会企业发展的中介组织众多。两地区也善用资本市场力量，运用证券交易所、创投基金等机制打造投资平台，期望为有资金需求的社会企业注入活水。

社会企业发展至今，关注范围已经从原本的微型信贷，扩展到更多的社会议题，例如教育机会、儿童健康、住家、水资源、气候变迁等。现在，全世界各地有很多社会创业者，以创新的商业模式在改善社会。

社会企业
问与答

Q&A

关于社会企业，你一定要知道

　　社会企业强调创新、跨界、共享、持续的新思维，已在全球各地形成新公民运动，不仅公益组织开始运用企业经营的方法来提升运营效率和成果，许多企业也逐渐认识到商业运作结合公益目标的重要性，让公益和企业两大领域有越来越多的融合和交集，这也是新一代结合公私领域的社会企业萌芽茁壮的契机。

　　在此整理出十个最有价值、也最常见的问题，带给读者关于社会企业的全方位认识与思辨。

Q1：社会企业是万灵丹吗？

　　若把政府、产业、公益部门看作推动社会进步的三大支柱，社会企业便是相辅相成的第四根支柱，弥补各部门不足之处，而非取而代之。社会问题千头万绪，需要政府推动相关政策法规，需要有非营利组织提供的社会福利网络支持，而能认同社会企业思维的一般企业，可以运用核心能力与资源提供协助。

Q2：社会企业与"企业社会责任"有何不同？

　　两者在财务、社会面的排序不尽相同。企业社会责任的落实以企业能获得利润、保留盈余为基础，社会公益参与的策略，也依所属产业、拥有资源及偏好有所不同。社会企业则是以改善社会问题为首要理念，以赚取利润为次要方法。近年来许多企业发展"CSR 2.0"（CSR，企业社会责任），鼓励员工运用核心能力来发展社会问题的解决方案，从公司内部创立社会企业。

Q3：非营利组织应转型为社会企业吗？

　　不是所有非营利组织都需要依照社会企业的运作模式才能实现使命，应该先了解组织特性（内部是否有共识及足够人力、财力、专业），并对社会企业有一定程度的研究（能否设计出符合市场需求的产品服务、组织因此会有何变动）后，方能准确评估转型可否提升公益组织的持续经营与社会影响力，若不适合也不必强求。

Q4：社会企业可以分红吗？

答案因人而异。最严格的标准以尤努斯为代表，他认为社会企业的投资者只能得到（或拿回）其投资资本，组织应将盈余再投入企业运营。持相反观点者认为分红机制可以吸引更多主流市场的投资，进而改善更多社会问题。两派论点的折中如韩国《社会企业促进法》，明确规定至少保留约2/3可分配盈余再投资于公司或用于社会目的（参考第254页）。

Q5：社会企业是否应该规模化？

各界对于"规模化"与否有不同解读。一派主张社会企业规模化代表"组织结构"有所成长，或具可复制性，如此可扩大服务受众，并进入主流市场；另一派则认为规模化代表"社会影响"增加，与单一组织变大与否没有绝对关系。更有不少社会企业的终极目标不是组织扩张，而是消失——代表届时社会问题已被消灭，无须它们解决。

Q6：社会企业是否应有认证或立法？

立法或认证的出发点，不外乎勾勒社会企业社群、降低运作障碍等，认定标准等执行细节需审慎评估。例如韩国依法将社会企业限制定义为能提供弱势就业机会的组织，却对不符合该定义的实务工作者形成困扰。目前中国台湾地区并无专属的认证或立法，需要在公司与非营利团体的形态中选择办理登记；美、英、韩为少数有社会企业法规的国家（参考第254页）。

Q7：社会企业发展的优势与挑战有哪些？

社会企业的社会、公共财产属性，使其比较容易获得"社会资本"，如志愿者、免费办公设备、无偿专业顾问、金钱或物品捐赠等，可助其在运营与业务上站得更稳。社会企业创业者的热情与执着，也是组织的最佳代言人。而社会企业面临的挑战，除了与一般企业无异的财务损益外，还必须能证明对社会与环境正向改变的贡献，并承受大众以较高的道德标准来考量。

Q8：社会企业如何面对挫败？

挫败在社会企业发展过程中会不断出现，然而摒弃过去"以成败论英雄"的思维，诚实探讨失败的原因及程度，才是为未来打根基的关键。更重要的是，我们应当以多元化的角度来看待"成功"与"失败"："失败"指的不是"没有成功"，而是"没有在特定时间利用独特资源与技巧完成指定任务"。

Q9：每个人都要成为社会企业的创业者吗？

大多数人并不会成为社会企业创业者，他们分布于政府部门、非营利组织和商业企业内，选择运用自身的"利他"能量，为社会企业创业者提供所需要的工具或资源，或选择进入社会企业工作。这世界无法单靠社会企业创业者带来改变，他们需要横跨不同领域或专业，和志同道合的拥护者与支持者一起让改变成真。

Q10：我想投身社会企业该怎么做？

不见得每个人都能投入社会企业，因为产业需求没有那么大。但无论你想成为社会企业创业者或从业者，建议除了阅读相关信息，更要"走进田野"，认识你所关注的社会议题，充分累积相关的知识与需要的能力，才能在时机成熟、决定开创或投入的那一刻，带着所有能量，承前启后，走得更好、更远、更与众不同。

社会企业大事记

🏛 社会企业　📄 社群媒体　🍴 消费／媒体平台　🏛 法案／政策　🌐 其他支持组织

全球篇

1976 🏛 尤努斯在孟加拉国展开格莱珉银行计划，为金字塔底端的穷人提供贷款服务，1983年获得政府合法立案成为正式银行。2006年尤努斯因创立穷人银行获得诺贝尔和平奖。

🏛 文卡塔斯瓦米（Venkataswamy）医生在印度建立亚拉文眼科医院（Aravind Eye Hospital），让当地穷人可以接受便宜又有效的眼科手术。

1981 🌐 德雷顿（Bill Drayтonz）在美国发起阿育王（Ashoka）组织，培育全球的社会企业家。

1985 🏛 美国户外用品公司Patagonia，首次征收自己收入的1%作为地球税用于环保。

1987 🌐 美国 Echoing Green 基金会成立，投资和支持社会企业家改进环境问题。

1988 🏛 安德烈亚斯·海内克（Andreas Heinecke）在德国建立对话社会企业（Dialogue Social Enterprise），将视障人士转化为教育训练的服务提供者。

🌐 瑞士施瓦布基金会（Schwab Foundation）成立，培育具有社会创新精神的创业者。

1991 🏛 英国第一本*The Big Issue*杂志发行，销售员主要是街头的流浪汉。

1993 🌐 美国哈佛商学院开设以社会企业精神为主题的课程，创下高等教育界的先例。

1996 🏛 香港长者安居协会成立，推出平安钟服务，建构24小时独居老人安全网。

🌐 欧盟会员国联合资源设立欧洲社会企业研究网络（EMES）。

1997 🏛 残友在中国深圳成立，为身障者提供工作训练。

🌐 美加社会企业社群Social Enterprise Alliance进行第一次聚会。

1999 🌐 第一个以学生为主的社会企业竞赛——全球社会企业创业大赛（Global Social Venture Competition）诞生，串联全球各大名校商学院进行比赛。

2000 🌐 英国成立UnLtd组织，培育本土社会企业家。

1976　　　1985　　　1993　　　2000

台湾篇

1997 🏛 第一家喜憨儿烘焙屋在高雄开幕。

1998 🏛 里仁公司成立，销售有机无毒产品。

2000 🏛 胜利身心障潜能发展中心开始为身心障碍者提供多元化的就业训练服务。

2001 🏛 台湾主妇联盟生活消费合作社正式成立，是台湾第一个自发性的生活消费合作社。

2004 🏛 新生命信息服务开始教授脊髓损伤患者学习信息技术并提供就业机会。

2006 🏛 地球树成立，为台湾第一个销售公平贸易饰品及日用品的店家。

🏛 关注东南亚移民议题的《四方报》发行，有越、泰、印、柬、菲等语言。

2007 🏛 喜愿面包坊进行麦田狂想计划，通过小麦耕作计划弥补粮食安全漏洞。

🏛 生态绿咖啡馆成立，为台湾第一家获国际公平贸易标签组织认证的咖啡馆。

🌐 趋势科技创办人张明正和王文华共同创办若水国际股份有限公司，开启台湾社会企业风潮。

2008 🏛 248农学集市，成为台北市第一个常态性举办的农民集市。

🏛 大爱感恩科技成立，推广塑料瓶回收再生利用的理念。

🏛 光原社会企业成立，协助高山族农民销售农产品。

🏛 原爱工坊成立，为台东当地创造就业机会。

1997　　　2001　　　2008

2001 美国VisionSpring在第三世界国家教导当地居民成为眼镜销售员，促进当地视力保健卫生推广。

Acumen Fund成立，在全球范围内投资有可持续发展性的社会创业者或组织。

2002 英国Fifteen餐厅开幕，为辍学的中学生提供成为厨师的课程计划。

美国 Better World Books线上二手书店成立，将解决文盲问题和环保意识融入企业目标之中。

中国富平家政训练乡村妇女成为家政服务员。

印度社会企业顾问公司Intellecap成立。

2003 新加坡政府成立"社区关怀社会企业基金"推动社会企业发展。

2004 美国参与者媒体公司（Participant Media）设立，拍摄电影和电视剧唤醒大众注意社会问题。

中国"多背一公斤计划"萌芽，致力解决偏远学校资源不足问题，又推出教学材料包，帮助组织稳定发展。

Skoll世界社会企业论坛在英国牛津召开。

斯坦福大学创立*Stanford Social Innovation Review*（斯坦福社会创新评论）期刊，探讨各种解决社会问题的创新方案。

2005 美国NextBillion成立，希望提供改善全球低收入生产者与消费者生活的商业策略和知识。

美国新媒体Triple Pundit成立，以三重基线（财务、社会、环境）作为主张。

英国通过社区利益公司（CIC）法案，允许社会投资者可以从非营利组织和社区型组织获得部分利润回馈，鼓励当地社会企业发展。

2006 日本Motherhouse株式会社成立，运用孟加拉国当地材料和人才制造富有设计感的皮包产品。

中国Shokay在上海成立，收购藏民的牦牛绒做成纺织精品。

美国TOMS鞋子品牌将"你买我捐"（Buy one for one）纳入商业模式。

韩国制定《社会企业促进法》，扶植当地社会企业发展。

2007 危地马拉CO_2 Bambu运用竹子做成绿建筑，提供当地居民可负担又舒适的住宅。

以色列和巴勒斯坦的Green Olive Tours旅行社，开始将教育融入当地深度旅游。

英国Lifesaver公司研发出过滤污水的水壶，帮助全球改善水资源问题。

香港社会创投基金（SVhk）成立，扶持和培育更多成功的香港社会企业。

香港政府投入1.5亿港币作为社企发展基金。

2005

2007

2009 兴采实业成功把咖啡渣回收使用于布料制造。

冶绿生活服饰开始在各地集市及活动现场销售有机棉服饰。

多扶接送成立，提供无障碍接送和旅游服务。

网络行动科技成立，为非营利组织和社会企业提供信息服务。

东风经典食材成立，落实土地复耕和良知消费理念。

台湾社会企业创新创业学会成立。

2010 邻乡良食公司成立，结合企业社会责任专业顾问和小农耕作采购。

茧里子成立，销售公平贸易商品以及运用公平贸易材料进行设计。

台湾《*The Big Issue* / 大志》杂志发行。

绿藤生机公司成立，运用科技种植活体芽菜。

以立国际服务成立，推动海外国际志愿者服务。

爱乐活社会企业成立，帮助个体农民营销和弥补非营利组织信息落差问题。

厚生集市运用网络帮助个体农民解决产销问题，并且为消费者提供便利安全的宅送服务。

用心快乐社企成立，将文化创意、影像作品和公益结合起来。

第一个社会企业研讨会由辅仁大学举办。

公平线上电子商务平台成立，销售公平贸易商品。

社团法人台湾公益CEO协会成立，培育新公益事业人才。

2010

2008　■ 美国Embrace团队开发出低廉的婴儿保温袋，减少第三世界国家早产儿死亡问题。

　　■ 日本Pre-Organic Cotton开始在印度当地种植有机棉，并协助当地农民转型耕种有机棉。

　　■ 肯尼亚Changamka Microhealth Limited推出手机预付卡就诊医疗服务。

　　■ 美国ColaLife成立，在尚比亚运用可口可乐的渠道运送药品。

　　⊕ 香港社会创业论坛成立，推动社会创业精神。

　　▤ 美国Social Earth部落成立，提供关于社会企业和CSR信息。

2009　⊕ 英国文化协会在亚洲推动社会企业创业者培训计划。

　　⊞ 香港社联与汇丰社会企业商务中心成立好好社企，建构社企商品网络消费平台，并于2012年在湾仔成立实体店面。

2010　■ 印度Sakha Consulting Wings培训女性担任出租车司机，为当地妇女提供安全接送服务。

　　■ 英国Unseen Tours培训游民作为伦敦当地导游。

　　⊕ 英国推出社会企业商标（Social Enterprise Mark）认证，本身具有社会和环境目的性的企业申请通过审查之后，可以给商品贴上认证标签。

　　🏛 美国马里兰州通过B型企业（B-Corp）法案，是全美首先通过的州。该法案主张企业不再只是追求最大金钱利润，而是平衡发展经济、环境和社会目标。至2013年，全美已经有20个州通过该法案。

2011　■ 美国Uncharted Play推出可以储存电能的足球，让非洲当地儿童白天踢球，晚上把足球用来发电。

　　■ 美国学生Alex Cabunoc和Ji A You为秘鲁贫民窟设计低价的GiraDora脚动式洗衣干衣机，解决当地缺水问题。

　　⊕ 亚洲公益创投网（Asian Venture Philanthropy Network）在新加坡创立，提倡公益创投和社会绩效评估。

2012　■ 美国影星杰西卡·阿尔芭共同创办The Honest Company，一个环保无毒的婴儿品牌。

　　▤ 香港财经网etnet成立社企廊，报道香港社企信息。

2013　⊕ 英国社会股票交易所成立，向社会投资人公开展示有资金需求的社会企业信息。

027

2008　　　　　　2013

2011　■ 线上独立媒体上下游新闻集市成立，主要关注当地农业问题。

　　■ 台湾黑暗中对话社会企业成立，一个为视障人士创造价值的教育训练平台。

　　⊕ 活水社企开发成立，联结社会企业创业者与社会投资者两端，一起开发值得被投资的社会企业商业模式。

　　⊕ 劳委会（现"劳动部"）职训局成立"社会经济推动办公室"，负责社会企业相关政策发展（现已改组）。

　　⊕ 第一个以社会企业为主题的学生社团Net Impact于台湾大学成立。

2012　■ 好工作社会企业成立，协助胜利身心障碍潜能发展中心销售琉璃。

　　▤ 社企流成立，为台湾第一个中文社会企业信息汇流平台。

　　■ TiC100创新商业模式竞赛首度列入社会企业项目。

　　■ AAMA台北摇篮计划纳入社会企业领域。

2013　■ 耕莘莲苑成立爱一家亲社会企业，照顾儿童的成长教育。

　　■ 2021社会企业成立，帮助八八风灾受难的小林村发展梅子产业。

　　⊕ 辅仁大学开办第一届社会企业硕士在职学位课程。

　　⊕ 中山大学成立社会企业发展研究中心。

　　⊕ 星展银行与台湾社会企业创新创业学会合办"社会企业嘉年华"，共有40家厂商共襄盛举。

　　🏛 "公益公司法"草案为社会企业的政策面带来关注。

　　⊞ 17support一起帮公益电子商务平台成立。

　　⊞ 新生命资讯成立好日子电子商务平台。

　　⊞ 第一家公平贸易超市开幕。

　　⊕ 柜买中心开始辅导社会企业在创业板挂牌。

2011　　　　　　2013

第三章
社会企业全球亮点：
从点子到行动

社会企业的使命，是针对一个问题或需求，提出创新的解决方案。

来自全球各地的十八个成功案例，为你呈现社会企业的光谱，描绘社会创业者如何起心动念、付诸行动、坚守使命，在世界地图上发光、发亮。他们的故事，都有一个共同点——为参与的个人和组织，创造更有意义的生活，也让世界变得更好！

好莱坞女星，化身绿色创业者

"当妈妈是我这辈子最深刻的经验。我感到一股前所未有的责任感：要为我的家庭建立一个最安全、最可爱、最健康的环境。"

这是被《男人帮》杂志评选为全球最性感女神的好莱坞女星杰西卡·阿尔芭（Jessica Alba）在当了妈妈之后的信念。

杰西卡·阿尔芭从未想过自己有一天会挽起袖子创业，但在升级为两个孩子的妈之后，她却不得不开始对所有用在宝宝身上的物品斤斤计较，比如尿布、童装、沐浴乳，力求每样东西都健康无毒。

为了学习如何照顾刚出生的宝宝，杰西卡·阿尔芭拜读了畅销全美的《身在毒中不知毒》（*Healthy Child Healthy World*）一书，这才惊觉自己和宝宝平日生活的环境里，其实充满着大大小小的"毒"。

从父母心出发创立无毒品牌

于是，杰西卡把书中提到的有毒化学物质通通记下，每次逛超市都一个个拿起货品来核对，绝不选用任何含有毒物质的婴幼儿商品。然而这样的工作持续一阵子之后，她便感到心灰意冷："我哪有时间每天花四五个小时逛超市？"

在现有市场上找不到答案的杰西卡，决定联合《身在毒中不知毒》的作者克里斯托弗·加维根（Christopher Gavigan）和硅谷相当知名的连续创业者（Serial Entrepreneur）布莱恩·李（Brian Lee），为所有父母打造一个安全、无毒、便利，且一般人都负担得起的家庭品牌——诚实公司（The Honest Company）。

当过父母的人都知道，新生儿一天内更换尿布的频率很高，有时平均一天至少要换十次，使得妈妈每次逛超市时总得推着半车的尿布去结账；而为了挑选安全、无毒的商品，父母去超市前还得事先做好功课，到了现场再一一仔细核对标签——有没有能简化这一切的好答案？

婴幼儿用品需求"e指"搞定

诚实公司看准此需求，不但致力于提供天然无毒的产品，还推出独特的"包月"制度——只要花30秒留下基本资料，再花3秒钟选择已经配好的套装尿布或家庭用品，以后每个月在家里的尿布用完之前，诚实公司就会自动补一批新尿布送货上门。让你不需要出门，所有需要的安全的婴儿用品、沐浴产品，甚至各种洗洁剂，都能在一分钟内轻松搞定。

无毒的安全产品、便利的包月制度，再加上贴心的产品试用服务与数不清的媒体曝光，让诚实公司成立不到一年就在美国尿片产业中异军突起。公司网站创立几个月，粉丝人数就已突破10万大关（目前已超过13万人），并被《商业内幕》（*Business Insider*）杂志评选为2012年美国八大最酷的新兴企业之一。

社企小档案

"为所有父母打造一个安全、无毒、便利，且一般人都负担得起的绿色家庭品牌。"

- 公司名称：The Honest Company
- 公司地点：美国（圣莫尼卡）
- 创办人：Christopher Gavigan、Jessica Alba
- 成立时间：2012年
- 网址：www.honest.com

※本文图片来自The Honest Company官网。

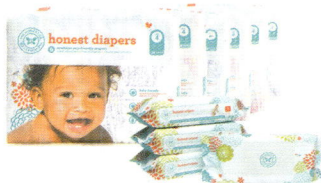

1-2. 安全无毒的婴幼儿产品让父母安心。
3. 诚实公司提供贴心的产品试用服务。

031

印度女司机，请你放心搭乘

印度女性社会地位低微，并经常遭受人身安全的威胁。

Sakha社会企业的成立，除了保障女性在印度乘车的安全，还为印度女性提供就业训练和发展机会，使其增加收入之外，更提升其社会地位与尊严，为印度女性开启人生另一扇窗。

在种姓制度下，印度的女性社会地位远不如男性，卑微的社会地位还往往让女性成为施暴的对象。2012年，印度首都新德里便发生一件骇人听闻的悲剧：一名女学生在公交车上惨遭性侵并被杀害。

不幸的是，在印度这不是一起个案，绝大多数女性都遭遇过骚扰，在大众运输工具上尤其严重；更糟的是，印度当局并未积极处理这项严重的社会问题。

女性互助寻找保障

与其被动地等待援助，不如由女性来为女性提供安全的交通选择，一家社会企业Sakha Consulting Wings（以下简称Sakha）在印度都市推出"女性车队"（Women on Wheels）方案，与姊妹组织Azad基金会合作，训练与雇用贫困女性，帮助印度女性过有尊严的生活。

Sakha公司从2010年年底开始提供女性出租车服务，除了能够保障女性在印度都市的乘车安全，更给予贫困女性获得与男性同等收入的机会，希望借此打破印度的性别障碍，让职业妇女也有能力负担家计。这些女性驾驶员由Sakha公司从贫穷与被边缘化的女性群体当中挑选，再由Azad基金会支持她们进行职业训练发展。

由于这些女性先前并没有足够的驾驶经验，对她们而言，要成为一位称职的出租车驾驶员并不容易。但通过Azad基金会的支持，她们可以在Maruti驾驶学院与Sakha公司自有的培训学校中学习，课程包含驾驶技术、道路规则、阅读地图、语言沟通和急救能力，新德里警方也教导她们自卫方法。经过数月的培训，她们便能开车载客。

女司机驶出安全与尊严

Sakha公司勇于开创女性出租车服务，在对女性怀有偏见的印度，这项服务一开始并不被看好，不过在年轻女学生的悲剧曝光后，Sakha公司得到来自世界各地的帮助而持续成长。

随着需要独自旅行或刚到当地的富裕独立女性乘客越来越多，Sakha公司现今主要提供三种服务：一是在市区、机场、火车站的接送服务，二是随叫随到的一天包车服务，三是提供私人司机的就业服务，帮助更多女性安全抵达目的地。

目前，Azad基金会已经培训超过30位印度女性，这些女性出租车驾驶员的平均月收入大约为1500元人民币，而印度国民平均月薪大约为750元，相比之下，这是一笔可观的收入，让她们得以负担家计。

Sakha社会企业赋予印度弱势女性能力，帮助她们赚取收入并获得尊重，让她们更有勇气追求自己想做的事。

社企小档案

"为女性提供安全可靠的交通工具。"

- 公司名称：Sakha Consulting Wings
- 公司地点：印度（新德里）
- 成立时间：2008年
- 网址：sakhaconsultingwings.com

※本文图片来自Sakha官网及Facebook。

1. 女性驾驶员也要熟悉汽车基本保养。
2. 女性车队为印度女性带来人身安全与就业保障。

藏族人民的牦牛绒，打造温暖时尚

Shokay，即藏语"牦牛绒"的意思，全世界有超过85％的牦牛分布在青藏高原。

数个世纪以来，藏族人民们伴随牦牛维持传统生活，却也是中国西部最贫困的人群。现在，两个女人利用创新思想将传统元素与时尚结合起来，打开牦牛产业的大门，改善当地生活水准。

2006年，来自台湾的乔琬珊和来自香港的苏芷君，在哈佛创业大赛社会企业组中一举拿下冠军，她们的创新元素是在纺织市场上乏人问津的牦牛绒。

牦牛绒虽然保暖，但因其纤维比羊绒短，难以纺织，并受限于先天颜色为棕褐色不易染色，使得牦牛绒无法像羊绒一样成为深受青睐的纺织原料，每年春夏牦牛换毛产生的牦牛绒只能白白浪费，无法为藏族人民产生额外的经济效益。

化土为金的创新时尚品牌

"虽然我们在做创业提案前也没有真正到过青藏高原，但是经过文献研究，我们认为这些问题都是可以克服的。"乔琬珊笑着说。凭借着创业者的一股冲劲和傻劲，她们认为这个市场存在可开发价值，而且两相结合下，这个点子将会是个"化土为金"并能维持藏族人民传统生活、提高藏族人民收入的极佳社会企业模型。

2006年年底，乔琬珊和苏芷君利用创业大赛的奖金在上海成立了Shokay。目前Shokay在全世界有超过100个销售网点，遍布数十个国家。Shokay提供的产品从一开始不受尺寸限制的针织配件，到现在拥有家居产品如枕头、毯子以及男女成衣等众多品类。

2013年Shokay品牌重新定位，将自己定位为销售高级针织基本款的品牌。"现在提到基本款我们都会想到优衣库，但是并没有人专门在做高级针织基本款，因此，我们希望提供给顾客兼具高品质和品牌价值的产品，并填补这个市场的空缺。"乔琬珊说道。

从社会企业到绿色时尚

走在创新前沿的社会企业Shokay不断找寻自我定位，现在将自身定义为"持续时尚"（Sustainable Fashion）——持续时尚是指经济模型或是环境上的可持续性，其拥护者为关心时尚并且相信时尚可以为社会带来正向力量的人们。

"过去，我们在时尚界中总被认为是慈善机构，在慈善界中又被认为太过商业化，但其实我们的核心理念一直都很清楚，我们是时尚产业，但我们是'fashion with a story'，我们希望通过Shokay，带动牦牛绒产业链向前发展，从而改善西部人民的生活水准。"

目前Shokay每年与超过3000名藏族人民合作，用高于市场的价格收购牦牛绒，帮助合作的藏族人民提高20%～30%的收入，手工纺织的产品则是出自50位经验丰富的上海崇明岛织娘之手。从产业链的最上游到最终成品，都是直接与生产者接触，不仅降低大工厂的议价剥削，也创造更多就业机会。

社企小档案

SHOKAY

"创造商机，挑战贫穷。"
- 公司名称：Shokay
- 公司地点：中国（上海）
- 创办人：乔琬珊、苏芷君
- 成立时间：2006年
- 公司人数：20人
- 网址：www.shokay.com

※本文图片来自Shokay官网及Facebook。

以可持续发展的时尚定位，带动牦牛绒产业链发展。

用故事的力量，发动社会变革

一部电影、一本书，都能够带给人崭新的视野与想象。

"参与者媒体"正是这样的一个组织，通过各种媒体，在娱乐之外，触动参与者的知觉及思考，进而成为改变世界的新动力。

2004年由知名拍卖网站eBay第一任总裁斯库尔（Jeffrey Skoll）成立的参与者制作公司（Participant Production），是参与者媒体（Participant Media）的前身，关注于环境保护、人权平等、社会正义等议题，现已制作将近50部电影（含纪录片），期待通过"故事的力量"引发大众的关注及参与。

每一部作品的主题都经由组织的创意总监讨论评估，了解该主题对于社会的影响性以及商业可行性。确认过后，便会与主题相关的组织进行合作，从上映前后的各种活动、论坛、线上讨论区，直至周边商品，延伸参与者的认知，增强议题讨论性，达到推动公众投入社会问题的效果。

由参与者媒体所产出的作品已获得35次奥斯卡金像奖提名以及5座奖杯，被美国《纽约时报》誉为"电影界最知名的社会企业"。

改变世界，一次一个故事

《难以忽视的真相》便是参与者媒体于2006年推出的作品，以美国前副总统戈尔的精妙演说为主体，佐以科学数据，唤起民众对全球变暖的意识。根据参与者媒体所做的调查，美国民众对于全球变暖问题的认知，于影片播放前的30%，提升至播放后的87%，各国更将该纪录片列入学校教材。

于2012年上映，由史蒂芬·斯皮尔伯格执导的《林肯》，则是有感于三分之二的美国人对于林肯的成就毫无意识而诞生的作品，获得多家媒体一致好评，全球票房收益达2.57亿美元（约为16亿元人民币）。电影DVD也经由相关合作组织发送到中小学，并与出版商合作出书，以加深大众的记忆。

多种媒体运用，相辅相成

参与者媒体现已跨越电影、电视（Pivot）、网络平台（TakePart），还与出版业合作出版书籍，通过多种渠道传播"主题思维"，例如由TakePart提供活动信息和主题背后的故事，来为电影后续效应推波助澜。未来，参与者媒体将扩大合作范围，计划与拉丁美洲及多哈（Doha）的电影公司合作制作以当地语言为主的影片，并创建阿拉伯文版的TakePart网站。

参与者媒体经用引人入胜的情节打动观众，触发公众对真实议题的认识，迄今已与超过600个非营利组织合作，影响逾7500万人。结合商业、娱乐以及公众议题，参与者媒体做到了。

社企小档案

participant° MEDIA

"一个好的故事，能够改变你之于世界的角色。"

- 公司名称：Participant Media
- 公司地点：美国（总部设在比弗利山庄）
- 创办人：Jeffrey Skoll
- 成立时间：2004年
- 网址：www.participantmedia.com

※本文图片来自Participant Media官网。

DANIEL DAY·LEWIS
LINCOLN
1

MATT DAMON
JOHN KRASINSKI
FRANCES McDORMAND
PROMISED LAND
2

the Help
3

1. 电影《林肯》希望帮助大众继往开来，并出版书籍深入讨论。
2. 真人真事改编的电影《应许之地》探讨区域性开发与环保问题。
3. 电影《相助》呈现美国社会在黑人民权运动之前的歧视现象。

多背一公斤，旅行更有意义

旅行，除了游览风光、磨炼自我以外，还有什么其他的可能？

一个人多背一公斤的物资和教具上路，看似轻如鸿毛，但许多个"一公斤"加起来的力量却不可小觑。

在中国，就有这样一个网络平台"1KG.org"，号召背包客们响应"多背一公斤"的公益旅行。

近年来中国的政经势力崛起，但经济繁荣往往仅存于大城市，有许多人仍生活在贫困线之下。在偏僻的农村，资源更是匮乏，不仅大人缺乏工作机会，儿童也无法在合适的环境中受教育。

2004年，原先从事信息科技产业工作的余志海（安猪）到广西、四川一带旅行，看到了农村儿童的纯真，也目睹了中国偏远地区教育资源的匮乏。每当回想起足迹所踏之处，那些曾与他接触过的生命便牵动他的心，他思索着："究竟能为乡村里的老师和学生们做些什么？"

回来后，他发起"多背一公斤"这个活动，号召背包客们来场不一样的旅行。

传递物资不忘传递情感

"多背一公斤"活动经由网络平台的运作、传播，让每个背包客在旅行的同时，也能实现社会服务的精神。起初，"多背一公斤"侧重于"传递物资"，对于网站的定位，是建设一个管理学校信息和物品的平台。然而，这么做却依然无法解决一个根本问题：农村缺的不只是物资，更缺乏与外界情感上的交流。

因此，除了带得走的物资，"多背一公斤"更强调要突破过去施与受的尊卑位置。每个背包客除了在行囊中"多背一公斤"的物资与教材，更应与当地居民互动，给予儿童心灵上的援助。2008年，"安猪"创立社会企业"爱聚公益创新机构"，开始从事不同种类产品的开发与推广，致力于为社会提供创新的公益解决方案。

商品对了事就成：一公斤盒子

　　2011年，安猪和他的团队在一连串的挫败与尝试后，研发出"一公斤盒子"，将一系列教具、教学指南与工作包放置其中，协助每位老师能按照其中的指示与资源快速掌握授课技巧，并通过游戏的方式增加孩子们的参与感。针对不同主题定制化设计的一公斤盒子，逐渐成为一项成功且能够获利的产品。这些盒子也在许多背包客手中，发挥了它的最大效用。

　　目前，"多背一公斤"网站上提供超过1000条需要援助的学校信息，"一公斤盒子"也已发送超过3000个，受益的儿童超过2万人。

社企小档案

1kg.org 多背一公斤

　　"多背一公斤的教具与物资，每个人都可为乡村教育尽一分心力。"

- 公司名称：爱聚公益创新机构（活动名称：多背一公斤）
- 公司地点：中国（北京）
- 创办人：余志海（安猪）
- 成立时间：2008年
- 公司人数：20人以下
- 网址：www.1kg.org
- 微博：e.weibo.com/1kg.org

※本文图片来自多背一公斤官网。

1. 一个"手工盒子"就够36人上课。
2. 多背一公斤，能丰富偏远地区儿童的学习内容与心灵。

039

白天踢足球，晚上变 "绿电"

足球与发电器结合，就是一家社会企业！

"非特许游戏" 以在游戏中启发创造力为宗旨，发明了一系列具有发电功能的游戏产品，为发展中国家提供新的电力来源，"玩" 出社会影响力。

2008年，哈佛大学一门工程课的作业，要求学生设计一款对社会发展做出贡献的多人游戏。当时还在读大二的马修斯（Jessica O. Matthews）与西尔弗曼（Julia C. Silverman）在课堂上看到一段影片，这个影片记录了一间舞池地板能够吸收人群跳舞的动能。

受到影片的启发，她们决定把一种手摇式充电的灯泡塞在一颗仓鼠球里，并且将球在校园里踢了一圈，其累积下来的动能就可使灯泡发光。课程结束后，她们没有放弃这个点子，继续研发出 "插座足球"（sOccket），并在2011年创立了 "非特许游戏"（Uncharted Play），开始量产插座足球。

踢出电力，也踢出社会影响力

插座足球 "sOccket" 就是 "足球"（soccer）加 "插座"（socket）的意思，它的外观与重量和普通足球差不多，不同的是足球里装有震动式的充电电池，可通过足球表面的插孔给各种电器提供电力。踢10分钟足球所产生的电力，就可让LED灯泡发光3小时。

目前，插座足球还没有在零售渠道销售，而是邀请企业购买（批发价一个60至70美元，为372元至434元人民币），捐赠给许多发展中国家；经过8次量产，至今已售出约9000个。

让更多游戏发电，未来展望无限

许多发展中国家，尤其是非洲，没有安全、便捷的电力，只能用传统煤油灯作为光照来源。在这些地区，插座足球供孩子们白天踢球玩耍，晚上则可以为家里带回一整天的电量，是一种便宜、安全又环保的电力来源。

近日，"非特许游戏"更进一步研发一系列具有发电功能的游戏产品，如橄榄球、跳绳、滑板等。日后计划建立零售渠道让这些产品更普及，甚至将生产地从目前的美国转移到发展中国家，不仅节省运送成本，还可以在当地制造工作机会。

社企小档案

UNCHARTED PLAY

"结合运动产品与现代科技，来改善社会问题。"

- 公司名称：Uncharted Play Inc.
- 公司地点：美国（波基普西）
- 创办人：Jessica O. Matthews、
  Julia C. Silverman
- 成立时间：2011年
- 网址：www.unchartedplay.com

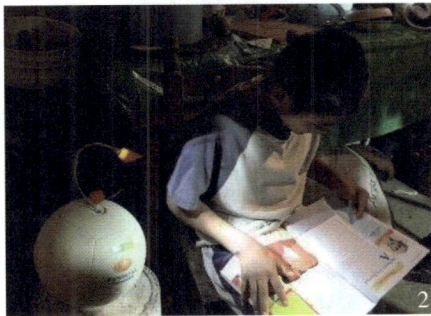

3

※本文图片来自Uncharted PlayFacebook。

1

2

1. 踢足球带来新的设计灵感。
2. 白天踢球顺便为夜晚照明储存电力。
3. 插座足球。

041

救命水壶，把污水变好水

你知道世界上有18亿人无法取得饮用水吗？并不是因为附近没有水源，而是水质太糟根本无法饮用！

英国的净水科学家发明了"救命水壶"，能够过滤一切污染物，包括最小的细菌与病毒。这使得全球绝大多数人口都有能力简单获得饮用水。

2004年发生了印度洋海啸，人们即使逃离至安全区域，仍要面对救难物资贫乏的问题。隔年，美国遭受卡特里娜飓风，世界第一强国在如此巨大的灾难后，也要花5天时间才能把维持生命所必需的饮水送至灾区。

其间，英国Ipswich的净水科学家皮查德（Michael Pritchard）在电视上看到人们互相开枪，就为了抢夺饮用水。他心中燃起了一阵怒火，决定运用他的专业知识来做些什么事情。

让取得安全饮用水变简单

起初，皮查德就在自家的车库与厨房动手尝试，经历几度失败与数月的努力后，终于成功发明了"救命水壶"与"救命水桶"（LIFESAVER），原理也很简单，它们具有直径15纳米的滤孔，因此能够过滤所有的病原体（最小的病毒直径为25纳米）。这项发明让灾民能够就近取水过滤，不需焦虑地等待救援物资。

帮助未开发国家居民

除了救灾，LIFESAVER更能帮助长期生活在没有安全饮用水地区的人。

即便是科技发达的今日，全球仍有18亿人生活在没有饮用水的环境中。为了取得较干净的用水，不少妈妈必须行走超过一公里到达"较干净"的水源取水，再将重达十多公斤的水"扛"回家。即使如此，每年仍有180万儿童死于腹泻。

只要拥有一个可过滤4000升用水的"救命水壶"和可过滤2万升用水的"救命水桶"，就有机会让所有人都可以获取安全的饮用水。

不过因为LIFESAVER研究成本高，售价自然不便宜，以"救命水壶"为例，台湾代理售价为新台币8690元(约为1771元人民币)。

　　非营利组织Operation Blessing为海地带来"救命水桶"，让海地人民无须烦恼饮用水来源。

LIFESAVER®

"每个人都应该享有安全的饮用水。"

- 公司名称：LIFESAVER SYSTEMS LTD.
- 公司地点：英国（科尔切斯特）
- 创办人：Michael Pritchard
- 成立时间：2007年
- 网址：www.lifesaversystems.com

※本文图片来自LIFESAVER SYSTEMS Ltd官网及Facebook。

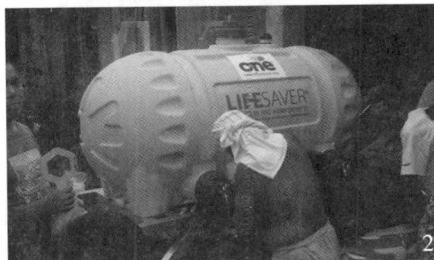

1-2. LIFESAVER C2社区饮水装置进驻风灾后的菲律宾灾区。
3-4. LIFESAVER "救命水壶"。

低价洗衣机，金字塔底层新商机

买不起洗衣机的穷人只能靠双手洗衣？一台价格不到240元人民币的洗衣干衣机，以脚代手，成为穷人洗衣的最佳帮手。脚动式洗衣干衣机GiraDora的发明，大幅提升秘鲁村落居民洗衣服的效率，缓解因长途跋涉汲水、手洗给当地居民带来的身体伤害，并具有省水的环境效益。

全球知名设计学院之一的美国加州艺术中心设计学院（Art Center College of Design）开设的"Designmatters"课程，希望借助艺术、设计和教育创造出改变社会的正面影响力。2011年秋天，其中的一个"秘鲁安全饮水"（Safe Agua Peru）项目，让两位学生亚历克斯·卡布诺（Alex Cabunoc）、纪阿宇（Ji A You）踏入社会创业的大门。

当时，两人从美国洛杉矶来到秘鲁贫民窟Cerro Verde，启动他们的项目。起初，他们看到当地居民一天要花6小时洗衣服，一个星期要洗3～5次，感到相当吃惊。此外，居民需从干净水源取水并拖着沉重的水桶回来，长期手洗衣物导致腰酸背痛或手腕受伤，加上冬天难以晾干的衣服容易发霉，引发儿童呼吸道疾病。

洗衣服这件事耗费居民大量时间，不仅降低工作的生产力，更造成健康上的问题。日薪不到60元人民币的居民想要脱离贫穷，似乎变得十分困难。

用设计创新改变社会

为什么没有一个适合当地居民使用的洗衣机？两人发现这是一个设计创新的大好机会。这个设计有三点必须考虑：首先，当地电力不便，必须使用人力驱动装置；最后，在研发过程中不断与居民沟通需求，产生将洗衣机与干衣机结合的想法；再次，为了让居民有能力购买，须将产品成本压低至240元人民币以内。

两人将设计的产品命名为GiraDora，来自西班牙文的洗衣、脱水之意。产品外观是一个带盖子的塑料桶，盖子上添加秘鲁传统语化图腾样式的坐垫，洗涤桶内设有旋转器，底部装有弹簧踏板。因此，使用者可以舒适地坐在桶盖上保持运转稳定，同时能够轻松地脚踩踏板、启动旋转器，进行洗衣和脱水。

GiraDora携带轻便，使用地点不限于户外，比起手洗方式可省下三分之二的用水量与5个多小时的时间，并能借助脱水减少晾干衣服的时间以避免衣服发霉。如此简易的脚动式洗衣干衣机拥有亲民的价格，它省时、省力、省电，减少对健康的不利影响，有助于减少工时、提升生产力，让居民得以增加收入，有机会打破贫穷循环。

20亿人群市场的庞大商机

2012年春天，两人利用创新竞赛所得的将近12万元人民币的奖金，到智利、秘鲁进行改良研究并测试商业模式。他们除了要提高清洗效率和耐用性，设计成适合当地人使用的规格，还购买了带有旋转器的低价二手产品作为GiraDora的零部件。

而在商业模式的规划上，当地的微小创业者可通过洗衣服务、租借或销售机器三种方式增加收入；相比市场上销售的洗衣机动辄达千元人民币以上，GiraDora针对全球金字塔底端的20亿人群市场，蕴含潜在的巨大商机。

社企小档案

"为金字塔底端社区增加生产力并改善居民健康，提供打破贫穷循环的机会。"

• 产品名称：GiraDora
• 运营地区：拉丁美洲
• 设计者：Alex Cabunoc、Ji A You
• 设计时间：2011年

※本文图片由GiraDora设计团队提供。

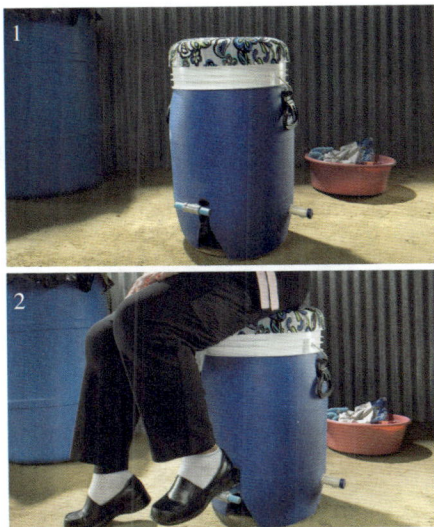

1. 简易脚动式洗衣干衣机GiraDora。
2. 使用者可坐在GiraDora桶盖上轻松踩踏，进行洗衣、脱水。

百元保温袋，抢救贫穷早产儿

Embrace（拥抱）用不到传统保温箱百分之一的成本——约100美元（约为620元人民币），开发出一款实用又低价的婴儿保温袋。

运营至今已经拯救超过2000名出生在偏远地区的早产儿，创办人陈珍说："我们的目标，是让每一个有需要的婴儿，都能得到Embrace的帮助。"

在印度偏远村庄，迎接早产儿出生的场景，是在狭小的茅草屋中，一对无助的父母，勉强将包在毛巾里的婴儿，放在电灯泡下取暖。全球每年有2000万名早产儿出生，其中有400万个小生命在出生第一个月内就不幸夭折，换算下来，每个小时就有超过400名早产儿离开这个世界。这些看似遥远的数字，在印度、尼泊尔等发展中国家，则是每对父母随时要面对的恐惧。

2007年，在斯坦福设计学院（Stanford D. School）的一堂"极端可负担设计"（Design for Extreme Affordability）项目设计课中，四个来自各领域的研究生组成Embrace团队。他们要挑战的任务是"如何降低发展中国家早产儿夭折率"。为了实地了解这些地区妇女所面对的问题，团队成员一起来到印度进行田野调查与产品测试。

Embrace最初试图达成的，是重新设计一个低价保温箱，但在测试的过程中发现，一个具有保温、提供营养和氧气等功能的保温箱，无论如何都无法让成本降低，更别说在大部分的偏远地区，甚至连电力供应都有问题。于是，他们知道必须创造出一个全新的产品才行。

以使用者为中心的巧妙设计

Embrace 婴儿保温袋（Embrace Infant Warmer）外表看起来就像是个迷你睡袋，在保温袋的后面有个口袋，里头装了一片可以用热水直接增温的特殊蜡板。靠着简单的物理原理，这片可重复使用的蜡板在加热后，能使温度维持在37摄氏度长达6个小时，帮助早产儿维持体温，使他们的器官能顺利运作。

看似简单的设计，却藏有许多让Embrace成功的关键细节。举例来说，保温袋的布料采用无接缝设计，是来自当地医生对于保温袋重复使用时消毒问题的意见；指示蜡板温度是否正确的方式，原本采用用数字显示温度的方式，也因为当地社会普遍不信任西方医疗体系，而改为使用"笑脸"来呈现。

操作简单、处处以使用者为中心的设计，让Embrace在产品测试阶段，就收到了来自各地医院、诊所的订单。

改变的连锁效应

通过实际在当地进行产品的设计与测试，Embrace设计出了开创性的产品。创办人陈珍（Jane Chen）说："我们从拯救早产儿的任务开始，但过程中却发现，在这些地区，婴儿如果夭折，辛苦生产的母亲会受到家族与整个村庄的责难。所以我们看到的是，妈妈抱着体重逐渐增加的孩子，眼中的自信也一天一天增加。"

婴儿夭折率降低，就无须努力生更多小孩，家中的资源也能集中运用，提供更多教育资金。

社企小档案

embrace

"为世界最弱势的群体提供创新的解决方案，增进母亲与孩子的健康。"

- 组织名称：Embrace
- 组织地点：美国（旧金山）
- 创办人：Jane Chen、Naganand Murty、Linus Liang、Rahul Panicker
- 成立时间：2007年成立团队，2008年成立非营利组织
- 网址：www.embraceglobal.org

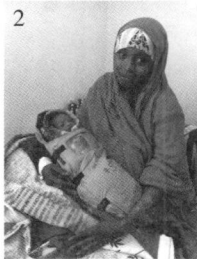

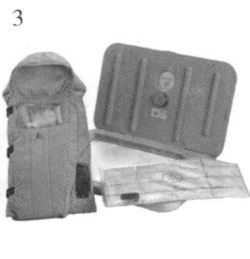

※本文图片来自Embrace官网及Facebook。

1. 婴儿保温袋外观像迷你睡袋。
2-3. Embrace的开创性产品，有助于拯救偏远地区的早产儿。

一副眼镜，改善的不只是视力

现今世界上约有7.3亿人口未获得适当的视力矫正，其中九成居住于发展中国家。视力不佳可能影响学习效率，减少工作机会，降低经济收入，导致贫穷的恶性循环。帮助穷人改善视力，就是为他们增加一分脱贫的机会。

发展中国家的居民买副眼镜，或许得花上几个月的工资，也可能耗费大量的时间与大笔的交通费，翻山越岭后才能到达市区的眼镜店。由于花费昂贵且渠道稀少，多数发展中国家居民无力负担眼镜。然而，视力不佳不仅是健康问题，还与个人教育、工作机会、家庭生活水平，甚至地区的经济发展息息相关。

为了解决穷人的视力问题，乔丹·卡萨罗（Jordan Kassalow）在2001年创立了VisionSpring，秉承"看得清楚，过得更好"的信念，为消费金字塔底端的人民设计眼镜，一副眼镜的平均售价只要4美元（约为25元人民币），并雇用当地村民走访偏远村落推广视力矫正。VisionSpring至今已在全球销售超过100万副眼镜，制造2.7亿美元（约为16.7亿元人民币）的经济效益，并创造9000个就业机会，所培育的720名验光师，有一半以上更是自己创业开设眼镜店。据2007年顾客追踪调查，获视力矫正者增加了35%的工作生产力，平均月收入提高20%。一副眼镜，为穷人带来了视野与生活的春天。

微型加盟，辐射式销售

VisionSpring积极与各国组织合作，为26个发展中国家提供服务。他们成功的秘诀之一就是运用"微型加盟"模式，教导当地居民基本的眼科保健与商业经营知识，训练他们成为推销员，并提供"生意袋"，将相关产品与服务（如视力表、放大镜、擦镜布、推广传单等）一并放入，方便携带。每个推销员就像一个独立而机动的小型眼镜店兼视力保健中心。

VisionSpring每隔特定距离便开设一个眼镜中心，配备专业人员与设备，几个推销员隶属一个中心，以此为轴心，以深入村落推广为轴线，通过辐射式销售扩大服务范围。并且在村落举办视力保健推广运动，为居民提供免费视力检测、视力处方签，并销售眼镜。若发现村民视力严重损坏，或有病变可能，便会推荐他们到最近的眼镜中心或眼科医院就诊。

差别定价，迎合顾客需求及购买力

VisionSpring的目标客户群无法负担高价产品，因此经营上主要采取"高产量、低获利"模式。但发展中国家居民之间也有购买力的差别，以及对眼镜需求的差异，经济能力较好的消费者可能愿意把钱花在具有设计感的镜架上。因此，眼镜中心销售多种款式，采取差别定价，利用高价眼镜的收入来补贴低价眼镜的成本支出，也就是运用"交叉补贴"的概念。

身为跨国企业的VisionSpring，同时也需要依据各国文化的差异调整产品。与消费者进行一线互动的推销员，能将消费者的购买与使用经验直接回馈给组织，组织再据此调整设计及定价，随时确保产品符合顾客的需求及购买力。这份精益求精的精神，也是VisionSpring成功经营的关键之一。

社企小档案

VisionSpring
live well. do well.

"让世界各地都有便宜易得的眼镜。"

- 公司名称：VisionSpring
- 公司地点：美国（总部，纽约）
- 成立时间：2001年
- 网址：visionspring.org

※本文图片来自VisionSpring官网。

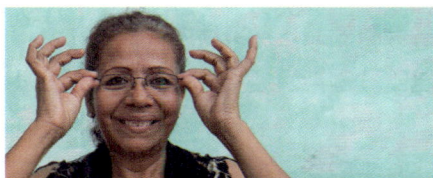

深入村落，为村民提供视力检测、配镜服务。

全世界CP①值最高的眼科医院

流水线生产管理、供应链垂直整合等工业概念，也能应用到医院！

印度亚拉文眼科医院（Aravind Eye Hospital）便是运用了这项利器，大幅提高医疗效率，成功地为金字塔底层民众提供视力医疗保健服务。

印度亚拉文医院于1976年创立时，还是一个仅有11个床位的小诊所，如今，它已是个年营收2200万美元（约为1.37亿元人民币）、EBITA②达39%、拥有6家分院的庞大医疗体系。

亚拉文眼科医院的成功归功于许多要素，例如差异化收费有助于交叉补贴，通过自制人工水晶体等医疗必需品的垂直整合，进一步控制成本等。

耀眼的健康效益与财务绩效

以2012年4月至2013年3月的数据为例，亚拉文医院共完成了371 893次手术，其中26%有补贴，24%免费，合计占比一半。由于部分患者的经济状况不佳，医院采取差异化收费的策略，对于一天平均收入1美元（约为6元人民币）、处于贫穷线以下的患者，只需大约半个月的收入，即可支付一切医疗开销。

亚拉文眼科医院另一项卓著的成本管控秘诀，是标准化流程下的高度分工，这是人称"V医师"（Dr. V）的医院创办人文卡塔斯瓦米医生（Dr. Govindappa Venkataswamy）从麦当劳标准化作业得来的灵感。

流水线式的医疗专业分工

在亚拉文眼科医院的手术室内，医生还在处理上一位患者，下一位患者已在隔壁手术台上做好了术前准备，只待医生转过身来动刀，如此一直交替延续。让医生专注于只有医生可以执行的关键医疗步骤，其余人员各司其职，结果是产出

---

①CP，即Cost Performame Ratio，译为性价比。
②指息前、税前、折旧、摊销前净利。

效率的大幅提升。在亚拉文眼科医院，一位医生一年大约可以执刀2000次，而印度全国平均值只有大约400次。

　　手术是一种侵入性操作，避免因接触导致交叉感染很重要，因此医院手术室通常不会一次摆进多个开刀床位，亚拉文医院经过评估，认为眼科病人身体其他方面大致良好，发生交叉感染的概率很低。在严格的管理之下，亚拉文眼科医院的术后并发症比率，比英国皇家眼科学院统计的全英国眼科手术后所得到的结果还要低。

　　亚拉文眼科护理系统已有下属机构加入世界卫生组织防盲合作中心（World Health Organization Collaborating Centre for Prevention of Blindness），其医疗成就获得高度认可。

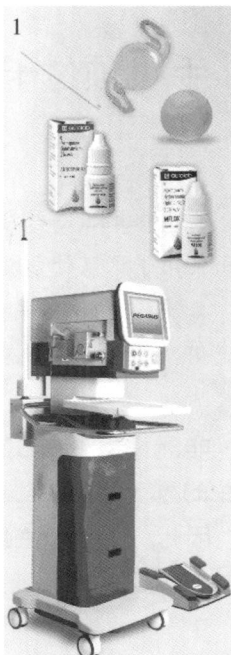

051

社企小档案

ARAVIND EYE CARE SYSTEM

"消除不必要的盲疾。"
* 公司名称：Aravind Eye Hospital
* 公司地点：印度
* 创办人：Dr. Govindappa Venkatas-wamy
* 成立时间：1976年
* 网址：www.aravind.org

※本文图片来自亚拉文眼科医院官网。

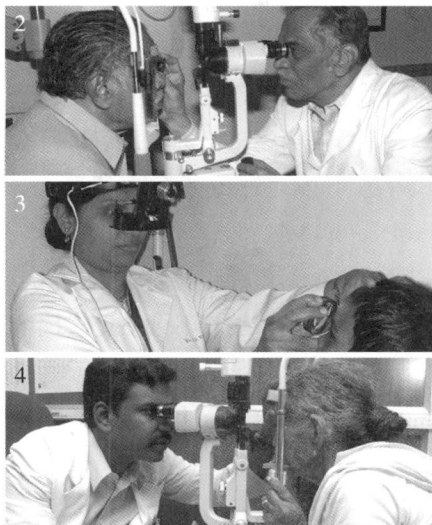

1. 亚拉文眼科照护系统的自制产品。
2-4. 亚拉文眼科医院的收费采取差异化策略。

手机预付卡，看病也能用

Changamka公司为了改善非洲肯尼亚的医疗问题，利用日渐普及的手机，设计出使用手机预付卡看病的系统。

目前已发行1万多张的医疗预付卡，以及3200张的生育预付卡，每个月有600人次用预付卡看病，逐渐改善肯尼亚民众的医疗情况。

非洲肯尼亚有80%以上的民众无银行账户，也没有保险，无法为可能发生的医疗问题做准备。

因此，许多肯尼亚民众生病或怀孕生产时，都不会到医疗院所就医，导致每年约有7000位肯尼亚妇女死于怀孕相关的并发症，比例约为先进国家的50倍。

手机预付卡小额储值，结合医疗服务

虽然大部分肯尼亚民众没有网络及市内电话，但特别的是几乎人手一部手机，普及率高达77%，而且移动银行非常普遍，人们可以用手机进行存款、领钱、转账等商务往来，甚至可以进行微型贷款。

考虑到移动银行如此方便又普遍，于是Changamka公司（Changamka MicroHealth Ltd）推出了以手机预付卡充值看病的创新医疗系统。

简单来说，就是用预付卡的形式，鼓励民众平时存小钱，以备意料之外的就医需求，最低存款金额只要6元人民币，就可以随时到为手机充值的商店为医疗预付卡充值。除了需开刀住院及罕见疾病外，医疗预付卡可使用于大部分门诊疾病的治疗。如此一来，上诊所看病不再是那么遥不可及。

生育预付卡让孕妇安心

由于没有储蓄习惯，对于许多肯尼亚妇女来说，生产是一项无法负担的庞大医疗支出，一半以上的孕妇只好在家生产或依赖接生婆，造成生产死亡率一直居高不下。

为了解决此问题，Changamka公司推出了"生育预付卡"，与医疗院所合作，提供从产检、生育到产后的照顾，总共只需300元人民币的费用。低收入妇女借助一点一滴的小额存款，便可到医院接受完整的生育医疗服务，降低生育的风险及死亡率。

这项机制目前主要的收入，来自于购买预付卡时会收取约20元人民币的入会费。现在肯尼亚国内已有超过30家合格医疗院所成为策略合作伙伴，而且提供折扣优惠。医疗院所愿意合作是因为可以扩展新客户，而且确实能够收到医疗款项，减少三成以上的行政成本，因此创造了一个医院与病人双赢的局面。

社企小档案

"通过移动科技及持续创新，成为非洲地区提供有品质、可负担医疗的领导者。"

- 公司名称：Changamka Micro Health Ltd
- 公司地点：肯尼亚（内罗毕）
- 创办人：Zack Oloo、Samuel Agutu
- 成立时间：2008年
- 网址：changamka.co.ke

※本文图片来自ChangamkaFacebook。

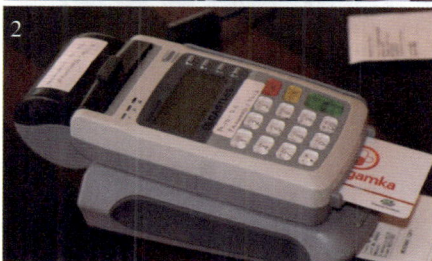

1. Changamka共同创办人Samuel Agutu说明预付卡的好处。
2. 用预付卡小额充值保障个人就医不时之需。

搭可乐便车，送药下乡

ColaLife通过"简约创新"的精神，运用可口可乐的物流渠道，解决药物资源不足的问题。

针对非洲居民最迫切的需求，他们设计药物组合包Kit Yamoyo，包装在AidPod里，随着可口可乐的物流渠道送出，平均一天有100个家庭受惠。

简约创新（Frugal Innovation），意指减少复杂功能性，以压低成本及简化使用难度的方法提供创新商品或服务，被视为解决金字塔底层资源匮乏问题的一大药方。

事实上，不局限于产品设计，在终端服务的提供及物流渠道，也需要简约创新的思维。ColaLife便提供了一个将"简约创新"应用于物流渠道的绝佳范例。

ColaLife是一个成立于2008年的非营利组织。创办人赛门·贝瑞（Simon Berry）原先是一位国际援助人员，在1988年间前往赞比亚工作的时候，偶然发现了两件事：许多居住在偏远地区的孩子由于缺乏药物，常因脱水或腹泻等轻微病症丧命；此外，可口可乐无处不在。

他当时萌生了一个想法："若是能运用可口可乐的物流渠道，解决药物资源不足的问题，该有多好！"20年后，赛门和他的妻子珍终于想到了一个能充分利用可口可乐物流渠道运送药物的好方法，于是他们辞去工作成立ColaLife，给了自己放手一试的机会。

革命性的包装设计与运送模式

赛门一开始的构想，是把每个装可口可乐的箱子空出一瓶的空间，用以运送药物。他的妻子深知许多很好的创新点子在实行上的困难性，于是提出了另一个建议："我们何不转而利用可口可乐箱中的空隙呢？"于是他们设计出一个耐压、形状特殊、刚好可以嵌在可乐瓶颈间空隙中的塑料包装盒AidPod。

ColaLife针对最迫切的医药需求，设计出包含口服脱水补充液、锌补充锭、肥皂和使用说明书的药物组合包Kit Yamoyo，包装在AidPod里。截至目前，

ColaLife已经生产出大约3万个Kit Yamoyo，其中有1.4万个已经送到了消费者的手上，平均一天有100个家庭受惠于此项计划。

企业、慈善机构、社交媒体的协作

ColaLife结合了创办人的亲身经验，设计出适合用户需求的产品，可口可乐对于这项能提升企业形象又不会增加额外成本的计划，给予大力支持，并介绍了当地适合的物流渠道商。此外，Facebook、TED等媒体更担任了推波助澜的角色，引起了如联合国儿童基金会、娇生集团、加拿大国际发展事务部的关注，这些组织进一步提供援助；而ColaLife也善用多种网络媒介如Flickr、YouTube和Vimeo随时更新工作情况，增加大众的参与感。

ColaLife萌发自一个对症下药的概念，并结合许多外部利益共享者一起努力，让赛门的初衷得以实现，造福更多需要的人。

社企小档案

colalife
building unlikely alliances to save children's lives

"利用现有物流资源，铺设好点子的最后一里路。"

- 公司名称：ColaLife
- 公司地点：赞比亚（卢萨卡）
- 创办人：Simon Berry、Jane Berry
- 成立时间：2008年
- 公司人数：8人
- 网址：www.colalife.org

※本文图片来自ColaLifeFacebook及其flickr。

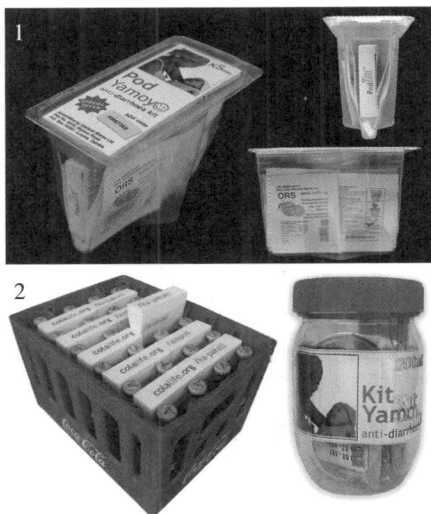

1. Kit Yamoyo的抗腹泻药物组合包。
2. 嵌在瓶颈空隙间的AidPod，随可口可乐物流渠道送到偏远山村。

055

英国游民带你逛 "看不见的伦敦"

Unseen Tours是一个成立于英国伦敦市的社会企业，主要是由招揽游民成为当地导游而形成的。

他们提供由游民带领的城市观光游览服务，并把盈利重新投入运营，招募更多游民成为当地导游，为游民创造自力更生的工作机会。

伦敦是个充满故事的城市，而一般人看到的往往都是它的光鲜亮丽，殊不知这座城市大部分的色彩其实来自它的街头暗巷。正因为如此，何不让住在街头的游民带着我们徒步逛伦敦？

故事要从2008年说起。一群年轻人想与游民亲近，于是某个周末带着自己一双不用的袜子送给游民，从此逐渐打破了与游民之间无形的隔阂。这种称为"袜族"（The Sock Mob）的物品交流活动非常成功，渐渐地，这样的周末交流越来越频繁。

Unseen Tours（未见之旅）主办者因为参加了这项活动，产生了更多与游民互动的想法，于是有了新的构想，希望让这些扮演"受惠者"角色的游民，转变成带领游客走进伦敦巷弄的导游。

具有社会意识的当地导游

这些街头导游非常特别，接受过专业训练的他们，不仅可以带你去一般导游会带你去玩的地方，他们还会跟你讲一些当地的小故事，甚至带你探访那些未被记载或被城市中忙碌的人们所遗忘的地方。

游客可以从游民的角度来认识这个城市，在游玩中对英国社会情形有更多更深入的了解。Unseen Tours几条最著名的导览路线为：伦敦大桥(London Bridge)、修迪奇（Shoreditch）、科芬园（Covent Garden）、红砖巷（Brick Lane）、布里克斯顿（Brixton）。

无息贷款，帮助游民自立

Unseen Tours向每个参加旅行团的客人收取费用。费用的60%作为导游的薪资，每月或每星期发到他们所聘用的导游手中，剩下的40%当作公司的公共基金，用以支付公司电话、手机或旅游津贴等开销。

此外，Unseen Tours以公款提供无利息贷款给游民，帮助他们缴纳初期房租等费用以便游民找到安身地。向公司借款的游民必须把收入的五分之一拿出来作为押金，直到还清贷款。因此，向Unseen Tours借款的游民只会领取到部分薪资，但公司会负责提供他们电话、旅游津贴。在支付导游薪资和公司开销后，剩下20%的收入则用在保险、宣传等相关事宜上。目前除了导游外，其他工作人员都是以义工的形式在工作。

社企小档案

The SOCK MOB

Unseen Tours
London's Street Voices

"让伦敦的游民，为人们带来一趟最特别的步行旅游。"
- 公司名称：Unseen Tours
- 公司地点：英国（伦敦）
- 创办人：The Sock Mob
- 成立时间：2008年
- 网址：sockmobevents.org uk

※本文图片来源：Unseen Tours及其Facebook。

1-2. Unseen Tours推出最具当地特色的伦敦游览行程。
3-4. 上为志愿者和游民导游，下为导游亨利。

057

打造廉价的幸福绿住宅

危地马拉是中南美洲最贫穷的国家之一，一般居民无法享有良好的居住品质。尤其在天灾频繁的情况下，很多居民流离失所。对许多当地人来说，拥有一间安身立命的房屋是遥不可及的梦想，然而CO_2 Bambu的出现，让他们与梦想的距离变近了。

2007年，菲利克斯飓风重创尼加拉瓜，摧毁9000栋房子，造成4万人流离失所。

当时各国政府和国际组织陆续提供物资并且协助灾后重建，班·桑泽贝尔（Ben Sandzer-Bell）也来到危地马拉，发现居住对当地人民是一项大问题，协助居民拥有一间买得起又住得好的房屋，成为他开创CO_2 Bambu的动机。

抗震、防风又环保的竹建材

班·桑泽贝尔发现，相比于木材、水泥、钢铁，竹子的建造成本较低，但拥有一样坚固的强度结构。竹子具有弹性，拉伸强度大，通过良好设计便能够有抗震、防风的功能；根据测试，有些竹房子甚至能承受九级地震，相当适合运用在天灾频繁的危地马拉。

过去，当地人们并未将竹子充分运用在建筑上面，CO_2 Bambu运用创新设计，让竹房子兼具实用性与美观性，并且与政府和国际组织合作，使得穷人也能够享有良好的居住品质。

商业模式，兼具环保和社会精神

CO_2 Bambu采用从原料生产、建材制造到房屋搭建一条龙的商业模式，并把环保精神融入过程当中。

在原料生产端，竹子本身就是易生长的植物，每半年就能收获，并且能通过留根继续种植利用，不像木材是一次性砍伐。而生产竹子比起制造水泥和钢铁，更能减少碳排放量，有助于环境保护。CO_2 Bambu用高于市场价格收购竹子，鼓励当地农民用善待环境的方式栽种竹子，恢复原本被破坏的森林环境。

制造建材、搭建房屋的工人，多半来自失业率高的社区，他们不但被训练将竹子处理成建材的技巧，也学习建造绿建筑，让更多的竹房子能够被推广到危地马拉各地。对他们来说，CO_2 Bambu提供的不仅是一份工作，更是一份有价值的职业，可以帮助更多同胞拥有一间既舒适又美观的房屋。

1

2

3

4

5

社企小档案

CO_2 Bambu

"为金字塔底端的居民打造既环保又舒适的廉价住宅。"

- 公司名称：CO_2 Bambu
- 公司地点：危地马拉
- 创办人：Ben Sandzer-Bell
- 成立时间：2007年

※本文图片来自CO_2 Bambu Facebook。

1-2. CO_2 Bambu训练当地民工用传统方式造屋。
3-5. CO_2 Bambu用竹子打造出既美观舒适又令一般居民负担得起的绿住宅。

059

米糠发电，照亮印度乡村

米糠电力系统的商业模式——气化技术、降低固定成本、雇用当地居民，其实没有任何一项是全新的点子。然而当上述想法整合起来，却能为印度乡村地区提供更好的电力，促进当地的就业与经济发展，同时享受三成的利润。

出生于印度最贫穷地区比哈尔邦（Bihar）的潘德（Gyanesh Pandey），其家乡有超过85%、约8000万人口无法使用电力。居民谋生、求学等都遇到困难。潘德小时候因为家里电力不足而感到不如人，后来到美国求学就职，成为一名享有优越薪水的杰出工程师，他决定运用自身专业，将光亮带回比哈尔邦。

潘德回到印度后遇到亚达夫（Ratnesh Yadav）、辛哈（Manoj Sinha）两人，他们尝试了一些新发明想改善印度电力问题，例如有机太阳能或生物质能灯泡，但都无法将发明变成一门可赚钱的生意。潘德回忆说：“那时我总觉得，能解决照明问题的是顶尖科技。”

点亮乡村的米糠电力革命

直到他们发现，在比哈尔邦，当地农产品都有用途，甚至是水果残渣也都拿来喂养动物，很少有废弃物，米糠（稻米果实的皮层）是唯一的例外——每年稻米制作过程中会产生18亿公斤的米糠，而且毫无用处。他们便与印度政府的能源部门共同运用气化技术，让米糠在低氧环境中被加热，释放出气体，这些气体便能燃烧，推动发电机涡轮。

他们成立了社会企业“米糠电力系统”（Husk Power Systems，简称HPS），在印度各地建造以米糠为发电来源的厂房，每小时可将50公斤的米糠转换成3.2万瓦的电力，满足500个家庭的用电量。1公斤的米糠售价不到1卢比（约为0.1元人民币），而将其转化成电力的成本约一个月80卢比（约为8元人民币），是煤油发电成本的一半。米糠发电为乡村提供更便宜、充足又安全的电力，至今已省下900多万升煤油。

加盟设厂，协助居民自给自足

一个HPS电厂平均可以服务2～4个村庄，HPS不在自家企业内雇人管理电厂，而是让当地居民加盟成为电厂管理者，由每（数）个村庄自行运作电厂及收取电费，赋予其自给自足的权利。

HPS提供训练课程，教导加盟者如何操作电厂，增加产品组合价值，例如在登门收取电费时销售省电灯泡，提供居家检测服务，甚至销售肥皂、食用油、小面包等民生必需品。设立副业，将烧焦的米糠与灰烬制成肥料、水泥砖或香薰材料，至今在印度有五个运营地点，并为500名妇女提供就业机会。

从2008年开始运营，至2011年，HPS已建造80座电厂，服务印度300个乡村中的20万人口，而且以每周新建造二至三座电厂的速度成长中，同时将运营范围拓展到东南亚与非洲其他国家。

潘德说："有复制潜力的并不是HPS电力的传输，而是我们如何应用现有技术并突破当地的限制，创造出一个能充分运用当地原料与人力的系统。"

社企小档案

"以能源赋权。"
- 公司名称：Husk Power Systems
- 公司地点：印度(比哈尔邦)
- 创办人：Gyanesh Pandey、Ratnesh Yadav、Manoj Sinha
- 成立时间：2008年
- 网址：huskpowersystems.com

※本文图片来自Husk Power Systems官网。

1. HPS电厂，地上堆着发电原料米糠。
2. 磨坊靠HPS供应电力照明。

创新养老服务理念，引领老年新生活

如果说幼儿园是在培育明天与希望，那么养老中心就是在留下昨天与回忆。朗力养老服务中心以创新的养老服务理念，为老年人带来不一样的生活。在这里，死从来都不是生的对立面，因为有死，生才有意义；因为有生，死才有价值。

2010年，来自中国传统儒家孝文化发源地山东的朱庆海，做了一个在别人眼中另类的选择——投身养老事业，在中国成都创立了朗力养老信息咨询有限公司，通过朗力(longlive)，开始了他探索养老事业发展的第一课。

创立之初，朱庆海多方奔走考察调研，最终确定以"引进欧洲国家先进养老服务理念及管理技术，结合国内外本行业特点以及实际情况，采取公益性事业市场化运作"的模式，依托成都，面向全国发展社会化养老服务产业的企业发展规划。

以爱之名，将为老服务进行到底

养老中心的工作在技术上不需要多么高深，在程序上不需要多么复杂，但是很注重细节的服务工作。用心，才是养老服务的奥秘。为了将为老服务做得更加精细化，朱庆海就住在养老中心里，随时留心老年人的需求，哪怕一句话，一个动作，可能会重复两遍、三遍、十几遍，他也耐心地亲力亲为，切实地去感受，就是为了能更好地掌握老年人的生理特点与心理需求，从而提升服务质量。

"没事，你休息吧，我盯着。"这是朗力养老服务中心第一个夜班里朱庆海对值班护士说的话。之前成功的经商经验确实不能帮助他了解养老服务应该如何做，所以，他能做的，只能是从零开始，慢慢地学习。

中心员工的平均年龄为28岁，考虑到养老行业服务对象的实际情况，朱庆海担心员工因工作环境而产生厌烦情绪，一线的各项工作他都尝试着做，从保洁、护工到厨师等，只要是在能力范围内他都试着做，并努力做到精细，以便能及时掌握员工的心理动态并及时疏导。在工作间隙，他总是和大家说："老人要的不是物质生活有多么富裕，也不是一个冷冰冰的家，他们要的不过是一个温暖的眼神、一句亲切的问候，让他们感受到有人在关心他们、照顾他们。"这也成了朗力发展养老服务的目标与宗旨，全体员工都在为此而努力。

一起为梦想努力

朗力经过近4年的发展，已形成以社区养老为核心，居家养老、机构养老、度假养老、养老产业信息咨询策划、社工服务相结合的综合性社会服务企业。朗力设有成都朗力养老服务中心、成都朗力社工中心、成都朗力养老服务信息咨询有限责任公司三家核心社会服务企业，共有员工196人。另外，还有社区连锁养老服务中心23个、四川省养老示范项目3个，分布于都江堰、温江、龙泉、邛崃等地，服务15万老年人。

朗力团队全程参与了成都市民政局、成都市老龄工作办公室制定的三大地方性行业标准。与当地政府联合发起成立、运营、管理街道级社区治理发展中心平台2个，并与成都慈善总会发起成立成都首批"社区慈善基金"，开展了慈善进社区多次大型募款活动，培训发展了1560名义工。

朗力人正在一步一个脚印地将朗力的品牌与服务慢慢烙印在关心朗力的人的心上。

063

社企小档案

"将为老服务进行到底。"
- 公司名称：朗力养老信息咨询有限公司
- 公司公司地点：中国（成都）
- 创办人：朱庆海
- 成立时间：2010年
- 公司人数：196人
- 网址：www.cdlangli.com
- 微信公众号：longlive-com

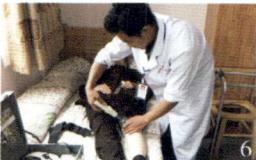

1. 养老护理员陪同老人散步、聊天。
2. 护士陪同老人锻炼手指。
3. 组织丰富多彩的娱乐活动。
4. 养老护理人员陪同老人看报纸。
5. 向周边老人提供送餐服务。
6. 为社区老人提供上门护理、康复服务。

米公益，"健康生活，快乐公益"的生活方式

米公益这个品牌的梦想，是在公益状况还普遍落后的中国，让更多普通人能够以更低的门槛持续地了解、关注和参与公益，通过一种创新的模式拉近企业、公益组织和个人用户三方的距离，让公益走进人们的日常生活。

2012年，中山大学管理学院四年级的两位在校生——莫子皓和王子，头顶保送北大和清华研究生、曾远赴海外交流学习、获得多项奖学金的光环，却怀抱着一个平凡的梦想：实现公益大众化，让天下没有难做的公益！他们觉得时间和金钱不应该成为公益的门槛，如果可以将公益与现代移动信息技术结合起来，使人们更加容易参与到公益当中，将会有更多有需要的人受惠。于是他们两人联手创立了"米公益"，开始了公益创业的历程。他们与技术人员一起开发了"米公益APP"应用程序，目前已经累积十几万用户，企业伙伴与公益伙伴近百家。作为公益圈内的创新生力军，"米公益"团队也发展到20人，"米公益"一直在用科技提升着公益的品质与效率。

为何取名"米公益"

团队成员说："米是人们生活中非常普通又很重要的物质。一粒米很小，但是当很多粒米聚集在一起的时候，就会形成一股强大的力量，就像我们做公益一样，积少就会成多。我们希望通过聚集大家手中的力量，推广公益事业，随时随地做公益。另外，大米在我们这样一个体系当中充当着一般等价物的角色，是一种虚拟货币。用户可以通过完成健康任务赚取大米，然后用大米换取受赠方所需要的物品，如铅笔、纸巾、毛巾等，进行自己的捐赠活动。"

用创新的思路解决传统公益中的问题

不同于一般的公益创新，米公益首创将手机上的健康运动与公益相结合，对接企业、公益组织和普通个人在公益上的供需关系，实现公益物资的高效流转，将更多的外部资源与关注导入公益圈中。这个创新的模式，给予了米公益自造血的机能，也让其一直与互联网公司看齐，用一种全新的思路解决传统公益中存在的各种问题。

米公益目前已注册为一家工商企业，但米公益希望自己成为一家社会企业，为社会创造价值，实现社会创业的目标。

健康有趣APP，动动手指助公益

米公益应用是一款集科技与创意于一身的大众公益参与平台，通过公益创新降低公益参与门槛，让更多生活节奏紧凑的都市人可以在健康有趣的APP中，随时随地参与公益活动，既助己又助人。用户只需要扫描二维码或者点击下载米公益应用，选择感兴趣的捐献活动并点击参与，完成自己所设定的健康任务并赚取大米，即可用大米换取真实物资实现公益捐赠。

米公益APP 中主要包括5个功能模块：

米·知——每天推送一条有趣的科学冷知识，用户在学习的同时还能帮助别人。

米·妈妈——定时提醒用户与亲人通话，让大家放下忙碌的工作，拨出那熟悉而又陌生的号码。

米·有氧——利用GPS定位并记录运动数据，鼓励大家进行有氧运动，在keep fit之余奉献爱心。

米·伸展——提醒用户伸展手臂放松肩部，并应用传感器检测，既舒缓压力又帮助他人。

米·扭扭——定时提醒月户扭动脖子放松颈椎，并应用人脸识别技术对用户进行检测，在呵护颈椎的同时做公益。

065

社企小档案

"健康生活，快乐公益。"

- 公司名称：米公益
- 公司地点：中国（北京）
- 创办人：莫子皓、王子
- 成立时间：2012年
- 公司人数：20人
- 网址：www.ricedonate.com
- 微信公众号：ricedonate

1. 父亲节关爱东山福利院老人。
2. 青岛以琳关爱自闭症儿童。
3. 关爱流浪猫狗活动。
4. 米公益的产品理念与特点。

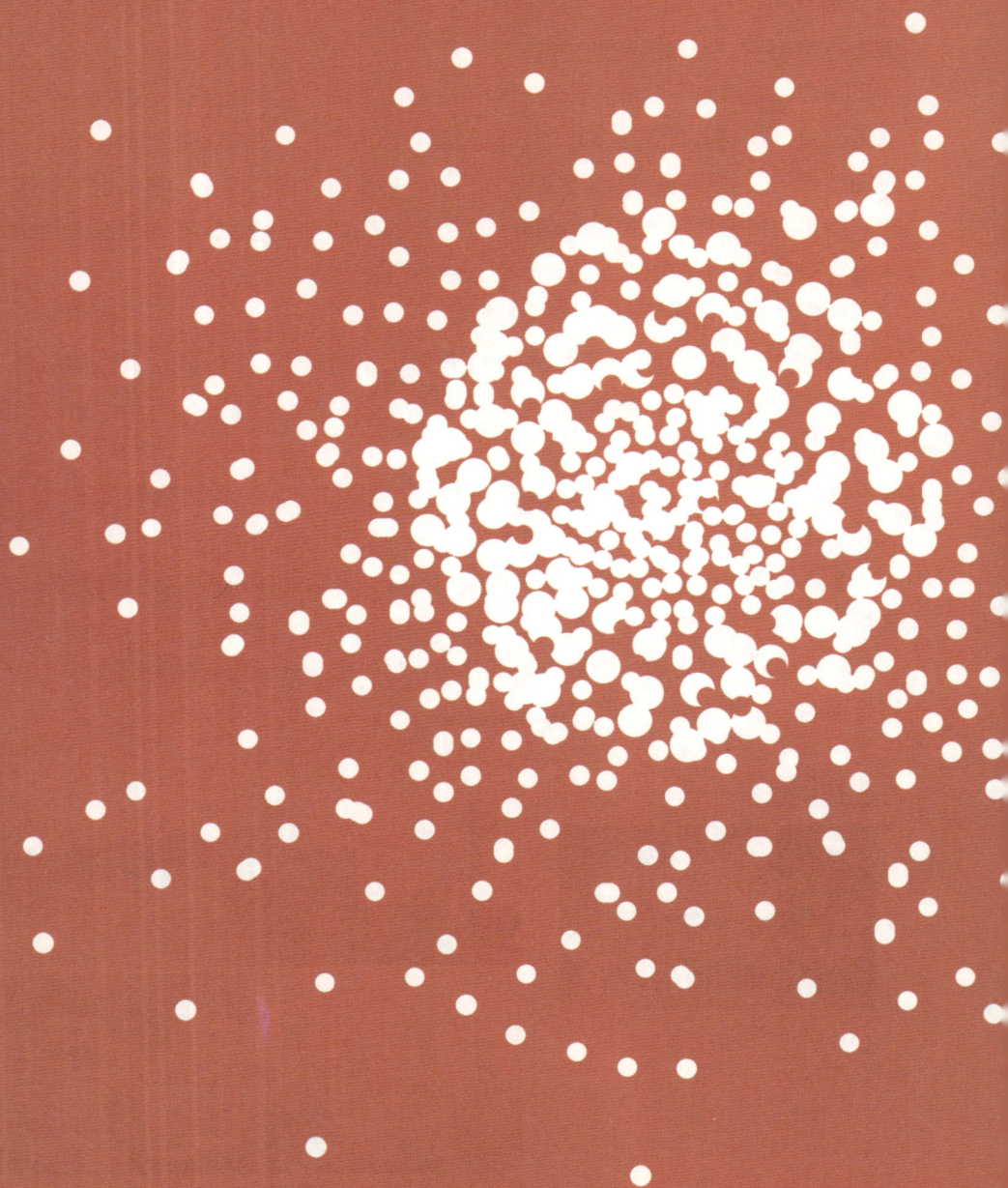

第四章

改变世界的十二堂社企课

做好事，也能变成一门好生意！

本章介绍十二个指标型的社会企业，分布在欧、美、亚、非四大洲，关注领域涵盖了经济发展、教育文化、环境医疗、弱势就业、农业发展，为我们的世界带来了全新变革。

十二个动人的社企故事，向你证明用爱创业，也能持续获利！

〔日本、孟加拉国〕Motherhouse
一个有温度的时尚品牌

当你逛街购物时，看到一个标示着"孟加拉国制造"的手提包，你会有什么联想？成本低廉？品质粗糙？不堪使用？有一个品牌却毫不避讳地向大家宣示："我们的包包全部都是孟加拉国制造的！"

这个品牌的销售地点不是夜市或路边摊，而是精品百货商店。它是日本手提包时尚品牌Motherhouse。

开复观点

时尚没有年龄屏障。在信息透明、快速传播的时代，喜爱和追随时尚变得方便、容易。朋友推荐、网上推送、线下店铺，会把时尚品牌送到每一个人面前。时尚品牌的生态链是否专属高端、奢侈或者强势的领域与人群？Motherhouse的故事给了我们一个很好的答案。一位日本年轻女性创办的社会企业用孟加拉国的原材料、孟加拉国的劳动力，将孟加拉国生产制造的手提包做成了销往国际大都市的时尚品牌。她既帮助了贫困地区的经济发展，又让自己创立的企业盈利、成长。

22岁，当即将毕业的大四学生还在努力抓住暑假最后的尾巴，或在一场接一场的面试中大口喘息时，有人已经毅然决然坐上飞往孟加拉国的班机，而且这一去，就是8年。她是Motherhouse的创办人山口绘理子，一个庆应大学毕业的高才生，原本打算从政、打造一所无欺凌压迫小学的她，却在造访孟加拉国之后，人生彻底转了弯。

故事发生在山口绘理子大四的春天，当时她申请到美国华盛顿一家国际援助机构实习，这对期待未来能从事开发协助工作的山口而言，原本是令人兴奋的难得机会，但在华盛顿的实习生活却让她产生许多疑惑："我每天坐在豪华的办公室里，却丝毫感受不到与受助者之间的联系。如果整天只是坐在屏幕前敲打数字、编制预算，我如何能保证这些钱真的送达需要的地方、带给需要的人？"

"如果可以，我想要亲眼看看'现场'！"就是这么简单的理由，让山口绘理子在实习结束后立即飞往孟加拉国，重新用自己的心和眼认识当时亚洲最贫穷的国家。

当时一句孟加拉语都不会说的她，为了更深入了解发展中国家的现状，竟异想天开地决定申请当地的研究所读研，并以特例的方式参加入学测验。在孟加拉国读书的两年中，她经历过洪水、停电、激烈的劳工示威以及炸弹攻击，也渐渐明白许多援助和捐款不一定能真正带给当地人笑容。

"单靠援助是不够的吧！"她思索着，有没有什么健全又能持续改善的方法？

与黄麻相遇

有一天，在达卡衔头一家不起眼的小店里，一个黄麻制的手提袋引了山口绘理子的注意。黄麻是孟加拉国最重要的经济作物之一，延展性好，透气性佳，能吸收二氧化碳，也可以百分百被分解和回收，耐用又环保，被当地人称作"黄金纤维"，而孟加拉国正是这种纤维的最大出口国。

"就是这个！我想用黄麻做出最棒的包包，在日本销售！"

然而，她随即发现在以低廉劳动成本著称的孟加拉国，当地许多代工工厂为了接下较大品牌的订单，往往愿意以量换价，使得劳动力成本被压得更低，代工的品质自然无法提升。

"如果有人愿意给他们机会，这些人能不能做出世界级的品质？"

又是一次异想天开，山口绘理子想用这个在当地只被用来盛装面粉与咖啡豆的粗糙麻布袋，通过孟加拉国人民的手艺，制成高品质的时尚包包，并销售到世界各地。

山口绘理子想做的，不是为当地带来基于同情的"援助和捐献"，而是想协助孟加拉国人建立稳定的经济基础。于是，她决定利用当地特有的素

Motherhouse创办人山口绘理子（左）在孟加拉国工厂。（摄影／Takahiro Igarashi [520]）

材，借助当地人的双手，做出能打动日本消费者的精品包包，并通过他们自发性的购买行为，为孟加拉国建立平等、持续的经济活动。

我愿意为你的梦想赌赌看

她赌上当时打工存下的所有积蓄（约3万元人民币），捧着自己素描本上绘制的草图，跑了数十家包包制造工厂，希望说服他们制作样品。"别开玩笑了，像你这样的小女孩能做什么？"不论她再怎么努力解释自己的梦想，都没有人愿意理会当时年仅24岁的山口绘理子。

"好吧，我会试着做出样品给你。"有些工厂的负责人说完这句话，拿走制作样品的费用后就音信全无。就这样，在经历过无数次被拒绝、厂商卷款离去、护照和机器遭窃等难关后，山口绘理子遇到了一个特别的厂长，他对当时已经心灰意冷的山口说道："我愿意为你的梦想赌赌看！"终于，那些素描本上的包包草图，第一次有了实践的可能性。

然而，从开始制造包包的第一天起，山口内心的雀跃已完全被绝望与挫败感所取代。

工厂人员从来没做过需要注重小细节的设计，根本无法达到她想要的品质。"一开始，连'饭后要洗手'这样的习惯都无法落实。有时他们刚用手吃完咖喱，还没洗手就坐回工作台准备开工。"山口苦笑着说道。

经过了层出不穷的突发状况以及无数个难以入眠的日子，这群人还是和山口绘理子一起完成了第一批（160个）包包，由山口亲自把这批心血打包、封箱，带回日本销售。刚开始，不管是成立网站、推荐给朋友，或是拜访陌生人，都还在摸索阶段，但很快，这160个包包被山口的亲友捧场买光，于是她带着这笔钱，又回到孟加拉国着手开发新商品。

第二批做了650个包包，可这次不但少了亲友团力挺，连百货公司也没有兴趣："别把社会贡献扯进来！"在一次与批发商开会的过程中，山口小姐受到当头棒喝。她慢慢体会到，既然决定要在商业世界与人竞争，商品本身的质量才是关键，唯有在价格、品质和设计上胜出，才能不再依赖人们的善意，而是靠产品的质量在商场中生存下来。

"我身为皮包厂商，但我真的对自己的商品有信心吗？"

"对于市场竞争激烈的手提包，我了解得够全面了吗？"

"在缺乏知识和经验的情况下，我真的有办法要求工厂人员达到高品质吗？"

在连问自己三个无法肯定答出
"Yes"的问题后，山口绘理子深深感
受到自己对于包包知识的不足，于是
跑到东京的专业学校上了三个月的课，
从头开始学起这门讲究细节的艺术。

双倍的薪资，世界级的品质

2006年3月，Motherhouse株式会
社正式成立，和一般品牌不同的是，
Motherhouse的商业模式并非通过便
宜的代工工厂来生产包包，而是在孟
加拉国创立自己独具一格的"微笑工
厂"。从黄麻的种植、原料开发与

1. 孟加拉国的"黄金纤维"黄麻。
2. Matrighor工厂。（摄影／Takahiro Igarashi
[520]）

挑选，到样品的制作、包包的生产配送等环节，全部都在"Matrighor"这个
像家庭一样的工厂里微笑作业。

"Matrighor"是孟加拉语的"Motherhouse"。在2008年，山口绘理子在达
卡城里某栋大楼的小房间中，从6人的团队开始起步。一开始，就连员工本身都
不相信自己可以做出世界级的品质，然而山口绘理子凭着一股傻劲，相信这些从
未做过小细节的工作伙伴，其实有着无穷的潜力，因此她愿意支付员工高于平均
薪资两倍以上的酬劳，并提供劳动保健、员工餐点、健康检查等福利制度。当工
厂成员的家里有紧急需求时，还可以向公司申请免利息的员工贷款，渡过家庭经
济的难关。

Matrighor和一般代工工厂最大的不同，就是老板永远不会待在办公室里，她
总是出现在工作"现场"，和所有员工一起埋头于包包制作。山口绘理子每天和
伙伴们在同一张桌子上面对面，用同样的语言讨论，彼此站在相同的高度，也一
起迈向同样的目标："做出能打动顾客的商品，并充满自信地将'来自发展中国
家的品牌'交到顾客手中。"

"当然，品质不是一朝一夕之间就能达成的，"山口绘理子回忆道，"一开
始，每天都像打仗一样。"山口非常注重细节，在工厂刚成立时，所有出货前的
商品，她都会一个一个亲自检查，即使是再小的瑕疵也要求员工修改，绝不妥
协。在经历无数次沟通、争执、学习的过程之后，山口绘理子一手建立的生产团

MOTHERHOUSE

"在发展中国家，创造出世界一流的品牌。"

2006年，当时年仅24岁的山口绘理子成立了Motherhouse，这个品牌的梦想，是在发展中国家创造出世界一流的品牌，用"时尚"为当地人带来改变的力量，让他们并非只是接受援助，也能自主地改变自己和社会。

和一般品牌不同，Motherhouse从黄麻的种植、原料的筛选和开发，到产品的打样、制作与配送，全部都在孟加拉国的自营工厂严格把关。不过高标准的品质管理背后也提供了高福利保证，不仅付给员工超过平均薪资双倍的薪水，还建立了员工餐厅、企业无息贷款以及健康检查制度，提供优质的工作环境。

目前Motherhouse在日本已经开设12家分店，也在中国台湾地区建立了4家海外分店，让台湾顾客也能感受Motherhouse精心制作的质感与时尚。

- 公司名称：Motherhouse
- 公司地点：日本（东京）
- 创办人：山口绘理子
- 成立时间：2006年
- 公司人数：超过100人（含日本、孟加拉国、中国台湾）
- 网站：
  日本：www.mother-house.jp　　中国台湾：www.mother-house.tw

队终于达到匹敌日本产品的品质，通过市场考验，打进了日本和中国台湾的精品百货市场。

1. 用黄麻制成的包包。　2. 畅销的牛皮包包。

产品有了，品质也达到了，然而，在众多具备相同条件的包包品牌中，Motherhouse该怎么脱颖而出？

一开始，山口绘理子只是很努力地销售包包，向每个顾客耐心解释这些产品的背后投入了无数包包制作者的热情与决心。渐渐地，她的创业故事被传播开来，开始有媒体把这个22岁就放下一切，跑到孟加拉国读研，从来没有学过设计却勇敢创业的传奇故事记录下来，Motherhouse渐渐成为Monocle（UK）、

《日经Business》、BBC World
News、《彭博商业周刊》等国
际媒体争相报道的时尚品牌。

这些重量级媒体的报道强
化了民众对Motherhouse的信任
与好感，再加上山口绘理子创
新、自然的设计风格与经得起
考验的品质，Motherhouse在成
立的第二年就达到收支平衡，
且接下来每一年都获得盈余。

Motherhouse产品受到喜爱，背后是山口绘理子和孟加拉国
手工业者不断研发尝试的心血。（摄影／Takahiro Igarashi
[520]）

品牌成立第七年，Motherhouse已经在日本连开11家店，并于2011年3月拓展到
中国台湾，至今已开设了4家海外分店。

对于企业利益与社会公益之间的平衡，社会上存在着各种看法，而山口绘理
子选择的做法是"责任分担"。在飓风、洪水泛滥，官员又贪腐不断的孟加拉
国，街边乞讨的人群总是多到使人无力，然而山口绘理子很清楚，整个社会结构
的问题并非单一企业所能解决，但每家企业都能在巨大的问题背后，找到自己所
能扮演的角色。那么，有什么是Motherhouse可以做的呢？

在一次飓风的侵袭中，山口绘理子找到了答案。

那是在2007年11月15日夜晚，孟加拉国的库尔纳（Khulna）首当其冲受
到龙卷风侵袭，得知受灾地灾情严重的山口绘理子，怀着和三年前一样的想法，
想到"现场"了解实际情况。在经过6小时的公交、渡轮、摩托车转乘后，风尘
仆仆的山口直接问村长："现在最需要的是什么？""坦白说，救援物资和白米
都已送到，但我们没有锅可以煮饭，而且入夜后冷到快冻僵了，村民都想要毛
毯。"村长无奈地回答。

"虽然有米，但没有锅子""在炎热的国家，入夜后却相当寒冷"，这两个
现状带给山口绘理子相当大的冲击。她不禁反思，当国际组织高喊"我们提供了
好几吨的米"之后，很少人能再进一步思考，失去所有家当和工具的灾民，要如
何把生米煮成饭？而对于从未在孟加拉国居住过的人而言，若没有去到现场，也
不会知道灾民在夜里其实是需要毛毯的。

山口绘理子突然理解到，这个国家需要的也许不是聪明的集团或是数额庞大
的金钱，而是"能迅速采取行动的执行力，愿意倾听当地声音的态度，以及打从

073

1. 在尼泊尔生产、手工编织染色的羊毛披肩。
2. 手工皮革做工精细，造型时尚。

内心燃起的使命感"。

于是，通过一张小小的"社会集点卡"，山口绘理子在心中描绘着宏大的愿景。她希望每位顾客在Motherhouse里的消费行为，都能够与住在地球另一端的人们的笑容联系在一起。因此，顾客的每一笔消费都会被记录下来，达到固定金额后，Motherhouse除了将一定比例的额度直接回馈给顾客，同时也提取相同的金额用于Motherhouse在孟加拉国的"社会行动"（Social Action）项目，例如制作书包给孟加拉国的儿童，或是制作一系列"创作设计课程"给无法上学的孩子们。

回顾这些年充满眼泪的创业过程，山口绘理子自认："我什么本钱也没有，唯一拥有的就只有'梦想'而已。"然而她确信，一个人或是一家企业在"持续"这件事上面花费了多少的岁月、汗水与泪水，那些因"持续"而产生的能量，也会带着与付出的努力相同程度的坚韧度持续下去。

🌐 Motherhouse**产品制作流程**

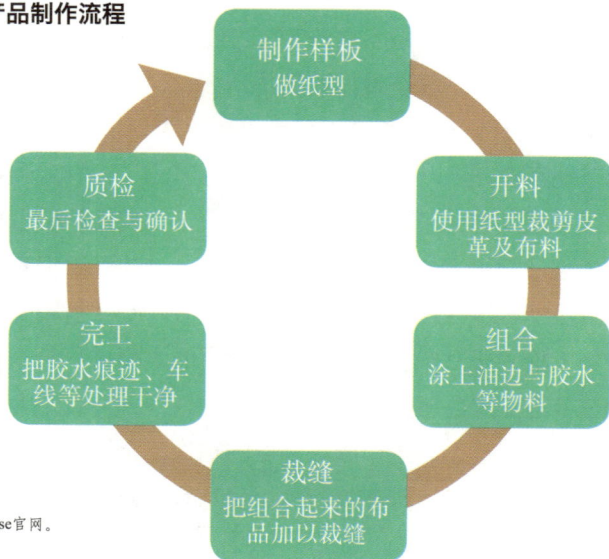

制作样板
做纸型

开料
使用纸型裁剪皮革及布料

组合
涂上油边与胶水等物料

裁缝
把组合起来的布品加以裁缝

完工
把胶水痕迹、车线等处理干净

质检
最后检查与确认

创办人问与答

> "我想让每一个顾客的消费行为，都可以和住在地球另一端的人们的笑容联系在一起。"
>
> ——Motherhouse创办人山口绘理子

Q：你创业时遇到了哪些困难？

A： 首先遇到的困难是设计师的职位苦等无人，原先想寻找日本设计师协助，但是他们一听到工作地点竟是在孟加拉国，就一一向我回绝，因此我只好自己学习设计，成为Motherhouse第一位也是唯一的设计师。另外，材料的找寻也花费了相当长的时间，还有因为对"高品质"的认知和当地人有落差，所以品质管理、员工职业训练也耗费了相当大的心力。另一个艰巨的挑战是价值观的问题，Motherhouse的产品是走高价精致路线，但一般人往往会把发展中国家与"廉价而劣质的商品"联系在一起，再加上孟加拉国对日本人来说是遥远而陌生的国度，使得初期推广产品的时候更容易碰壁 。我只能从销售的职员开始，把Motherhouse的理念、生产流程、经验等故事一个一个分享给其他人听。

Q：什么样的人格特质帮助你把梦想付诸实践？

A： 对我来说，我从不在意与梦想之间的障碍。想着"再往前一点就能看见"，让每一次做的事使我更接近目标，如此向前进。在自己的工厂生产确实比较困难，但在寻找方法的过程中也持续和自己对话，告诉自己，我可以做更多。虽然我对经营或组织管理这类不太了解，但我能断言，如果无法相信自己的可能性，就不可能相信别人的可能性了吧。

Q：你对Motherhcuse有什么样的愿景？

A： 成为"来自发展中国家的品牌"是我自己定下的目标。"让'传统工艺'和'手工制品'的价值能被保留下来"，这件事对于制造的人来说可能是生

075

Motherhouse新开发的产品系列，使用手工织物配以孟加拉国传统手工刺绣。（本文图片来自官网）

死攸关的问题。我的脑海中常常存在着一张世界地图，Motherhouse必须肩负联结发展中国家和发达国家的使命，我希望把这样的理念分享给全世界。我们忠实的消费者甚至组团去孟加拉国参观工厂，这样的旅程成为联结生产者与消费者的平台，让极少遇见日本人的孟加拉国工人看见一种可能，那就是孟加拉国人也有能力创造让发达国家喜爱的商品。目前除了孟加拉国，Motherhouse已将工厂扩展到了尼泊尔。在产品目录上模特儿穿着的衣饰都是尼泊尔生产的。

Q：你认为Motherhouse成功的关键是什么？

A：手工作业本来就异常费工，虽然成品很美，但定价却常常无法与做工相当。即使我相信好的作品能够到达更多人手中，但牵涉到理念和生产工艺、过程、组织、工厂的策略与如何有效减少瑕疵品等，都让作品不得不配合实际的生产过程来变动。一方面和生产地的村落好好沟通，一方面要一起参与制造过程，用同样的角度思考。不如此全面思考的话，在达到真正的终点"顾客的手上"之前梦想就破碎了。最重要的是要做出兼顾设计或价格还有制造方的心情，并且能够融入顾客生活的商品。那不是一件艺术作品，也不是用传统来包装的装饰品，而是一个为顾客的生活增添色彩的东西。

※参考来源：社企流官网《设计一个公平的梦》、Motherhouse官网《山口社长日志》。

〔中东〕Green Olive Tours
大开眼界，以巴边境的另类旅游

以社会企业自许的"绿橄榄旅游"（Green Olive Tours），是一家提供另类旅游路线的旅行社，以巴勒斯坦与以色列为主要运营范围，提供导游服务，站在巴勒斯坦的角度诠释以巴的历史与紧张关系，为巴勒斯坦人民发声。

开复观点

旅游市场丰富活跃、竞争激烈，可以细分到非常独到、特色的领域。但很少有人想过自己体验这样的旅游，或者自己设计、组织这样的旅游。"绿橄榄旅游"公司去提供的另类严肃旅游非常准确地实现了小众群体的个性愿望与特殊需求，是社会企业的创业者们可以思考和借鉴的范例。

全世界观光旅游业的产值超过全球GDP的9%。在这么庞大的产业中存在着许多细分的空间，也有适合社会企业发挥的市场。除了安排志愿者从事公益旅游的商业模式外，依地区特色推广另类旅游（Alternative Tourism）也很有发展潜力。

主攻小众市场

"绿橄榄旅游"的前身为创立于2007年的Tours in English，由弗瑞德·施隆卡（Fred Schlomka）成立，最初仅仅提供耶路撒冷一日导游服务。随着业务发展，提供的路线越来越多元化，并在2010年变更为现名。它的行程卖点是为游客提供体验不同观点的机会，深入探索以巴的历史及现状。

它所提供的游览路线，从最初的耶路撒冷与那不勒斯，延伸到巴勒斯坦约旦河西岸的大部分地区，甚至深入以色列。就服务类型而言，除了提供"绿橄榄旅游"本身的行程之外，也能引导有意愿当志愿者的外国人到当地机构服务。

"绿橄榄旅游"经营的地区有丰富多样的人文色彩和景观。

掌握利基市场[1]是"绿橄榄旅游"的成功秘诀。在一年有350万名游客造访的以色列，当地旅游业发展蓬勃且竞争激烈，因此从别人不敢或不愿接触的领域下手，像政治主题游览，是在旅游市场争下一席之地的关键。

专程为严肃主题而来的访客虽然是少数，但就像长尾理论告诉我们的，这块需求始终存在。它的顾客群可以是准备写大四毕业论文的哈佛学生、来自美国明尼苏达的犹太社区报记者、担任外交官的德国人，或是纯粹为了了解社会企业而来的访客，通通都有可能。为了研究而参加旅程的游客，显然是取向严肃的旅行社才容易吸引到的顾客群。

"绿橄榄旅游"虽然希望呈现巴勒斯坦的真实面貌，但服务的本质仍是旅游，不是学术研究，所以游览架构还是以亲和、趣味、新奇为主要诉求，只要有兴趣，适合所有游客。这种混合严肃与游乐的商业创新，为它自己区隔出了卖点与利基。

低成本经营的竞争策略

看清利基所在有助于拟定目标规模，进而掌握应投入的成本。经营特定小众市场，而非多样化地想将长尾理论模型的尾巴部分全吃下来。对于"绿橄榄旅游"来说，维持小而精的导游阵容是最理想的。目前该旅行社有十位工作人员，只有四位是全职人员，其他只是按照接团数量计酬的独立工作者，再加上大家所在的地点分散，因此没有集中办公的需要，进一步压低成本负担。

网络资源提供了充沛的低成本营销工具，比如经营社会媒体，再加上Trip

---

[1]指被市场中占有绝对优势的企业忽视的细分市场或小众市场。

Advisor这类旅游平台上由顾客所累积的正面评价，已足以支撑"绿橄榄旅游"的成长动能，自成立起即能做到百分百财务自给自足。

　　一区一导游的专业分工，是"绿橄榄旅游"在展现经营效率与分配资源上的另一项独门智慧。参观伯利恒（Bethlehem）有伯利恒的当地导游，到那不勒斯有那不勒斯的当地导游，不但确保游客听到当地的声音，而且能充分开发当地人才，并合理分配当地活动应有的收益。

扣紧政治形势的另类旅游体验

　　到以巴旅游，安全是游客最首要的顾虑。在"绿橄榄旅游"运营的约旦河西岸地区，与其问地点安不安全，倒不如问时局紧张不紧张。以巴关系紧绷时，以色列会直接管制前往巴勒斯坦的交通枢纽，因此也不存在带游客去危险地点的问题了。

　　该旅行社的导游阵容卧虎藏龙，有政治倡议分子，也有饭店经理人，他们决定了游客的视角，但在解说游览中仍尽可能中肯地拆解历史脉络，呈现对立立场的来龙去脉。至于旅行社想为巴勒斯坦发声的部分，还是借助带领游客亲眼观察以色列筑起的绵延高墙，以及巴勒斯坦水电等资源被钳制、人民行动自由受限的情况，让游客自己去体会。

　　身为导游应该熟悉历史典故、风土民情，外加会讲笑话。这些都是"绿橄榄

游览行程选项众多，游客可以去到城市或乡村甚至难民营，见识当地风情。

旅游"导游的绝活，不过他们更想表达的是巴勒斯坦人民生存空间受挤压的状况，因为这才是另类旅游的目的。物价、交通、水电、出国通关、与亲友间的生活圈被政治力量分割等，这些生活层面的小故事，反而花掉导游很多时间讲解。

比如说，有些地点与希伯仑（Hebron）一样，游客如果忘记携带护照将无法通过安检站，只得放弃进入某些景点。在一般旅程中，这会是令人沮丧的一段插曲。但是在"绿橄榄旅游"中，导游反而会对游客说这正好可以亲身体验巴勒斯坦人行动不自由的困境，达到了另类旅游的目的。

用企业逻辑来施展抱负

有不少国际组织驻扎在巴勒斯坦，在那里光是联合国的车辆就已经满街跑，但是在"绿橄榄旅游"的观念里，援助组织是种很诡异的机制。它们是为了缓解当地急难与促进发展而存在的，可是一旦问题解决了，组织成员就将面临失业。

社会企业的思考方式不一样，需求与供给相依而生，有就是有，没有就是没

社企小档案　Green Olive TOURS

　　"针对巴勒斯坦和以色列的历史、文化、政治、地理，提供信息与分析并重的另类旅游导游。"

　　"绿橄榄旅游"前身为弗瑞德·施隆卡创办于2007年的Tours in English，2010年变更为现名。该旅行社以另类旅游为诉求，标榜深度探索以色列与巴勒斯坦关系的主题式旅游，以利基市场为目标，主打小众顾客群体。希望通过观光服务的影响力，为当地人民带来经济效益与机会，并为巴勒斯坦发声。在经营方面采取低成本策略，公司没有办公室，善用兼职人力，并通过网络平台累积正面评价，自成立以来财务便完全自给自足。旅行社以一区一导游的架构从事专业分工，聘用当地人才传达当地声音，让经济收益确实流向游客造访过的地方。公司注重接待游客的弹性应变能力，强调负责任的旅游方式，遵循明确的行为准则，同时也会和同业合作，以扩大可安排行程的范围。

- 公司名称：Green Olive Tours
- 创办人：Fred Schlomka
- 公司人数：10人
- 公司地点：以色列
- 成立时间：2007年（前身Tours in English）
- 网站：www.toursinenglish.com

有，不会有矛盾情结，考量的重点在于如何将想解决的问题改造成供需关系。因此，"绿橄榄旅游"的策略才会定位在经营另类旅游创造营收并活络地方经济，同时促进以巴议题的观点平衡与能见度。

"绿橄榄旅游"支持巴勒斯坦的立场明确，但包括执行长弗瑞德·施隆卡本人在内的部分工作人员却是犹太人，都是怀抱很强的使命感来

🌐 另类旅游的小众市场利基

远赴以色列和巴勒斯坦的游客，多数是参加宗教朝圣或到著名景点如死海休憩为主。"绿橄榄旅游"主打探讨以巴关系的严肃行程，虽然吸引到的顾客人数不及主流旅游类型，但是掌握小众市场的策略，确保了该旅行社的生存空间，再加上务实的成本观念运用，造就出可长久发展的商业模式。

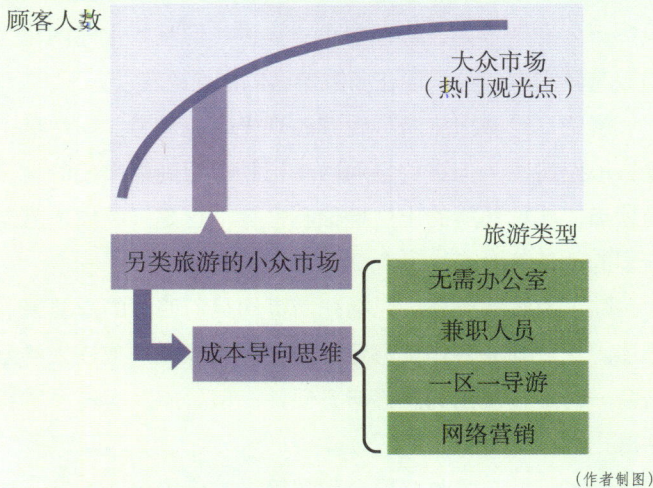

（作者制图）

经营旅行社的。在这种理念型组织里，工作成员在他们关怀的范畴内往往十分专业，因此识别度不是其他竞争者可以轻易覆盖的。

该旅行社的取向另类，会选择他们的游客通常在思想上也都有准备，甚至主动要求定制化的行程，比如以农业或难民营为主题等。因此尽管处理的是敏感且复杂的政治议题，也难免有观念差异，但理性讨论与聆听当地观点，仍然是游客较常选择的互动模式。

通过观光商业加深影响力

对于服务散客的旅游业而言，保持弹性是最要紧的事。"绿橄榄旅游"通常是一周一周地确认行程，不真三接近时间点，也说不准生意做不做得成。游客常常喜欢短时间内走完精选地点，而非选择时间较充裕的套装行程，再加上一次出游的人数从1人到20人都有，相当考验导游的应变能力。

好比说旅行社所提供的深度游览，对于一些主见较强的半自助游客可能很有吸引力，但他们喜欢走一步算一步，如果中意就再加行程。因此导游必须懂得

拿捏延伸行程的推销时机，更不用说要照顾游客吃喝拉撒和处理抱怨等这些令人头痛的突发状况了。

有些挑战是旅游业与生俱来的，但也有些是因为"绿橄榄旅游"自己的高标准带来的。它在网站上标榜行为准则（Code of Conduct），推动负责任的旅游模式，同时教育、要求游客与当地旅游服务业者尊重文化差异及带动当地发展等。虽然行为准则不会在行程中正式宣讲，但基本上已内化至"绿橄榄旅游"想营造的旅游氛围中，也呈现在多数游客的配合态度上。

展望"绿橄榄旅游"后续的观光商业潜力，虽然慕宗教盛名而来的游客主要是去耶路撒冷，但在约旦河西岸巴勒斯坦尚能掌控的地区，也有有关基督教的著名景点，比如耶稣的出生地伯利恒等，这是"绿橄榄旅游"想借助观光帮助巴勒斯坦的重要着力点。

除了宗教地点外，包括死海等约旦河西岸的重要景点都已纳入旅行社的行程选项。通过同业合作，甚至让游客深入以色列或进入约旦都没问题。虽然区域情势会一时左右观光的意愿与方便性，但是旅游卖点多种组合的基础不变，产业条件很扎实。

相对于扩充营收与提升获利等这类传统企业指标，加强影响力才是"绿橄榄

带领游客体验以巴地区的紧张氛围。

当地导游以丰富的知识与游客进行深度互动。

旅游"更看重的深远目标。它期望能服务更多游客，也唯有游客回到自己国家后成为种子，继续传播他们的所见所闻，"绿橄榄旅游"所盼望的政治改变才会有出现的可能。

在以巴关系纠结的脉络中，外来游客有聆听但没有判定任何一种声音是非对错的权利。"绿橄榄旅游"的愿景，虽然不像社会企业的常见目标如环保、健康、教育那样直白，不过探讨商业手法能否有效运用于追求利润以外的目标时，"绿橄榄旅游"对于巴勒斯坦的未来，将有潜力扮演更积极的角色。

创办人问与答

"以深度文化游览行程，带领游客体验以巴冲突历史成因，创造当地旅游经济。"

——"绿橄榄旅游"创办人
弗瑞德·施隆卡

Q&A

Q："绿橄榄旅游"的成立缘由是什么？

A： 创立"绿橄榄旅游"之前我从事项目顾问工作，替案主①处理过许多状况，离谱的例子是验收完一间房子后，过几个月验收第二间房子时，承包建筑商给我看的竟仍是第一间房，但建筑商还坚称这是不同的房子。渐渐地，我有机会为外来人士安排在当地走走逛逛的行程，开始认识到旅游业所蕴含的机会。最后决定选择导游服务来创业，是因为我认定旅游业的核心资产是知识，而非沉重的资本支出，可行性比较高。

社会企业创业的路总是充满挑战，例如我曾有另外一个专注于以巴人民关系的计划，让我在2003年获得Echoing Green社会企业家奖金，可惜计划最后没有成功。因此目前"绿橄榄旅游"运营顺利是很难得的。

Q："绿橄榄旅游"的竞争优势是什么？

A： 我们的策略是维持轻巧与弹性。我本身也担任公司的导游，在接送或带领游客之间的空当，只要打开笔记本电脑就是我的办公时间。我们不需要办公室，机动性很强。不仅是因为我可以四处办公，也因为我们导游群体的主力是独立工作者，他们除了替"绿橄榄旅游"服务之外，另有生活重心，有的人甚至负责经营另一个另类的旅游组织。

"绿橄榄旅游"专注于小众的差异化策略很成功。因为不可能有以色列旅行社与我们一样重视巴勒斯坦的观点，目前只有几个非政府组织像Break

---

①是社会工作服务的对象。

the Silence以及Alternative Tourism Group-Palestine也提供另类旅游服务。

Q：您的经营哲学是什么？

A： 我认为一家企业做好内部治理与追求外部绩效同等重要。因此"绿橄榄旅游"团队未来扩编时，将优先雇用巴勒斯坦人，并且充分贯彻为巴勒斯坦发声的宗旨。此外，我们网站上标示的行为准则代表我们负责任的态度，所以像拿店家佣金而带游客前去消费的事情，我们不做。

Q：可以分享经营旅游业的经验吗？

A： 有些生意上门，可能是游客临时上网检索后，才有兴趣决定参加的。我还碰到过三更半夜打电话给我，问第二天能否参加

经营旅游业要花心思开发新路线和新玩法，例如，在橄榄采收季节，把采摘橄榄纳入行程。

行程的状况。为了能够睡好觉，我现在深夜是不开机的。经营旅游业除了要花心思开发新路线，还得开发新玩法，例如，在橄榄收获季节，我们就想到把采摘橄榄纳入行程体验之中。

Q：有什么未来计划吗？

A： "绿橄榄旅游"在经营旅游业务时，总想着如何做得更多，例如我们通过慈善募款，为那不勒斯Balata难民营添置了儿童游乐设施。我心中还有一个培养巴勒斯坦企业家的梦想，通过高层次的英语、网络技能、商业知识训练，协助巴勒斯坦年轻人通过网络创业，模式就像"绿橄榄旅游"的成功故事一样。辅导成功的案例将给这个训练计划回馈一定的金额，以确保计划的持续性。

〔比利时〕Mobile School
失学儿童在街头也能上学

亚努和创业伙伴在危地马拉开始推动第一个"移动黑板车"。经过10年的努力，现在共有20多个国家，超过36个移动黑板车在运作，平均每天会接触224位街头儿童。他们用创意和热情，创造了教育的奇迹！

开复观点

每一个人都应该得到适当的教育，尤其在儿童时期。关于教育的探讨从古至今，从未停息。贫困儿童的教育需求，中国、亚洲乃至全球都真实存在。解决的方法各种各样，政府投入、民间捐助、公益机构运作等都有。但是否存在一种企业行为也可以解决某一部分贫困儿童的教育问题？社会企业"移动学校／街头智慧"运用非营利与盈利相结合的混合商业模式给了我们一个肯定的答案。

你有到印度孟买或是拉丁美洲的大城市旅游的经验吗？除了当地的自然遗址、人文景观外，你一定会发现不论走到哪里，都有一群孩子在街上卖力工作，不论是向游客乞讨，或是搬运重物、洗车、销售各项物品。当你看到他们的时候，有什么样的感觉？厌恶？同情？还是暗自感叹世界的贫富差距？

街头儿童问题存在已久，据联合国儿童基金会在2002年所做的统计，世界上有超过1亿名的街头儿童。但不论是各国政府还是大部分的国际性非营利组织，都不敢触碰这个棘手的问题。幸好还有不少中小型的组织，为了改善街头儿童的生活环境而奋斗，在比利时的社会企业移动学校（Mobile School）就是其中之一。

逆主流而行的发明家

"我到底是为了什么学工业设计？"

1996年，准备完成大学毕业论文的"大五"学生亚努·拉斯金（Arnoud Raskin），面对彷徨的未来，对自己提出了疑问。

亚努·拉斯金生长于比利时的小康家庭，从小立志当一位发明家，也顺利进入了比利时颇负盛名的设计大学攻读工业设计。原本一帆风顺的他，在大学四年级参加实习计划后，突然对自己的生涯规划画了一个大问号。

"设计纯粹以利润为导向的工业机器不是我想要的！"

大学最后一年，亚努决定选择不一样的毕业论文题目。他想要设计能满足人类基本需求的产品，而不是符合比利时这个富裕社会需求的产品。于是他开始到处寻找灵感，积极从书本里或是朋

"移动学校"及"街头智慧"创办人亚努·拉斯金。

友处寻找建议，可是都没有找到能触动心底的点子。直到有天晚上，他应朋友的邀请参加了一个晚餐聚会。

在聚会上，亚努遇到了一群刚从哥伦比亚回来的街头工作者。他们分享工作的经验、动人的故事，并展示一张张当地街头儿童及其困苦生活环境的照片。

"就是这个，这才是人类的基本需求啊！"亚努心想。

他当下决定要为这群没有受教育、缺乏稳定食物来源，甚至连固定的居所都没有的孩子设计产品，作为他毕业论文的题目。

脑筋灵活的他，马上萌生了第一个主意："既然多数孩子都没有遮风避雨的地方，何不做一个背包型帐篷？让他们至少不再淋雨受冻。"于是他开始着手设计一个能自由收缩的背包型帐篷，兴冲冲地把草图拿给这群街头工作者看，没想到却被无情地泼了冷水。

"这一定行不通。听着，多数孩子看到这么炫的东西，第一个念头不是想着要用它来帮助自己，而是拿去卖个好价钱。然后他们会把得来的钱拿去换食物，甚至是烟、酒及毒品。这是一个很愚蠢的点子！"他的朋友说。

　　这无疑是一记当头棒喝。但也让亚努发现，要创造出一个专属于哥伦比亚街头儿童，能改善他们生活的产品，不是坐在富足国家比利时这一端，画画设计图就能完成的，而应该实地了解他们的需求，和他们待在同一个时空里，像他们一样思考。就像是一般的商品需要满足客户需求一样，亚努必须知道这群孩子的真正需求是什么。

　　于是他只身飞到哥伦比亚展开了"市场调查"。刚开始，他的西班牙语非常不流畅，连基本沟通都有困难。后来，他有了个点子："何不去买一些笔记本？在上面画图，问那些孩子西班牙语怎么说，这样不仅学得快，而且可以和他们交朋友。"

从硬件到软件，深入了解街头儿童的需求

　　亚努很快找到了几个比较活泼、不认生的孩子当他的西班牙语老师。在这个过程中，他也渐渐观察到了问题所在——不是食物和水（他们都能靠工作自食其

社企小档案

Mobile School　streetwiZe

"当没有人来移动黑板车上课的那一天，我们就成功了。"

　　比利时非营利组织"移动学校"（Mobile School）由亚努·拉斯金（Arnoud Raskin）于2002年成立，旨在帮助全世界的街头儿童。目前已发展出"移动黑板车"（Mobile School Cart），研发了数百套互动式的教学游戏和教材，并训练当地街头工作者应用在对街头儿童的非正式教育上。现在在拉丁美洲、非洲、亚洲及欧洲，已经有36部移动黑板车在20多个国家运作。

　　2007年，为了寻求组织能在财务上逐步自立，亚努以社会企业模式成立了"街头智慧"（Streetwize）机构，将街头儿童生存的技巧与智慧转化为企业训练教材，运用在商业危机管理的咨询服务中，并将收益投入移动学校的运作，在2011年已可支持移动学校六成的费用，不用再依赖政府补助，证明这是一项成功的创新之举。

- 公司名称：Mobile School／Streetwize
- 创办人：Arnoud Raskin
- 网站：
- 公司地点：比利时（鲁汶）
- 成立时间：2002年／2007年

　　Mobile School：www.mobileschool.org　　Streetwize：www.streetwize.be

力），也不是住处（城市里有很多可遮蔽的空间，如空屋、雨棚、货柜箱可以利用），而是教育。

他发现很多孩子想要学习，但既缺乏适合的渠道，也没有适当的教材。有些孩子可以静得下心来阅读，但多半是捐赠的二手书，书中内容和他们的生活毫不相关。他们也会接受当地义工的辅导，但是学习效果很差，很难把注意力集中在课程上。

亚努不禁产生了疑问："教我西班牙语的孩子，怎么和我互动的时候那么热情，但在义工辅导课程的时候，却那么冷淡不在乎呢？"

亚努进一步仔细想，随即发现了问题所在。单方面接受知识的学习方式，会让孩子失去学习的动力。当孩子有机会和老师交换角色，负起"教导"的责任时，他们就会很享受这种变化，喜欢投入这样的过程。

亚努意识到，当你让孩子们负责并参与自己的学习过程时，教育才有意义。于是他在笔记本上画下这个概念的草图，着手设计一个能让孩子投入学习的互动式教学工具，而这就是"移动黑板车"（Mobile School Cart）的原型。

移动黑板车的外形就像是黑板底下加上了4个轮子，收折起来的时候为一个黑板宽，体积小便于移动。任到了目的地时，可展开为5个黑板宽，共10面可供教学互动使用。因为有轮子的关系，移动黑板车可以拖行，并穿越一些较崎岖的路面；而10面黑板可以提供不一样的教材和教具，一次和多个孩子互动，也不会因为单调而缺乏吸引力。不用教室，不用桌椅，只要一片空地和一台移动黑板车，随处都可以是一个小型学校。

亚努飞回比利时后，用移动黑板车的设计图完成了毕业论文。而后，他做了一个让家人、老师和朋友都吃惊的决定："我要把移动黑板车真的做出来，带回哥伦比亚给

🌐 **2012年移动学校所服务的街头儿童情况**

- 13%长期在街头
- 24%在非正式行业工作
- 50%生活在贫民窟
- 13%来自街头家庭

年龄
| 21% | 55% | 20% | 6% |

7岁　　　　　　12岁　18岁

性别　　40%（女）✕　60%（男）

项目访谈	训练	街头教学辅导	报告	新申请案例
21	39	38	55	9

资料来源：Mobile School官网。

那些孩子用！"

　　亚努舍弃了等着他的高薪工作，忍受着周围不理解的眼光，毅然投入移动黑板车的原型生产和改良中。他不断地往返比利时和哥伦比亚，当钱快用光时，他就打工赚取收入；有足够的盘缠了，又开始他的旅程。经过这周而复始的重复试验，他终于把设计完成的移动黑板车，成功地带到哥伦比亚和那群孩子一起分享。

　　实体产品设计出来以后，接下来就是教材的内容了。移动学校选择和从事街头儿童教育已有数十年经验的国际拯救街头儿童组织（Street Kids International）合作，取得授权；亚努和他的团队也花时间在翻译教材和研发上面，设计出多样化的互动教具和游戏。

　　最后，他和创业伙伴终于在危地马拉启动了第一个移动黑板车。经过10年的努力，现在共有20多个国家，超过36个移动黑板车在运行。亚努这个逆主流而行的发明家，所造成的社会影响却是市面一般主流商品难以企及的。

不易被衡量的街头教育成本

　　时至今日，移动黑板车在全球平均每天会接触224位街头儿童，为街头儿童教育发挥了不小的影响力。

可自由移动的黑板车，打开来有五面黑板宽。

不过，尽管投入了许多人力成本和资源，街头儿童教育却难以唤起社会的关注。主要是因为街头儿童教育的成果评估，不符合当前任何一个社会影响力的衡量标准。

首先，街头儿童教育不属于一般"教育系统"的环节。甚至可以说，这两者是相互冲突的。街头教育的服务对象，正是学校教育的"逃兵"。可能是由于经济因素，也有可能是家庭因素或心理因素，这些孩子没办法去学校上课。其次，街头儿童的动向难以掌控；为了寻求更好的生存资源或逃避警察及政府人员的驱

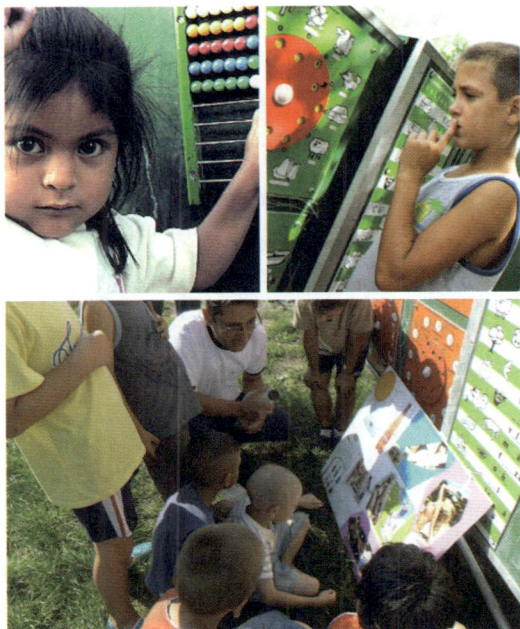

移动黑板车的教材多用互动性强的学习游戏引导。

赶，他们不断地更换栖息地，所以难以长期追踪一个孩子的成长曲线。再次，当一名孩子不再出现在移动黑板车前面的时候，有可能是因为他决定返回学校教育，努力学习向上，也有可能是因为陷入更糟糕的恶性循环，所以很难从学生人数的增减去推敲真实的情况。

街头工作者，和街头儿童一起成长

由于街头儿童教育的本质与成效难以衡量，不仅常在政府资源分配上被忽视，也不容易吸引社会资本的投入，再加上街头工作者难以获得相应的报酬、计划无法持续执行等，都是尚待解决的问题。

也因此，在缺乏资金援助的情况下，移动学校的规模难以迅速扩张。

虽然规模不大，但从2002年移动学校以非营利组织的形态成立以来，超过10年时间在世界各地所投入的训练和教学，让当地街头工作者对于移动学校无私的分享及奉献，纷纷表达感激之情。

"移动学校带领的活动让我们及孩子们能互相学习。移动黑板车的教材能帮助孩子们建立自尊、探索未知并畅所欲言，对于他们有极大的正面影响。"罗马

尼亚的街头工作者Iasi肯定道。

亚努解释为什么移动学校的方式是有效的："移动学校的重要特点是，我们关注孩子们的自尊。你不应该告诉那些孩子该怎么做，甚至否定他们，他们能在街头生存下来已经是很不容易的事，你应该帮助他们增强他们的强项，他们才有机会从负面循环中解脱出来。"

他进一步强调正面激励的重要性："许多生存在街头的孩子，不认为自己有办法享受一般人所拥有的生活，包括教育。所以我们需要的是改变这些想法，让他们了解他们自己很棒，他们值得拥有寻找自己的机会，可能是帮人洗车、擦皮鞋、卖水果，或者是回到学校，这要他们自己想清楚之后，自己决定。"

亚努曾经在肯亚首都内罗毕完成一个项目时，应当地非营利组织邀请，参观一个贫民社区。当时见到的情景让他大吃一惊："这里真是地狱，到处都是一堆堆的垃圾，人们根本就是生活在一个巨型垃圾场里！"

在该社区生活的居民，不论大人小孩，都靠回收垃圾维持生活。而陪同他的非营利组织人员，也娓娓道来当地的问题："缺乏干净的水、活命的食物，甚至是一切基础物资。"

亚努在数星期后又回到那个社区，而这次听到的却是一个截然不同的故事。

"我碰到了一个孩子。"他回忆道，"那孩子教给我一件事——如何从这

移动学校在全球20多个国家的街头为孩童提供教育的机会。

些垃圾堆里找出值得回收的塑料，会比较有利润。比起之前那位非营利工作者告诉我的'问题'，他向我展示了'机会'。我开始思考其中的差异性，发现两边的说法都是对的。但我领悟到，当你越接近问题的本质时，你需要的不是反复考量这个问题，而是思考如何从中寻找出机会。问题只是行动的理由，但机会才能带你前进。"而这也促成了"街头智慧"（Streetwize）的诞生。

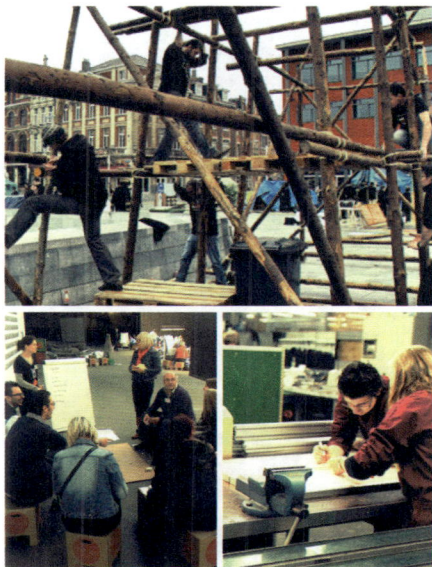

"街头智慧"为企业提供多样化的训练课程。

走向寻求自立的社会企业模式

移动学校这样的非营利模式不仅依赖捐款，也需要和其他的非营利团体分食政府的资源，更重要的是，规模没办法扩张，也影响了组织的发展速度。

"我们口口声声鼓励孩子们靠自己的力量生存，但组织本身却要依赖外部的帮助，无法自立。这不是极其讽刺吗？"

在一次和从事商业咨询的朋友闲聊之后，亚努嗅到了商机。

"现在有许多大公司，内部缺乏创新精神，也失去了应变能力。而我在孩子们身上学到最多的，正是如何利用创新精神在街头生存的'街头智慧'。何不把这种'街头智慧'用商业语言表达出来，作为公司内部管理阶层的训练课程呢？"

于是在2007年，亚努成立了"街头智慧"，一个将街头生存智慧运用于商业危机管理的内部培训咨询机构。亚努和心理学家合作开发出了一套训练课程，利用影片、讨论及实际体验的方式，教导公司中的高级管理人员利用创新思考，制订出新计划及帮助组织再造。

在"街头智慧"成立一年后，欧洲开始陷入金融危机，成长乏力的大公司亟待突破，该机构提供的服务正好切中市场需求。时至今日，"街头智慧"已经服务了如Nike、法国巴黎银行、鲁汶大学等公司及机构。

亚努也将街头儿童的故事和创新精神，作为案例直接应用在训练课程上。来

093

🌐 移动学校的合作模式

运营费用

2011年"街头智慧"的收入已可负担"移动学校"六成的支出

streetwiZe → Mobile School

训练教材、导师

🌐 "街头智慧"激发来自街头的生存技巧

聚焦于正面

灵活与韧性

streetwiZe

合作性竞争

前瞻性创造力

资料来源：Streetwize官网

自危地马拉的朱妮叶（Junieth），原本是一位街头儿童，她利用提供"街头智慧"训练教材所获得的收入，支付学费完成了她的高中和大学学业，现在正准备以记者的身份为当地社区服务。

到2011年，"街头智慧"的收益已经足以承担移动学校60%的费用，移动学校已经不必向政府伸手拿钱，仅靠募捐来支撑剩余的费用。对于移动学校、街头儿童以及政府，这是一个三赢的结果。

但亚努也承认，当有人提出不同于一般世俗的认知概念，比如移动学校的混合商业模式挑战旧有非营利组织的单方捐赠模式时，会遭受到不小的反弹；而这些反对的声浪更常常来自于政府的公务员体系。比利时的法律环境对于社会企业并不友善。当"街头智慧"有利润的时候，没办法直接回馈到移动学校，而是要先扣除盈利所得税。亚努也抱怨社会企业必须游说政府部门，让社会企业的形态有成长的空间，反观多数非营利组织，却是大方地向政府索取资源。大企业可以合法避税，但政府却向对社会有贡献、承担社会责任的社会企业要求更高的税额。

"这些在短时间内是难以改变的，我们只能不断地往前走。"

未完成的旅程

亚努刚刚完成和比利时电视台合作的一系列纪录片，内容是他回到拉丁美洲，用摩托车走访一个个他最初实践理想的地方。移动学校现在不仅在发展中国家从事街头儿童教育，更频繁地在比利时的中小学举办巡回工作坊，让这群生长在富足社会的孩子，对于地球另一端街头儿童的故事能有所体会。此外移动学校也将每年的4月12日定为"国际街头儿童日"，举办各项活动，在新闻媒体和Facebook等社会媒体上唤起全世界的关注。

　　谈到移动学校的未来，亚努神采飞扬地描述自己的蓝图。希望在两年内能用"街头智慧"的咨询收益，负担起移动学校全部的支出，达到收支平衡，不再依赖捐款。他也希望可以把移动学校的总部搬迁到比较大的空间，并把办公室设计成开放式空间，能在室内举行"街头智慧"的体验工作坊及移动黑板车的讲座等活动。而关于教学资源方面，亚努将来也想设计免费的携带式教材，让有心从事街头儿童教育的工作者，能免费上网下载使用，并能马上带到街头去实践。

　　对于现在越来越多年轻的伙伴想投入社会企业领域，亚努不讳言社会企业在没有政府法令的支持下发展，受到了许多阻碍。但他也建议年轻人要"随心而行"，想办法找到对的伙伴和投资者，最重要的是要"相信自己"。相信自己并坚持下去，就能一点一滴地改变这个社会。

　　"当没有人来移动黑板车上课的那一天，我们就成功了！"乐观的他说。

移动学校也在比利时中小学开设工作坊，让更多学生了解发展中国家街头儿童的处境。

创办人问与答

"如果孩子们没有办法到学校上课，我们就把学校搬到他们面前。"

——移动学校创办人
亚努·拉斯金

Q：设计移动黑板车的缘起是什么？

A：我大学主修工业设计，准备做毕业论文时，因缘际会参加了一个有关哥伦比亚街头工作的分享聚会，看到了照片上当地街头儿童的状况。我忽然察觉到一个巨大的需求，那不是关于如何用电汤匙把你的汤弄热的需求，而是更直接的、关于生存的需求，他们需要一切我们已经拥有的事物。于是我决定到哥伦比亚去，在街头观察他们的生活，和他们一样思考，慢慢地画出移动黑板车的设计草图，提交我的毕业论文。

毕业后，我决定将这个产品付诸实施，而不是选择到大公司上班。我打工累积资本并召集志同道合的伙伴，带着移动黑板车的原型不断地往返哥伦比亚和比利时做试验和修正。最后，我们终于在危地马拉开始运行第一个移动黑板车。现在，我们已有超过36个移动黑板车在20多个国家运行。

Q：你们跟一般街头儿童教育的不同之处在哪里？

A：移动学校一个重要的特点是，我们关注孩子们的"自尊心"。你不应该告诉那些孩子该怎么做，甚至否定他们；在街头生存下来已经是很不容易的一件事，他们做得非常棒。你应该做的，是帮助他们增强他们的强项，让他们有机会从负面循环中解脱出来。

移动学校的方式是，我们到街头，我们尊敬"街头"。不像多数人觉得"街头"就一定是负面的不好的。我们在街头，主要目的不是教导孩子文学、数学等学科知识，而是赋予他们"自尊心"。

Q：为何会从非营利组织转向社企模式？

A：我不相信只靠单方面的救助，可以改变这世界，因此我创立了"街头智慧"。我们有移动学校让孩子们分享他们的经验，然后通过"街头智慧"，建立起一套训练教材，帮助一些公司面对危机时能更稳固。这些公司通过这个系统间接支付了街头孩子们学习成长所需要的金钱，而街头儿童通过我们提供的教材和学习教育来帮助自己自立。这是一个正向的循环，不是单方面的给予。四年前我想到这点子时，多数人并不看好。但2008年金融危机之后，很多人真的开始意识到"危机应对"是必要的，这也是我的机运。

Q：目前有在亚洲国家扩张的计划吗？

A：是的，菲律宾及柬埔寨已经有移动黑板车，我们计划在亚洲进一步拓展。但语言是一个很大的问题，文化隔阂亦然。我们当初以非洲作为扩张的第一站，是因为之前的殖民政策，造成比利时跟非洲有着更强烈的联结。在亚洲，如果有任何人通过你们（社企流）或移动学校网站了解到我的组织，并且相信这组织能真的给社会带来正面影响，我们也欢迎跟他们合作。我相信跟当地的有志青年合作，会让事情进展得更顺利。

Q：对于年轻人想设立社会企业的建议有哪些？

A：我觉得唯一的关键就是，随心而行。你唯一能做的就是相信自己，因为多数时候你必须跟所有的事物搏斗。另外，找到对的伙伴，并相信你的投资者，对你的组织成长也有很大的助益。

〔美国、英国〕Better World Books
打造旧书的第二人生

Better World Books在网络上销售旧书，省下工作人员40%的时间成本，还替图书馆基金增加18万美元（约为111.6万元人民币）的收入。不了解情况的人以为Better World Books只是一家很会赚钱的二手书店，其实它有一个伟大的愿景，就如同它的名字一样——让世界更美好。

开复观点

图书馆及个人手中都有大量被闲置和放弃的二手书，但是这些图书馆及个人都没有人力、时间和方法整理、销售这些书，如何让这些躺着睡觉的图书变废为宝，继续发挥价值，成为需要者手中的有用资源，成为一个需要被解决的问题。社会企业Better World Books运用互联网的力量，通过有效的管理与运营，为旧书堆积的图书馆及个人腾出空间，为需要这些旧书籍的人群降低采购成本，还为贫困地区提供教育帮助，为减少纸张消耗的环保目标贡献了力量。

位于美国的巴尔的摩图书馆（Baltimore County Public Library）面临一个难题，藏书日积月累，占据了图书馆大部分空间，而新购入的图书没有地方可以摆放。图书馆舍不得丢弃旧书，决定进行清仓拍卖。然而，巴尔的摩图书馆没有预料到二手书拍卖是一项大工程，工作人员必须花费更多工作时间和心力整理旧书。幸好，一家叫作Better World Books的二手书店帮助他们解决了问题。

藏在二手书堆里的好点子

2002年，沙维尔·赫尔格森（Xavier Helgesen）和克里斯托弗·富克斯（Christopher Fuchs）两位美国人，兴致勃勃地要开创属于自己的事业。他们尝试过家教工作，但离他们的理想还有一大段距离。当两人冥思苦想的时候，不经意看到身旁层层堆叠的教科书，于是你一言我一语开始动起旧书的脑筋来。

"这些教科书放在这边准备要丢掉，为什么不能有效利用呢？"

"上次我拿二手教科书去学校书店卖，但是卖不了多少钱，还要花费力气搬过去。"

"现在有互联网，或许可以打破现状。网络上的买家为了省下买新书的钱，愿意用高一点的价格求购二手书，因此卖家有机会卖出好价钱。"

Better World Books致力于解决全球文盲问题，推出"你买我捐"等活动募集资源。

"好点子！用互联网消除信息不对称的问题，否则我们永远只能被学校书店所限制。不如我们就拿这些二手教科书去卖，看看市场反应如何。"

于是两人收集宿舍里被丢弃的教科书，拿到网络上兜售，结果获得高额回报。这样的结果鼓舞两人继续尝试下一步。隔年，他们进一步和罗宾森社区学习中心（Robinson Community Learning Center）合作。该中心原先就在学校销售二手书籍，并且把部分收入作为扫除文盲之用。他们协力把收集到的2000本书全部卖完，并且把一半收入捐回中心。

沙维尔和克里斯托弗从中观察到进一步开发二手书服务平台的契机。"市场上的确有二手书的需求，但是大家不愿意花心力和时间把二手书拿出来卖。我们提供网络平台让卖家在网络上卖书，或者收购要被丢弃的二手书在网络上销售。这样的服务活络了二手书市场，应该可以作为一项事业来发展。"

"在和罗宾森社区学习中心合作的过程中，我们相当敬佩他们把利润回馈社会的作为，也让我们决定要一同加入改善文盲问题的行列。企业身为社会中的一员，理当成为贡献社会的一分子。"这一次的合作经验，启发他们思考企业之于社会的角色，促成新的创业思维，"我们要创造一个全新的经营概念，把回馈社会融入商业模式中。我们要避免二手书被丢弃，提供更便宜的消费选择，以及帮助世界改善文盲的问题。这一切都是要让世界变得更美好。"

于是沙维尔和克里斯托弗邀请在投资银行上班的杰杰夫·克斯曼（Jeff Kurtzman）加入团队，三人把他们特殊的经营理念写成企划书，参加圣母大学（University of Notre Dame）的商业计划竞赛。结果他们赢得7000美元（约为4.3

万元人民币）的奖金，决定用这笔钱设立公司，公司名字就如同他们的愿景一样，叫作Better World Books（让世界更美好线上书店）。

社会资源再激活

Better World Books一开始在校园和社区收集旧书，不过通常只有在特定时间（如暑假时段）才能收集到充足的旧书，也因此了解到，如果要扩大事业版图，势必要增加旧书的收取来源。

"我们发现书本最多的地方就是图书馆，全美有上千家图书馆要处理超过百万本旧书。每当收纳空间不足时，旧书就会落得被丢弃的下场，这实在是一件很糟糕的事。" 沙维尔说。

于是，Better World Books和各图书馆接洽并接手处理旧书，让旧书重新在网络上销售，并且将收入盈余的5%到15%回馈给图书馆。

为了更广泛收集旧书和提升收集效率，Better World Books实行旧书回收箱计划。任何个人或组织，只要有摆放的空间，就能够申请回收箱。Better World Books不但定期收取旧书，也会将旧书的部分收入回馈给回收箱申请者。这样的奖励制

社企小档案

BetterWorldBooks™

"创造符合三重基线的持续发展企业。"

Better World Books是2002年由沙维尔（Xavier Helgesen）和克里斯托弗（Christopher Fuchs）创立的公司，主要业务是线上销售二手书，并且将社会目标和环境保护融入企业文化之中。与Books for Africa等非营利组织结为伙伴关系，捐赠资金和书籍帮助解决文盲问题。另外推广二手书回收计划，借助广设回收箱和提供回馈金，鼓励美国大众用捐书取代丢弃。公司在10年之内业绩增长数十倍，员工增长至300余人，并且将业务拓展至英国。Better World Books认为每一本书都有它的剩余价值，就算不能被销售也能通过回收再利用。2012年，在600多家社会企业中，Better World Books被美国评选社会企业的组织 "B型实验室" 评选为第一名。

- 公司名称：Better World Books
- 公司地点：美国（米沙瓦卡）
- 创办人：Xavier Helgesen、Christopher Fuchs、Jeff Kurtzman
- 成立时间：2002年
- 公司人数：约350人
- 网站：www.betterworldbooks.com

度鼓舞了更多个人和组织加入收集旧书的行列。

"运输免费和利润回馈的策略，让许多单位和个人愿意和我们合作。目前有超过2300所大学和3000家图书馆成为我们的伙伴，帮助我们收集到数量庞大的旧书。我们的线上使用者因此有更多选择，也让这些社会资源能够被激活再运用。" 沙维尔解释说。

🌐 Better World Books **官网动态呈现旧书流通与捐款金额**

💚 Books donated: 10,631,422 📖 Funds raised for literacy & libraries: $15,390,500.15 ♻ Books reused or recycled: 119,180,400

Better World Books官网上方显示的数据不断更新变动。

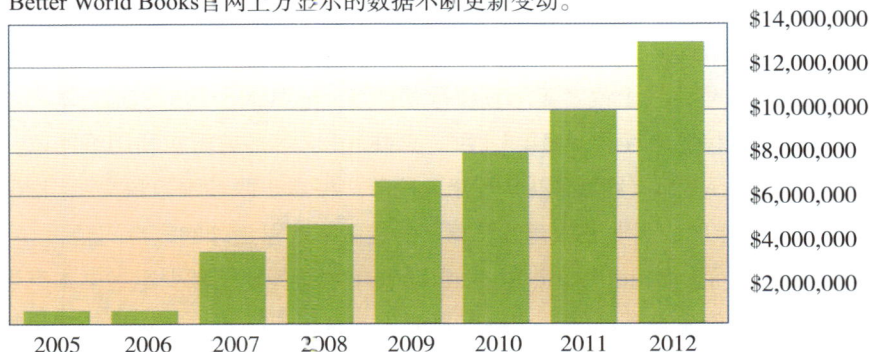

Better World Books累积捐款金额（单位：美元。资料来源：官网）

你买我捐，号召读者参与

打从Better World Books三人团队成立时，就秉承理念，要做一个新型的企业，创造回馈社会的机制。一开始的想法很简单，就是把部分盈余捐出，改善第三世界国家文盲的问题。但是他们进一步思考，如何才能为社会做出更多的贡献？

"一本书，对于已经读过的美国学生来说是垃圾，但是对于第三世界国家的儿童却是珍宝。假如我们能够直接把二手书送到第三世界国家，就更能够发挥书本的教育价值。"他们说。

除了思考旧书本身的教育价值，他们也考虑到环保的问题："美国普遍没有资源回收的习惯，很多旧书就直接送到焚烧场处理。假如我们能够提升社会大众的环保意识，将这些纸张再生利用，就能降低砍伐树木的数量。这对于我们的地球环境是多么大的帮助呀！"

这些反思促成Better World Books把社会和环境目标落实到企业经营之中。社会目标方面，他们寻找非营利组织结成合作伙伴，包括和Books for Africa、The

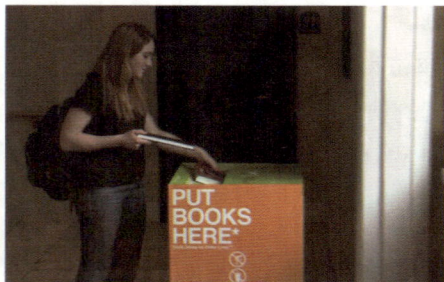

回收箱提升旧书收集效率。

National Center for Family Literacy、Room to Read、Worldfund等机构合作，提供二手书和教育基金来协助改善教育问题。

"每次看到那些孩子收到书本，一副开心满足的样子，就激励我们公司团队思考如何进一步帮助这些孩子。我们也相信不仅是我们公司，甚至是我们的客户也愿意伸手一起帮助这些孩子。"他们补充道。

为了扩大社会影响力，Better World Books推出线上书店你买我捐（Book for Book）的活动，号召线上读者实际参与行动计划，总共捐出超过900万本书给教育资源匮乏的地区。截至2013年11月，总共1.1亿本书被再次利用或回收，并且转换成1500万美元（约为9297万元人民币，相当于联合国教科文组织2012年至2013年双年度改善非洲教育的预算）的基金来改善全球的教育问题。

环境目标方面，Better World Books启动碳耗中和计划，减少运送书本产生的二氧化碳。"我们舍弃塑料袋，改用容易腐化的竹子包装书本，选择使用生物燃料的货车运送书本。其他运营时无法避免产生的二氧化碳，则通过购买碳耗指标（Carbon Offset）来达到碳耗中和的目的。我们所做的一切，都是为了让环境能够持续发展。"

服务多样化，营业额增长数十倍

Better World Books创业初期是在亚马逊和eBay等外部平台卖书，后来为了给消费者提供更多选择，开始建立自己的网络书店和实体书店。在自家的网络书店，不但有二手书销售，还有全新书籍，甚至提供其他二手书商网络平台销售的书籍。随着平台的扩张和服务的多样化，成立10年以来，公司营业额从每年百万美元增长到6500万美元（约为4亿元人民币）。

"我们认识到在竞争激烈的网络时代，必须不断提升自身的竞争力，才能在市场上生存。为消费者提供便利服务是不可或缺的核心竞争力。Better World Books提供全球配送服务，而且是免费的。消费者如果不喜欢书本，可以在30天之内（全球45天）退还书本，并获得全额退款。" 沙维尔解释说。

企业的核心价值也是吸引消费者的关键之一，"很多消费者喜爱我们，除了便利的服务，还因为我们的经营理念。消费者觉得自己买书的同时，也和我们一起在改善全球教育和环境保护的问题"。

在网站首页有一行数据不断在变动，包括捐赠的书本数量、捐赠给基金会和图书馆的基金、回收再使用的书本数量，显示这家公司每分每秒都在发挥影响力改善社会，也影响浏览网站的消费客户成为支持者。

体现社会企业精神的标杆模范

美国评选社会企业的非营利组织"B型实验室"（B Lab），在2012年根据社会企业的三重基线（社会、财务、环境），从600多家社会企业中评选出的第一名就是Better World Books。报告中特别提到，即使在2008年大环境不景气的情况下，他们仍然增加了91个工作职位（成长率33%），现在有超过64%的员工拥有股权。

"你可以说社会和环保责任已经融入我们的核心价值，就像我们的DNA一样。我们的员工认同公司理念，乐于读书并爱书，以身为公司的一分子为荣。我们帮助员工找到自己对于社会贡献的价值，有时候还会送他们去非洲当地短期体验生活。员工回来之后都表示，了解自己的工作能够帮助改善当地教育问题，反而能士气更高昂地投入工作。"

好的企业文化自然能吸引更多人才加入。公司从原先的3人扩充到340人的规模，当初担任商业计划竞赛评审的大卫·墨菲（David Murphy）也加入公司成为首席执行官，发挥更大的社会影响力。

1. 与非营利组织Books for Africa长期合作，送书到非洲。　2. 工作人员在仓库整理图书。
3. Better World Books拥有超过300名员工。　4. Better World Books仓库像一片书海。

创办人问与答

"让二手书得到新生，降低环境破坏，以获利改善世界上的文盲问题。"

——Better World Books
创办人沙维尔·赫尔格森

Q&A

Q：你们与一般二手书店有何不同？

A： 我们是融合环境、经济和社会目标的社会企业。我们和非营利组织结为伙伴，支持他们解决文盲问题；我们降低环境破坏，让二手书资源可以再利用。同时我们也能够自给自足，让组织依照自己的理念不断发展成长。

Q：为何选择文盲作为要解决的问题？

A： 一方面，文盲是全球性的问题，根据联合国统计，全球有7亿成年人口是文盲，而这些人通常也是生活在贫穷线以下的人口，解决文盲问题同时也是解决贫穷的问题。另一方面，我们在从事二手书业务的过程中，发现二手书可以成为他人手中的珍宝，是解决文盲问题的利器，所以就把解决文盲问题与我们公司的发展目标结合起来。

Q：其他公司组织也有捐钱给非营利组织，你们有什么差异之处？

A： 我们不只是捐钱，更重要的是建立社会资源的网络平台。在Better World Books的推动下，增加消费者对于文盲问题的重视和参与，非营利组织因此获得更多能见度和资源。我们认为解决文盲问题不是一蹴而就的，所以和非营利组织建立了长期的伙伴关系。除了提供资金和书本援助，我们鼓励公司员工参与援助计划，重视文盲问题。

Q：有人质疑你们向社会免费收取二手书去进行营利的正当性吗？

A： 我们承认免费二手书是我们获利的来源，当然也有人质疑过我们的正当性。但是我们清楚地知道我们收取的是一种服务费，让这些废弃资源能够被激活

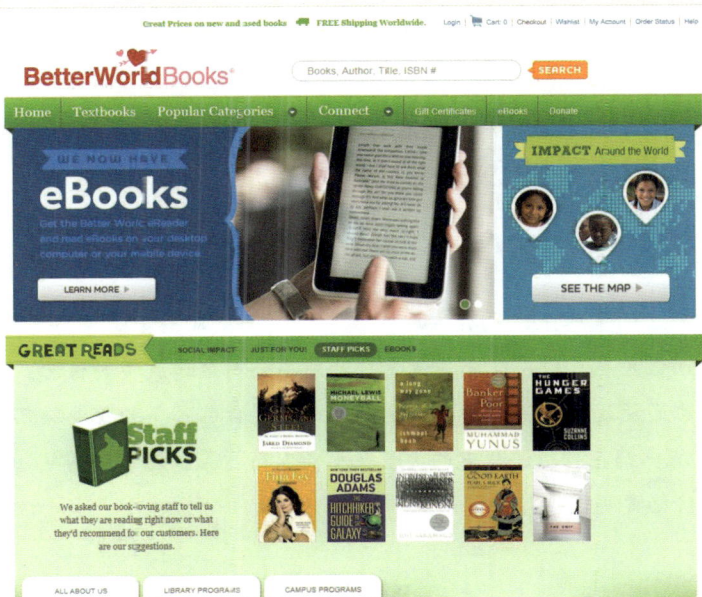

Better World Books的网站功能齐全且信息透明，无论是捐书计划还是线上购书，都可以清楚地找到想要的功能。

再运用。很多学校和图书馆单位愿意让我们销售二手书，一方面是因为他们没有多余的人力，另一方面是不愿意直接丢弃。况且我们会将赚取的部分所得回馈给学校和图书馆，多余的部分也会回馈给其他非营利组织。

Q：Better World Books成功的秘诀是什么？

A：我们创造供应链，让更多旧书成为获利来源，社会和环境目标的价值也使我们获得了客户认同。另外吸引优秀人才，导入成熟的管理制度，也让我们的组织能够稳定发展。我们找到担任商业计划竞赛的评审大卫·墨菲担任首席执行官，就是要倚靠他的专业管理能力。

※参考来源：Better World Books官网

〔美国〕Patagonia
征收自己1%地球税的绿色品牌

"在死亡的星球上，没有生意可做"，这是一家年营业额高达2.6亿美元（约为16亿元人民币）、全美最大户外用品公司全体成员的信念。为了成为在百年后还能延续下去的品牌，这家公司规定自己每年的营业额只能增长5%；为了减少棉花种植过程中的大量耗水与农药污染，这家公司从1996年起全面使用价格贵两倍的有机棉。

开复观点

美国最大户外用品公司Patagonia独创理念，自我征收"地球税"，每年捐出1%的营业额支持环保团体。用颠覆常理的环保理念设计、生产和销售产品，比如停止生产、销售对岩壁造成破坏的攀岩工具岩钉，转而掀起攀岩界使用岩楔的风潮；大量使用废弃稻草秆做生产原料；生产中只采用对种植环境及使用者没有危害的有机棉；使用回收的聚酯塑料瓶制作夹克纤维等。创始人乔伊纳德创业以来，已经将Patagonia打造成为闪亮的绿色环保品牌，成为社会企业学习的榜样。

创办人伊冯·乔伊纳德穿着于1976年开发的抓绒衣原型。

创业50多年来，伊冯·乔伊纳德（Yvon Chouinard）始终是个"不情愿的商人"，却是个不折不扣的运动爱好者。伊冯从小就显示出不凡的运动天赋，他在知道如何走路之前，就学会了攀爬。16岁时，他凭着一身轻装攀上美国怀俄明州内的最高峰；到了18岁，他靠着冲锻模、二手燃煤炉、铁砧、钳子和铁锤，开始自学打铁，然后沿路一边冲浪与攀岩，一边销售自己制作的装备来筹措旅费。

27岁那年，他索性开了一家店面，号召和他一起攀岩的朋友成为公司的第一批员工，重新设计并改良当时所有的攀岩装备，开始了他第一段创业经历。不过当时没有任何一个人认真对待这门生意，对他们而言，这只是支付旅费账单的手段而已。

打造全美"最适合工作的百大幸福企业"

随着公司事业的扩大，有越来越多的员工必须依靠公司的工作谋生，伊冯逐渐形成了自己身为商人的意识——"如果我必须当个商人养活自己与员工，那我就要用自己的方法来做！"从此，他凭着独特的"任性创业法则"，打造出全美最适合工作的百大幸福企业。

他希望每个员工都能做自己，并且开心地来上班，因此公司里从来没有制服，也没有硬性规定的上班时间，当浪头一来，老板还会带头在上班时间冲向海滩。公司里的员工几乎都是自身产品的爱好者，这里没有一个人试图"像顾客一样思考"，而是直接"作为顾客"思考。这里的人力资源部门并不迷信MBA，环保运动分子、独立设计师、花式泛舟表演者、洗车工、钓鱼爱好者以及风笛手等，都有可能成为公司的员工。为了让公司的女性员工无须顾虑家里的孩子，公司也用心打造了全美数一数二的育儿中心，联结整个小镇一起为孩子们提供最快乐的学习环境。

Patagonia最为人所乐道的就是著名的"MBA式管理"——Management By Absence，即缺席管理。负责人伊冯总是不在办公室，但他完全相信每一位员工都能自我管理，就是在如此自由又充满信任的环境中，员工的潜能与创意才能被

1. Patagonia的产品线丰富。　2. 员工在自由又充满信任的环境中工作。

社企小档案

patagonia®

"制作最优良的产品，尽可能减少对环境无谓的伤害，通过商业行为呼吁并着手解决环境危机。"

　　Patagonia是美国知名的运动服饰品牌，前身为全美最大的户外用品公司，于1973年成立。

　　身为一个热爱地球的品牌，Patagonia希望能成为对地球最友善、同时生产最佳产品的公司。

　　旗下的产品线包括攀岩、登山、冲浪、慢跑与滑雪的服装与装备，因为这些都是属于不需要引擎、没有人工动力，也不需要无谓消耗资源的"无声运动"。

　　为了成为一个持续发展的品牌，创办人带领全公司进行纸张和包装的减量、减碳节能运动，并率先使用回收材料制作衣物。多年来也持续推动"1%地球税"计划，并鼓励全球的企业加入，每年共同捐出1%的营业额作为爱护地球的基金，支援1000多家绿色组织。

　　Patagonia想要向业界证明，做正确的事，也可以成就获利的良心事业。

- 公司名称：Patagonia
- 创办人：Yvon Chouinard
- 公司人数：约1300人
- 网站：www.patagonia.com/us/home
- 公司地点：美国（文图拉）
- 成立时间：1973年

激发出来。此外，由于每个人都是自家产品的忠实客户，也都是户外运动的爱好者，因此整家公司从上到下都能自发地注重品质管控，也都与伊冯·乔伊纳德一样热爱大自然，这样的企业文化为伊冯后期在公司推动环保革命，奠定了成功的基石。

走上环保的"不归路"

　　伊冯·乔伊纳德的户外用品事业是从制造攀岩的岩钉起家的，然而在一次攀岩的经历中，他发现原本美丽的岩壁因为长期遭受"反复敲入岩钉、拔出、再敲入"的过程而饱受摧残，让他惊觉公司里的主力产品正一步步地摧毁自己深爱的岩壁。从那时起，他便决定放弃岩钉的事业，转而生产不需要用铁锤敲入、不会在岩壁上留下痕迹的岩楔，不仅掀起日后攀岩界使用岩楔的风潮，也是伊冯善待环境的第一步。

在发现自己熟悉的自然圣地纷纷遭到人为破坏后，他领悟到所有的商业行为都会对环境带来危害，他唯一能做的，就是尽其所能在每个环节都降低环境成本，并主动做出善待地球的行为。因此，他率领整家公司从节省企业内部能源开始，发动一连串的绿色革命。

20世纪80年代起，当伊冯发现公司每年要花1200美元（约为7434元人民币）购买每天会直接变成垃圾的塑料袋时，便决定公司全面停用塑料袋来装垃圾；Patagonia也停止在员工餐厅供应纸杯与塑料泡沫杯，让公司每年省下数万元。在对公司内部的设备进行能源审查后，他们全面改用省电照明、加装天窗、使用风力与太阳能发电等，节省了四分之一的电力。

摄影 / Carl Battreall

摄影 / Ben Moon

Patagonia旗下产品线包含各种户外运动的服装和装备。

在节省能源的同时，Patagonia也努力降低自己对于"非再生资源"的依赖。除了全面使用再生纸制作目录之外，公司所有的直营店和办公建筑也都使用替代建材，而在目前最新的办公建材选用上，他们也决定抛弃木材，改用创新的"废材"——利用大量废弃的稻草秆建造。

为了让公司维持"自然速度"成长，Patagonia从来不为商品创造"假需求"，也不在《浮华世界》或GQ（《智族》）等杂志上打广告，他们甚至推出"Don't Buy This Jacket"（别买这件外套）的惊人标语，鼓励顾客在购物前三思，不要因为折扣而购买自己不需要的商品。

1994年，Patagonia做出第一份内部环境评估报告，发现工业栽培的棉花对环境的危害最大，因为在全球农业用地中占比不到3%的棉花田，却使用了全球25%的大型昆虫剂与10%的小型昆虫剂。因此他们在1996年做了一个冒险的决定，将所有棉制衣物全面改用100%的有机棉——即使当时有机棉布的成本比一般棉布高出3倍。

Patagonia也是第一家使用回收聚酯塑料瓶制作出纤维的公司，每生产150件夹克，就能替地球省下190升石油、避免排放0.5吨的有毒废气。而从1993年起

摄影 / Mikey Schaefer

摄影 / Kennan Harvey

patagonia REPAIR
Common Threads Partnership

Repair Your Patagonia® Gear

| Outerwear | Bottoms | Tops | Luggage | Fasteners |

Patagonia标榜产品享有终身维修服务，也鼓励消费者不要过度消费。

的10年间，他们一共让86吨塑料瓶免于被送到垃圾场。

Patagonia还破天荒地自我征收"地球税"，每年捐出1%的营业额支持环保团体，并号召超过1300家企业加入行列，至今共捐助了2500万美元（约为1.5亿元人民币）给1000多个非营利组织。

绿色企业，如何做到获利且持续经营？

打造一个绿色品牌，听起来挺不错的，不过一家每年自己缴纳1%地球税，并将营业额的年增长率限制在5%的企业究竟如何赚钱？如何持续经营？

这么颠覆常理的绿色企业当然不可能赚大钱，但神奇的是，Patagonia在许多特立独行甚至被业界不看好的环保方向上，都能顺利通过市场考验，甚至带动产业的新风潮。

例如在20世纪90年代中期，原来的保暖内衣产品全都经过拉链袋与厚纸板的层层包裹，但为了避免制造一堆拆封后就立刻被丢弃的垃圾，他们决定取消包装，直接把内衣挂上衣架销售，较轻薄的内衣则用橡皮筋卷成一束摆在货架上。

当时有许多人警告他们，Patagonia可能会因为缺乏竞争力的包装而损失三成的销售额。但采取行动的第一年，他们便省下15万美元（约为93万元人民币）的包装材料费，也无须再运送12吨重的材料到世界各地；由于保暖内衣直接挂在衣架上，反而更方便顾客触摸、感受材质，销售额竟增长了25%！

不过在1996年全面改用有机棉制作服装的环保行动中，Patagonia确实付出了巨大的情感与财务代价。

　　由于有机棉的整体价格比工业棉花高出一半甚至是一倍，而用有机棉制作的棉布价格更比一般棉布高出3倍。此外，由于当时有机棉并不盛行，使得合作的布料厂商纷纷拒绝配合这项行动，Patagonia的员工必须一路往前追到供应链的起点，重新寻找能获得大量有机棉的代理商与纺织厂。好不容易找到新的厂商，又因为他们无法顺利开发出所有产品所需的替代布料，使得Patagonia必须忍痛放弃某些销售得相当成功的棉制产品，产品线由91种款式骤减为66种。

1. Patagonia有机啤酒。
2. Patagonia的工厂遵循国际劳工组织（ILO）的"工作环境规范"以及美国公平劳工协会（FLA）的"公平劳工与负责任采购原则"。

　　然而，他们相信消费者购买产品最大的理由是"品质"，在市场调查中也发现顾客确实能接受小幅上升的价格，因此他们决定牺牲部分利润，让涨幅不超过2到10美元（约为12到62元人民币）。最后，这个计划成功了，不但产品畅销，还成功创造出有机棉的产业，目前市场需求已达到当时的3倍之高，Nike、Levi's和GAP等大品牌纷纷提高旗下棉制品有机棉比例，带动整个服装产业的绿化。

　　乔伊纳德创业以来，经常有人质疑他为何不干脆直接将公司卖掉，把钱都捐给环保团体？在思索了数十年后，他终于了解自己留在商界的原因：比起捐钱，他更希望能将Patagonia打造成其他公司的楷模。"Patagonia和旗下数以千计的员工都有方法、也有意愿向整个商业体制证明，做正确的事也可以成就获利的良心事业。"

　　这是一家按照"仁性创业法则"打造的公司，若放在传统商业策略下考量，简直是不合常理，但伊冯自己非常清楚公司真正需要负责的对象，既不是股东，也不是顾客和员工，而是自己的"资源来源"——如果没有一个健康的环境提供持续的资源，就不会有股东、员工、顾客，也不会有生意。毕竟，"在死亡的星球上，没有生意可做"。

创办人问答

"在死亡的星球上，没有生意可做。"
——Patagonia创办人
伊冯·乔伊纳德

Q&A

Q：户外运动对您有什么样的意义？

A：我从17岁开始钓鱼，16岁开始冲浪，而攀岩，则是12岁左右就开始了。有好几年的时间，每年我至少有250天是住在睡袋中的。

对我而言，大自然就是世界上许多问题的答案——暂时离开充满高科技的复杂世界，回归到一种简单、再简单的生活形态。这也是我为什么会喜爱毛钩钓鱼①。身为一个毛钩钓鱼爱好者，你并不会专注于是否钓到鱼的"最终结果"，而是专注在溪水中，去"阅读"你眼前的河流，就像攀岩者尝试探究眼前的岩石一样。你必须直直地探进水底，学习眼前这条河的生态系统以及水栖昆虫的一切，了解河中有哪些虫子，才能挑选合适的毛钩与之配合。毛钩钓鱼的重点不在于你是否能捕捉到鱼，而在于"调整你自己"，使你能与这个环境融合。

Q：什么原因开启了您的从商之路？

A：我从小就是个工匠，和我父亲一样。我父亲从10岁就开始打工，他甚至知道该如何盖一栋房子。或许是遗传自父亲的天赋吧，一直以来，我都是一个"创新者"（Innovator），而非"发明家"（Inventor）。我常会看着家里的木桌、板凳、汤匙或是任何东西想着："我可以做一个更好的！"因此当我开始学习攀岩时，我看着当时市面上销售的攀岩工具，品质参差不齐，价格也不便宜，心里总想着："我可以做一个更好的！"于是，我开始自制攀岩工具供自己使用，其他攀岩者看到后便向我采购，我就这样开始了户外用品的事业。

---

① 指采用禽类或兽类的羽、毛绑制而成的钓饵钓鱼。

Q：您为何涉足运动服装行业？

A：某一年冬天，我前往苏格兰攀岩，在回家的路上我买了一件色彩鲜艳的橄榄球衫来穿，我认为它的功能很适合攀岩，而且衣领还能防止吊环割伤我的脖子。因此，我穿着它到处攀岩，没想到每个看见的岩友都对我的衣服很感兴趣，觉得它很新潮。当时市面上的运动服千篇一律都是灰色的汗衫和裤子，于是我灵机一动："我为什么不能销售一些看起来更时尚的运动服装，贴补户外用品店？"这就是我们涉足服装业的起源。

Q：您认为商业和环保是否会冲突？

A：在过去几十年里，我常常在睁开眼睛时，意识到从商的自己其实也是制造世界上诸多环境问题的一分子，而我应该对此采取行动。因此，我下定决心带领Patagonia成为这些环境问题的"解决方案"，而非"问题本身"。于是，Patagonia进行内部环境评估、减少纸张和电力的消耗量、使用回收材料制作服装、率先全面采用有机棉、每年捐赠1%的营业额支持环保计划等，尽量减少对环境的伤害。

Q：您是否将品质视为公司的第一原则？

A：我认为"品质"其实是目前这个"非持续社会"大部分问题的答案。在今天的社会，工业化的结果让人们开始追逐耐用、可以大量制造的产品，而非"最好的"。

当许多公司说，今年的利润下滑了，我们必须适当降低品质以保证利润，我们的做法总是与之相反——提升品质。如果Patagonia想要持续发展，就必须鼓励大家减少消费，但要买高品质的商品。也就是说，我们应该努力提升产品的使用年限，增加产品性能，并让产品容易修补，让消费者不需要经常淘汰换新，如此我们才能持续经营。

※参考来源：www.youtube.com/watch?v=FigOhc6hzvg

〔中国台湾、东南亚〕ELIV以立
将技能、资源带给有需要的地区

以立国际服务，是台湾第一家从事国际志愿者服务的社会企业。

在带领志愿者到邻近国家服务的同时，以立也针对每个地区最迫切的问题，提供解决方案。扶贫自立、气候变迁是两大服务核心，结合志愿者与当地居民，一起推动有机农业、持续设计和儿童教育的发展。

开复观点

很欣赏台湾年轻人的国际视野，Kevin创立的以立国际服务公司立足台湾，调动青年学生、在职人员和当地居民的热情、时间和专业技能，针对周边东南亚国家和地区最迫切的问题提供专业及时的服务解决方案，为当地社区及台湾带来双重影响。以立通过扎实的方案计划、一线参与者的思想碰撞与分享、社区的口碑传播，经过3年时间，将服务的人数从开始的66人发展到2013年的近800人，2013年前8个月的营业额也已超过1200万新台币（约为245万元人民币），生动、具体地体现了社会企业的价值。

在这条泥泞的红土路上，他已经走了一个小时。鞋里都是烂泥，鞋底粘了一层厚厚的红土，他随意捡了根树枝将红土刮掉，这是今天第五次刮掉鞋底的黏土了。

2012年夏天，一个年轻人在缅甸金三角附近的山区里艰难地走着，从山上俯瞰他今天移动的路线：先搭一个半小时的车经过了柏油路、水泥路、碎石子路，最后到达车辆无法再前行的黏土路，接下来带着饮水和干粮，下车步行。走了一个半小时之后，他终于越过了两座山丘，到达了预订探访的村落，进行农业、民生用水、电力、医疗及卫生环境的勘察。

这是以立国际服务在决定一个计划的服务地点之前，必须做的勘察工作。

对这个年轻的团队而言，做志愿者需要的除了热血，还要找准每个地区最迫切的问题，提供解决的方案。因此一个计划地点从无到有，都要经过事先的资料收集、实地勘察、与当地工作者或非营利组织合作、探访村落、了解村民的需求，接着才会将收集到的第一手资料带回岛内，向各领域的专家、学者请教，寻求解答。最后，一个海外服务的计划就形成了。

1. 以立国际服务创办人陈圣凯（Kevin）。
2. 2013年"全缅启动"计划，以立队友从台湾募集了中文故事书，说故事给孩子们听。

海外服务计划产生双重影响力

以立国际服务，是台湾第一家从事国际服务的社会企业。

谈起成立时的初衷，曾经在若水任职、有园艺系背景的创办人陈圣凯（Kevin）说："希望能够解决发展中国家的基本生活需求，包括粮食、用水、教育、卫生等问题。"而在队伍持续出行的服务过程中，另一位共同创办人周曦翎（Helene）发现，志愿者通过参与服务，也会进行反思，进而对当地社区及台湾产生双重影响。

于是，保持着这样的愿景，从2010年起，先是从关心"扶贫自立"与"气候变迁"两大主题开始，以立发展了一系列海外服务计划。

起初的计划，是陈圣凯跟另一位同事小彬，以及一大群志愿者到越南进行生态猪舍的建造，在得知当地需求之后，他们回国寻求解决方案。最初因为毫无头绪，只好上网寻找资源，最后用"养猪"及"专家"两个关键词，找到了台湾的养猪专家——台大生物工程系的侯文祥教授。

"因为侯教授是第一次接触国际志愿者这个话题，加上他已经有行程安排，所以本来没有打算参与全程。后来老师越做越有兴趣，还主动顺延了两次机票，不但参与全程，甚至还错过了学生的面试日期。" 陈圣凯回忆起当时的情况时说。

在那以后，侯教授除了为以立提供许多生态农业上的咨询与协助，也因为志愿者服务，重新拾回了研究与教学的热情。因为他知道除了台湾，世界上仍有许多角落都用得上他的知识。所以除了以立之外，他也积极参加其他单位在孟加拉国、

越南、柬埔寨等地的国际农业援助计划。

从侯文祥教授身上，看到了以立发挥其社会影响力的一个极佳范例：志愿者服务对于参与者形成的冲击与反思，可以促使后者发挥自己的长处，为世界更美好而努力。

虽然国际服务的地点越来越多，可惜的是，最初的运营模式并不足以维持以立的持续经营。由于只有两位核心员工，其余工作大多是好友及志愿者帮忙分担，但时间一久，大家无法再专注于提供志愿服务及行政的事务上，所有服务近乎停摆，让陈圣凯兴起了想要放弃的念头。幸好在一次印度的服务计划中，遇到了现在的共同创办人周曦翎。

"因为志愿者是没有义务与责任把这些事情持续做下去的，所以以立需要的是员工，而不是志愿者。"原先在香港是律师、后来投身公益事务的周曦翎，在印度的火车上了解了以立的状况，立刻提出了一针见血的看法。

她与陈圣凯经过一番长谈，聊到了以立的未来，一致认为国际志愿者服务是一个可以改变社会的事业，应该更有效率地发展，所以在完成那次印度服务回国之后，周曦翎便正式加入了以立。"周曦翎加入之后，以立从1.0进入了2.0，重新确定了公司的定位及格局。"

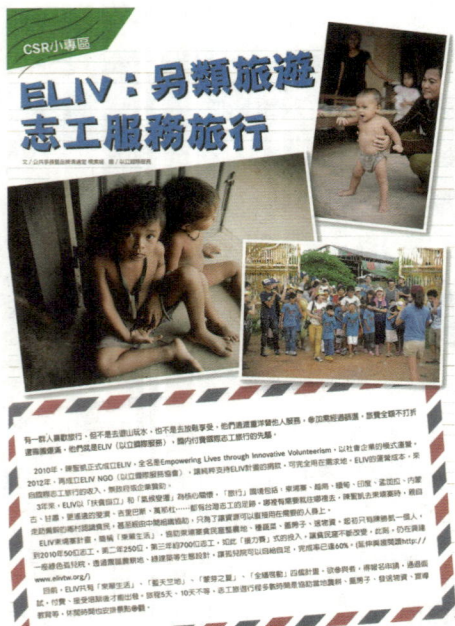

CSR小专区
ELIV：另类旅游
志工服务旅行

以立也针对企业，提供团队合作服务。

人的问题是经营最大的考验

在进行服务的过程中，并不总是一帆风顺。以柬埔寨的计划"柬单生活"为例，从最早的勘察队调查、早期有机农业推广到中期的孤儿院与教室的兴建，以及在村落推广的火箭炉与卫生厕所，每一个计划都必须经过再三考量，才能确定带进村落的方案是符合村民的需求的。

一开始村民总是非常客气，有什么方案带进去都会接受，回访后却发现许多的问题，比如开垦田地的畦和沟，其实是非常耗费力气的工作，因此真正会继续使用这个方法的村民，十人中仅存一二。

社企小档案

"创造机会，关心人类，关心地球。"

　　以立股份有限公司，又称以立国际服务（ELIV International Service），最初成立的愿景是"创造机会，关心人类，关心地球"，在经营理念上有三个重点：第一是照顾到员工的需求，注重员工的成长；第二是真实地去解决、回应一个社会问题或需求；第三是可以扩大自己的影响力，让更多的人一起关注身边的问题。

　　目前以立志愿者服务为主要业务内容，已举办过7个计划：越南"飞越南关"、南太平洋"环浪计划"、孟加拉国"孟想大地"、柬埔寨"柬单生活"、印度"蓝天竺地"、内蒙古"蒙芽之夏"、缅甸"全缅启动"。其中"环浪计划"是一次性的项目计划，而越南及孟加拉国的计划已经停止；主要业务是"柬单生活"，占了总业务量的七成以上。

　　以立的客户群以学生为主，占了七成，主要是在寒暑假时提供服务，平时则是以上班族为主，而从2012年开始，以立与企业进行B2B合作（如勤业众信会计师事务所、如新集团），为企业提供新的公益选择。

- 公司名称：以立国际服务
- 创办人：陈圣凯（Kevin）
- 公司人数：14人
- 公司地点：台湾
- 成立时间：2010年
- 网站：www.elivtw.com

　　又比如孤儿院与村落中的教室兴建计划，也面临过相当大的危机。

　　2012年年初，以立与一位当地人Mr. Yang合作，由他负责与手工艺妇女村的联系，要帮这个村落重新修建教室。经过一个寒假的努力，教室兴建好了，陈圣凯认为Mr. Yang的办事能力不错，因此聘他为以立在柬埔寨的员工，负责村落的回访及联系，并回报新教室的使用状况。没想到7月初再到柬埔寨时，陈圣凯发现状况不对，收到许多村落居民的反馈。

　　"Mr. Yang侵占了手工艺妇女村教室的主权，所以我们还要上法院，跟法官说明我们那一栋教室是要盖给手工艺妇女村的小孩子使用的，而不是给他用的。"他说起这件事情依旧很无奈，"然后等法院的判决下来，确定教室的主权是以立的，是要给手工艺妇女村使用的之后，隔天他就把教室里面没有被裁定的白板、桌椅等东西都搬走了，好像从一开始，就在等着这一刻。"

　　经历这件事之后，以立才学习到在发展中国家想要办好事情，光是凭着一腔热血是不够的，了解需求并找到解决方案之后，还需要莫大的智慧，以及更现实的考量与判断，才能让好处真正到达需要的人手上。

经营当地社群，优化服务品质

从创立至今，以立遇到的大部分问题都是人的问题。一方面是与当地人的合作，需要耗费特别大的力气判别对方是否足以信任。另一方面，由于初来乍到，当地社区对于以立也尚未建立信任感，所以许多资料不可能靠勘察及访问得到，而是要靠一次又一次的回访及观察才能做到。因此，如何经营当地的社群，是以立能否将计划执行好的关键。

最初，大多数工作都是由志愿者分担，但许多志愿者来了又走，无法持续，难以有足够的积累，也无法传承，自然也没办法对每个计划进行深度规划及讨论。即使开始招募员工，也抓不准节奏，一口气招募了太多人，结果运营情况没

1. 2011年5月"孟想大地"计划，将就地取材的立体农耕技术带到孟加拉国，让村民可以自力改善生活。
2. 2012年暑假，志愿者协助绿色孤儿院建造计划的水池工程。

有跟上，只好再紧急解聘部分员工，才止住了现金水位的急速下降。

接下来，公司就靠着7位核心成员开始运营，而参加服务计划的志愿者，从2010年的66人，到2011年的300多人，增长到2013年的将近800人。不过，在2012年进行的一个大型绿色园区计划中，核心员工的数量并没有跟着增加。

2012年下半年，可以很明显地感觉到所有人的精力都被耗尽了。"因此2013年我们定为休养的一年，把节奏慢了下来，相同的计划，我们招募了更多的员工，希望可以把计划优化。今年我们多招募了7位员工，有4位柬埔寨当地的员工，负责照顾小朋友及绿色园区；3位中国台湾员工，分别负责园区管理、村落回访以及台湾内务支援。"

🌐 **以立国际服务出队人数统计**

2010年	66人
2011年	314人
2012年	647人
2013年	763人

出队人数成长曲线

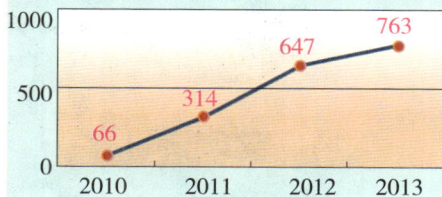

资料来源：以立国际服务

在谈到2013年的志愿者招募时，陈圣凯说："有趣的是，即使今年我们放慢脚步，甚至因为内容调整而提高售价，愿意来参加的人反而更多了。"以立在2012年的总营业额约1100万新台币（约为224万元人民币），但2013年到8月底时的营业额就已经超过1200万新台币（约为244万元人民币）。

用心于客户的社群经营

从谈话的过程中，可以看出客户的社群经营是最重要的。以立的经营大致有下列三项：

一、在当地有长期且扎实的计划，定期回访与经营，让当地社群对以立越来越信赖，才敢说出自己真实的需求。因此从推广有机农业、修建教室与房屋到推广村落的火箭炉及卫生厕所，参与的队员可以亲身经历村民的改变，而以立也会用电子报将当地的情况持续回报给参与的志愿者，让志愿者对以立做的事情更有认同感。

二、在过程中让志愿者有充分的分享与讨论，激发他们的热情与想法，让他们从第一线的冲击中反思，进而在回国之后发挥其社会影响力。有许多出队过的志愿者回到台湾后都会举办分享会；有些学生回到学校后，创办了国际服务社团；有些志愿者甚至开创自己的事业，以社会企业的方式运营，持续影响身

1. 七位年轻核心成员成功经营以立的故事受到媒体关注。（图片提供／以立，取自《台湾光华杂志》2013年1月刊）
2. 2013年夏天"柬单生活"计划，帮柬埔寨Svey Cheak村落兴建卫生厕所。
3. 2012年冬天"蓝天竺地"计划，在印度协助被种姓制度排斥的达利人一起建造家园。

边的人。

三、口碑效应。目前加入以立的队员，有七成是因为身边的人曾经参加过，所以才会选择以立。社会企业需要将一些新的观念传递给一般大众，但是新的观念很难一下子就被一般人接受，所以通过口碑，让实际参与过的人来说故事就非常重要，这也是以立能够迅速成长的很重要的一点。

最后，谈到未来的规划，陈圣凯说现在公司内部已经有计划、营销及内务的铁三角团队，因此以立接下来会以现在的架构持续经营下去，同时也会回过头来试着开发台湾本地服务的据点，希望能够用稳健的脚步，继续通过志愿者服务，影响更多的人。

创办人问与答

"通过国际志愿者追踪式的学习和服务，鼓励年轻人投入邻近发展中国家扶贫自立、改善环境的工作。"

——以立国际服务创办人陈圣凯

Q：最初是什么原因让你想要投入国际服务？

A：我是苗栗人，高中念武陵高中，大学是台大园艺系。在小学时看过《异域》这一部电影，可能是因为同胞之爱吧，那时候我就很想为他们做点什么。

后来长大了才知道，已经有很多组织持续地在那里从事服务，但也因为这个契机，让我大开眼界，看到国际上其实有很多需要帮忙的地方：越南、菲律宾、柬埔寨……所以应该是这部电影打开了我投身服务的心，进而让我看到这个世界的需求。

Q：创业的契机是什么？

A：我第一份工作是在若水，那时候有个计划是招募国际志愿者到菲律宾去盖房子，而那时候我的home mother(房东妈妈)跟我说了一句："What a beautiful house I have.（我有一所多么漂亮的房子啊。）"而实际上，她的房子小小的、旧旧的，让我感受到原来她是那么的感恩、知足。

反观我们在台湾，明明拥有很多，却不见得满足。所以回台湾之后就跟我老板讲，他也很支持，加上当时还很年轻，觉得自己nothing to lose（没有什么可以失去的），因此就决定创业了。

Q：创办以立的初衷为何？

A：最初是希望可以像尤努斯那样，能找到一个方法或一个产品，可以改善大家的生活。可是后来发现也有很多人希望做这样的事情，因此以立希望通过国际志愿者，鼓励大家一起来做改善社会的事情。

Q：对于社会企业的定义是什么？

A： 其实最近我有一个新的想法，就是所有企业应该都是社会企业，只是一般的企业连基本的社会需求都达不到，经营的目的完全是为了利润，所以大家才要特别创造一个社会企业来填补这个漏洞。

Q：比较欣赏的社会企业有哪些？

A： 应该是Shokay吧，因为藏族人民一直在那里，牦牛也一直在那里，但从来没有人想到要把牦牛绒重新设计，做出创新的商品，再与其他有需求的市场联结起来，我认为这是一个很创新的概念。

台湾本土的话，我很喜欢BCI×Rabbits，因为这个企业会去了解很多小议题或NGO的诉求，然后找设计师把这些诉求设计出来，同时利润还会回到一些企业自身关注的问题上，所以可以自给自足，又可以帮助小型的NGO发声，我觉得这样很好。

Q：对以立未来的期许？

A： 希望可以媲美甚至超越诚品（诚品书店）。诚品叫作文创（文化创业），那我们也许叫作"土地创"吧。诚品特别的地方是它有一种格调，这种格调已经影响到全台湾，而且台湾人会引以为傲。这其实就是台湾人塑造的一种氛围，影响华人区。但台湾有另一块也很棒，就是台湾人对土地的情怀。

我希望能够把台湾人对土地的情怀、对人的情怀推广出去，变成一种台湾的形象，进而影响到台湾的各个层面，并拓展到华人圈。

〔香港〕长者安居协会
平安钟，拯救独居老人的即时云端服务

为了解决独居长者的护理问题，香港一群慈善人士成立了"长者安居协会"，目标是打造24小时的紧急支援服务。"一线通平安钟"是全天、全年无休的关怀及呼叫救援服务中心，至今，有近40万人次的长者通过该服务被送入急诊，挽回宝贵的生命。

开复观点

儿童和老年人，是特别需要社会力量关注的两个群体。香港长者安居协会的"平安钟"独居老人即时云端服务为老人的生活、健康、安全、救援、治疗保驾护航，为家人、朋友及服务中心提供创新、及时、准确、有效的工具与平台。长者安居协会坚守服务品质的信念，勇敢面对财务的挑战，大胆的创新与运营，已经成为香港具备规模、实现收支平衡的"最成功的社会企业"之一。

1996年年初的一个夜晚，一场突如其来的寒流袭击香港，持续8摄氏度的低温，造成150名独居长者因身体不适求救无援而猝死。这样的悲剧很快就成为隔日各大报纸的头条，在香港社会引起轩然大波，各界人士议论纷纷："身为亚洲四小龙之一的香港，为什么还会发生'路有冻死骨'的悲剧？"

为了解决独居长者的护理问题，一群慈善人士成立了"长者安居协会"，目标是打造24小时的紧急支援服务。当时在国际救援机构工作的马锦华看到这个机会，考虑到自己在大学时读的是老年学专业，认为可以贡献自己的专长，于是付诸行动。他自荐加入协会服务行列，成为推动平安钟服务的重要角色，并担任长者安居协会首任总经理长达15年。

从使用者习惯出发的便利设计

88岁的伍婆婆患了中风，双脚无力，行动不便，走路要依赖四脚架协助。平

时子女在外地工作，伍婆婆必须一人在家中自行照料生活起居。但是年事已高的她，有次在浴室突然全身无力，双腿一软跌倒躺在地上，无法起身打电话进行求救。

在这关键时刻，伍婆婆使用随身携带的平安钟遥控器联络服务中心。没过多久，救护车到达现场，将伍婆婆送至医院，帮助伍婆婆脱离险境。"一个人住很无助、很寂寞，发生意外也不知道该怎么办，幸好当时有一线通平安钟服务。"躺在病床上的伍婆婆有惊无险地说。

通常情况下，独居长者无人陪伴，在身体虚弱时无法拨打电话联络外界求救。即使打得出电话，也未必能清楚或清醒地说出详情，或者无法清楚地描述自己所在位置和情况，影响救援的关键时间。

考虑到长者的使用习惯和便利性，协会研发出"一线通平安钟"的服务系统。这个系统的主机是一个免提听筒式双向沟通的机台，只要家里有市内固网电话即可安装，并且附送一个随身遥控器。长者只要用手指按单一按键，就可以连线到24小时运作的关怀及呼叫救援服务中心。服务中心值班员工接到电话后，先了解长者情况再安排相关救援行动。如果发现长者按铃超过两分钟却没有声音回应，就会以紧急事故形式处理，立刻联络救护车、消防车及警车等到场支援。

⊕ 长者安居协会至2013年年底的服务统计

服务类别	本月数字	累积数字
通过"平安服务"寻求支援或关怀服务	63,039次	6,965,855次
通过"平安服务"需送入急诊室	3,796次	373,780次
通过"平安服务"要求协助报警	35次	3,761次
电话慰问	33,741次	6,946,370次
注册护士通过电话提供健康辅导	153次	50,013次
社工提供短期辅导	13例	18,308例
转到其他服务机构	141例	5,378个案
义工服务（由2012年1月起计）	2,782小时	69,693例

* "平安服务"包括"平安钟""平安手机""随身宝"及"智平安"服务。
* 承蒙各界热心人士捐助，目前"平安钟"和"随身宝"慈善个案服务使用者共计10,038人，累积受惠人数共计21,736人。

资料来源：长者安居协会官网

建立24小时关怀及呼叫救援中心

协会在成立初期，曾经参考国外的机制，发现有类似平安钟概念的产品，让独居长者在危急之际，通过控制按钮自动拨出电话向别人求救。"但是我们发现这个产品只能储存4个电话号码，会有无人接听的可能性，而且一般人接到电话还要再打给急救中心，增加额外的联络沟通时间，影响救援效率。"

"在经过研究之后，我们认为建立24小时运作的关怀及呼叫救援服务中心，是建立急救联络及支援网络的核心。通过支援中心，每一通电话都会被接听到，能够及时掌握长者的生命动态。长者安居协会成立17年来，共有近40万人次通过服务被送入急诊，挽回了宝贵的生命。"长者安居协会前总经理马锦华自信地说。

"一线通平安钟"最大的特色是整合紧急联络系统，中心内部有资料库存放取得授权的病历资料和亲友联络资料。一旦发生紧急事故，值班的呼叫救援服务员会告知长者的紧急联络人，并且将长者的病历资料传送至急诊中心，提高医院

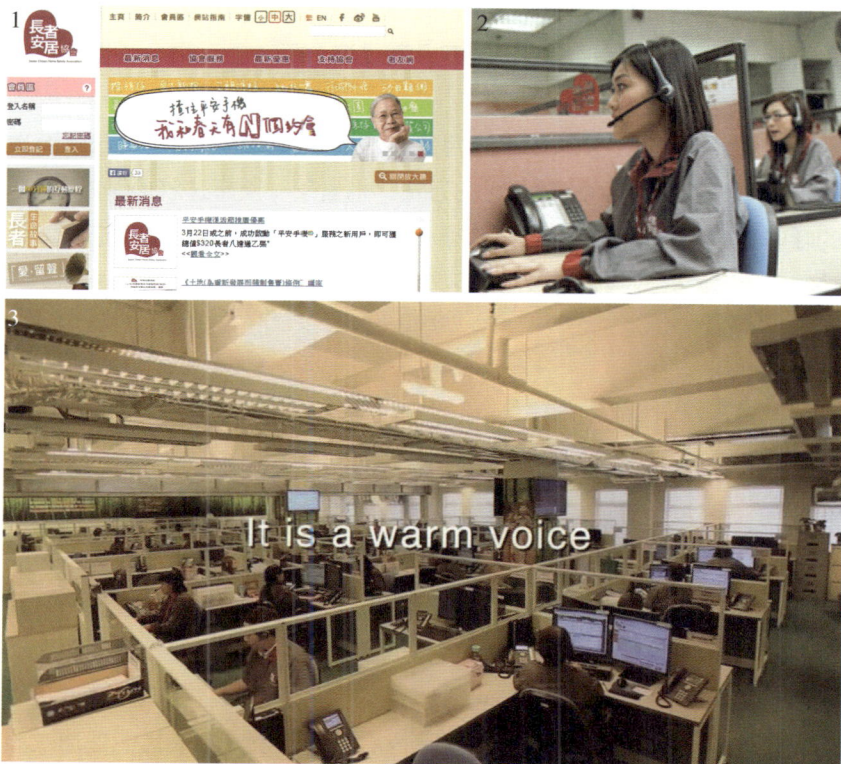

1. 由于"长者安居协会"是为了照顾银发族而成立的，就连官网的设计上，也贴心地设有放大镜功能，方便长者阅览。
2-3. 每天有上千通电话透过"平安服务"寻求支援或关怀服务。

救援效率，急诊中心也因此可在病人送到前就做好相关准备。此外，医院也会将长者治疗状况回传给服务中心，让服务员也能够掌握情况并且告知长者的亲友。

陪伴独居老人的生活管家

随着使用者的增加和需求多元化，平安钟的功能也随之扩大。有些长者因为独自生活十分寂寞，把平安钟当作心灵慰藉，不时和值班的员工联络感情；甚至当发生危及治安的事件或火灾时，他们也可以以平安钟为平台联络相关单位。

谈到平安钟服务与长者的互动情况，马锦华说："很多独居长者一个人在家里闷久了，就会使用平安钟与服务中心值班人员聊天，时间一久还跟他们成了无话不谈的好朋友。服务员除了通过电话关心长者的生活近况，提供生活信息、天气预报，提醒他们就诊吃药，还会视情况和需要安排志愿者到长者家探访并且提供需要的物资。"

"其实这些长者很需要有人陪伴和关心，平安钟服务成为他们的生活管家，是在我们的意料之外的。但是我们很开心通过这个平台，让更多长者的身心都受到关怀照顾。"

根据协会统计，截至2013年12月底，协会曾收到和发出超过696万次长者关怀电话，单是2013年12月就有6.3万次，相当于一天超过2000次，远比急诊服务的呼叫次数高。说明平安钟已获得长者们的信任和肯定，在生活上成为其不可或缺的角色，同时成为香港长者社区安全重要的一环。

创新来自需求

随着科技日新月异，长者安居协会投入资金研发新产品，将关怀及呼叫救援中心的概念结合科技创新，推出"随身宝""平安手机""智平安"等服务。

户外版的平安钟"随身宝"，为长者提供24小时全方位支援。

"随身宝"是户外版的平安钟。"平安手机"是把平安钟功能加在手机上面，让长者在户外也能和服务中心进行联系，家人也能够通过服务中心或手机APP掌握长者所在的位置。"智平安"结合平板电脑和APP功

社企小档案

長者安居協會
Senior Citizen Home Safety Association

"以'企业养福利'的宗旨和以人为本的服务及科技，提升长者社区生活的品质，将平安延伸至社会每个角落。"

长者安居协会成立的起源，是1996年一场寒流造成150位独居长者猝死的悲剧。

当时一群热心人士发起协会，建立24小时运作的关怀及呼叫救援服务中心，打造香港长者的社会安全联络网。一旦发生紧急状况，长者只需要按下平安钟的按钮，就能够直接联系到服务中心，服务中心值班人员会视状况通报救护车、警车和消防单位到现场进行抢救。

协会成立17年以来，有近40万人次通过服务被送入急诊，挽回了宝贵的生命。随着使用者的增加和多元化需求，协会近年推出"随身宝""平安手机"等服务，确保长者在户外活动时的安全。目前协会有250名全职员工及8万名服务使用者。

- 公司名称：长者安居协会
- 创会总经理：马锦华
- 公司人数：超过250人
- 公司地点：香港
- 成立时间：1996年
- 网站：www.schsa.org.hk/tc/home/

能，让服务员通过平板电脑提供平安钟服务项目，长者也能利用平板电脑接收多元化的健康和娱乐信息。

"长者安居协会是香港第一个有研发部门的社会福利团体，我们每年会投入一定比例的资金研发新产品。[①]我们必须不断创新，和供应商合作提升软硬件服务，以满足长者的各项不同需求。"

除了硬件的创新，长者安居协会也致力于提升软性的服务。"管家易"为长者提供居家护理和清洁服务，"老友网"构建长者生活资讯和社区交流平台，目的都是提升长者的生活品质。

起死回生、稳定成长的转折点

长者安居协会被香港前特首曾荫权先生誉为"最成功的社会企业"，但是在经营过程中备受挑战。平安钟的收费标准是每月100元港币（约为80元人民币），但是看似便宜的收费标准，却没有在协会成立初期吸引消费者普遍使用，

①根据2012年财报，投入新产品研发的资金占营收额的0.3%。

造成收入来源不稳定，其间一度负债近千万港币。

由亏转盈的转折点是在2003年，有一位慈善人士看到平安钟广告后深受感动，捐出数百万元资助协会。协会便利用这笔资金购买了大批平安钟硬件并加强宣传，在各大媒体刊登广告，也在寒流来袭的时候向记者提供长者求救数据作为报道资料，让社会大众觉得平安钟是不可或缺的生活必需品。仅在这一年之内，客户人数就由1万多升至2.5万，协会因此摆脱财务困境，开始稳定成长。

🌐 长者安居协会2011－2012会计年度财务报表

收入	2011		2012	
	港币（HK）$	%	港币（HK）$	%
运营收入	92,183,467	77.9%	80,772,087	78.2%
• 服务费及销售平安钟 / 随身宝 / 平安手机收入	78,561,427		72,351,676	
• 管家易家居服务收入	12,288,490		7,574,335	
• 其他运营收入	1,333,550		846,076	
公众捐款	17,309,248	14.6%	17,926,642	17.4%
利息及投资	2,536,637	2.1%	3,142,364	3.0%
其他收入	6,231,314	5.3%	1,438,337	1.4%
总收入	118,260,666	100%	103,279,430	100%

支出	2011		2012	
	港币（HK）$	%	港币（HK）$	%
服务运营	91,590,384	76.4%	79,363,352	76.7%
• 通信支出	3,158,006		2,859,875	
• 推广及广告费	6,007,284		3,735,159	
• 员工支出	62,346,841		54,395,279	
• 其他运营支出	20,078,253		18,373,039	
折旧	10,184,336	8.5%	10,965,285	10.6%
销售成本	17,757,877	14.8%	12,530,865	12.1%
筹款	425,976	0.4%	677,698	0.6%
• 筹款活动主要支出	425,976		677,698	
总支出	119,958,573	100%	103,537,201	100%

协会2011至2012会计年度财务报表。总收入为118,260,666港币，来源为服务使用者支付的服务费及公众人士（个人或机构）的捐款。总支出为119,958,573港币，为员工支出、销售成本、推广及广告费用、折旧及其他运作支出等。

资料来源：长者安居协会官网

现在长者安居协会有250多名全职员工、900多名义工和约8万名服务使用者。目前协会通过产品服务（包括平安钟、随身宝和平安手机），就能获得七成的收入来源，2012年服务收入约7800万港币（约为6243万元人民币），达到自给自足的目标。

长者安居协会的社会企业精神，体现了商业和社会目标的成功结合，并吸引了商界人士加入。原本在电信公司担任高级主管的梁淑仪女士，因为和协会合作开发"随身宝"产品，接触到社企的理念，最后转行接任长者安居协会行政总裁的职位。

老吾老以及人之老

"在服务长者的过程中，我们察觉到在匆忙的生活和工作环境中，子女容易忽略家中长辈，导致很多居家意外发生。我们提供的各项平安服务，虽然让子女可以放心在外工作，但是我们更希望通过产品和活动的推广，提醒子女关怀长者的重要性。"梁淑仪女士说。

她加入协会之后，一直致力于提升大众关怀长者的意识。在节日里举办宣传活动，邀请人们打电话回家关心长辈，近期更是推出两项创新产品服务。"爱留声"让客户录下一段给家人的心里话作为礼物。东方人通常有难以开口表达爱意

2013年年底，协会号召近千名商界、学界及热心义工个人，进行大型长者探访服务，约有1200位"平安钟"用户受惠。

1. 运用科技互动装置的生命历程体验馆。
2. 长者安居协会新总部，获得香港赛马会慈善信托基金的资助。

和感谢的习惯，通过礼物这样巧妙的包装，能够帮助人们表达对家人的关怀。"生命历程体验馆"运用创新的科技互动装置，让参加者在体验活动的过程中反思年老的意义，更了解长者的生理和心理特点，进而产生同理心。

"一般人对于老年人抱有多病、衰弱、残废的负面印象，但是面临老龄化的未来，人人都将经历很长一段时间的老年生活。如何改变年轻人对于老年的印象，重新寻找长者的价值，是我们未来要努力的方向之一。"

海外取经的模范

长者安居协会因为推出"一线通平安钟"和"随身宝"等创新服务，屡获国内外各项大奖，2009年度获得施瓦布基金会东亚区社会企业奖，2010年度又获得世界信息峰会移动大奖（Winner of the WSA m-Inclusion & Empowerment）。

随着老龄化社会的来临，关于老人的议题逐渐被各国政府关注。长者安居协会的创新，启发上海、广州、深圳、成都等地向其取经，试图复制成功经验。协会顺势提供外地顾问服务，运用过去创立平安钟服务的知识和经验，协助各地导入相同的产品服务。

"香港大约有110万老年人，我们的使用者是8万人，这代表我们还有很多努力的空间。未来通过更多人使用平安服务，可以降低平均成本，帮助更多长者使用我们的服务。"长者安居协会创立17年仍屹立不倒的道理，大概就是洞察需求、持续创新并致力于追求突破吧！

创办人问与答

"面对老龄化的未来，我们建立24小时运作的关怀及呼叫救援服务中心，打造香港长者的社会安全联络网。"

——长者安居协会创会总经理马锦华

Q：当初为什么会加入长者安居协会？

A：那时我已经在国际救援机构工作6年，并且担任总经理一职。1996年那起独居长者猝死的意外事件，让我重新思考长者护理的重要性，所以后来毅然选择转向另一个职业方向。虽然对未来有很多不确定性，但是我心中有一个支持我走下去的信念，那就是我不能让相同的悲剧再发生了。

Q：长者安居协会自称社企，为什么还接受大众捐款？

A：社会企业是一种概念，注重自给自足的持续精神。目前我们通过销售产品服务获得的收入占总收入的77%，相对其他非营利组织来说是很高的比例。另外因为有长者基于不同原因而不能负担相关费用，在不能因缺钱而令某些人被排除在服务之外的前提下，我们所有捐款全部用在慈善项目上，而非用于支付单位人事成本。慈善项目协助无法负担平安钟服务的长者获得服务，保障这些经济弱势的长者，至今约有1.5万名使用者是接受我们慈善项目的免费服务的。

Q：推广平安钟面临最大的挑战是什么？

A：协会建立初期经营困难，导致协会负债上千万元，当时我不得不寻求其他的资金渠道。通过朋友介绍，我向不少名人及有钱人借钱，过程中也被人质疑是否有还款能力。幸好最后我们获得有心人的捐款资助而得以生存下去，并且偿还债务。当然，当时的董事们愿意承诺"若最终不能解决相关难题，他们愿意一起承担"，更是解决这一难题的关键。

Q：平安钟服务是否有竞争对手？

A： 其实在创立初期，市场就有竞争对手推出类似产品。我们不同意降价竞争，因为顾客更在意服务品质。我们一方面加强产品设计与服务中心的优化，另一方面也投入资源在媒体公关上，让更多人关注并且使用平安钟服务。近年来甚至有新的厂商仿冒平安钟品牌，让协会决定注册"平安钟"商标，避免消费者混淆和受害于品质不佳的其他厂商服务。

Q：卸任协会总经理后，下一步的打算是什么？

A： 卸任协会总经理一职之后，我的生活变得更忙碌了。目前我担任香港城市大学"火焰计划"执行总监，在大学推动社会创新及企业精神和服务，协助更多年轻学子了解和接触社企这个领域。另外我也受邀至政府单位在不同的委员会工作。其实我目前仍然在协会担任董事会下面的工作小组委员，支持协会服务的持续发展！

Q：对年轻人从事社企行业的忠告？

A： 我个人十分赞成年轻人加入社企行列，但需要考虑以下问题：

你从事社企，想为社会和被服务者带来什么改变？

如果你的社企不幸结束运营，哪些人有最大损失？

在生命结束前一天，你希望别人如何描述你？

你有考量能够获得的支持吗？例如来自父母、政策、政府的。

你有考量自己的能力吗？如会计、设计、销售、筹资、市场、项目管理等。

回答了上述问题，又得到具体答案后，你就要找到你的创新点和可行性。最好多找一些人，向他们说出你的想法，并尽量接受其他人的挑战，让你能更仔细地设计和计划你的方案。最后提醒：尽量不要重复别人已经在做的事情，除非你能做得比他们更好。

〔德国、中国香港、中国台湾〕黑暗中对话 让视障者发掘自我潜能

蒙上眼睛，踏进一个伸手不见五指的漆黑环境，心情不由自主地紧张起来。

突然传来一阵语调温暖的声音。"听到我的声音了吗？请跟着我的声音往前走。"

在旅程接近尾声时，发现带领这次"黑暗旅程"的向导，竟然是一位视障者。

开复观点

黑暗中的对话、黑暗中的夜宴、黑暗中的约会、黑暗中的生日、黑暗中的音乐会、黑暗中的训练，这些运用黑暗元素的多元设计、由视障者引导和带领的黑暗体验活动加入了专业导师的训练课程，给拥有光明的人带来了意想不到的感悟和收获，让参与训练的企业主管看见了他们平常没有看到的盲点，提升了信任、沟通、团队建设等领导技巧。无声的对话则由听障者担当主角，引导参加者戴耳机遮蔽听力，运用表情和肢体语言进行互动，这样的训练课程成功吸引了企业组团参加。香港黑暗中对话有限公司通过这样的产品和服务，在创立两年后就实现盈利，创始人也从成功企业家转身社会企业家。

蒙上眼睛的游客，虽然在黑暗中什么都看不见，但是却意外地打开了其他的感官功能。

他们在商店中用触觉区分商品种类，在电影院用听觉辨认是哪部电影，在咖啡厅用自己的舌尖做美食评论，虽然完全看不到旅程的场景，仍然可以在心中勾勒出一幕幕生动的场景。然而，整趟旅程最精彩的一幕，是在旅程接近尾声时，发现带领旅程的向导原来是平常最熟悉黑暗的视障者。

"那次的黑暗体验令人印象深刻。黑暗带来的不确定性和不安全感，让我更

加了解视障者所处的环境，原来他们在生活上有这么多困难和不方便的地方。但更令我惊讶的是，这些向导能在黑暗中来去自如，还具有丰富生动的声音表达和讲故事能力，这让我重新认识他们。"黑暗中对话香港地区的创办人张瑞霖先生，回忆起第一次参加体验的经历，依然记忆犹新。

从企业家到社会企业家

黑暗中对话香港地区的创办人张瑞霖先生原本是香港成功的企业家，在一场大病之后投身公益事业。一个偶然的机会，他通过谢家驹博士接触到社会企业的概念，知道了黑暗中对话（Dialogue in the Dark）正在运用创新的商业力量，为视障者提供一个传递价值的平台。

黑暗中对话起源于德国，由德国对话社会企业创办人海勒奇博士（Dr. Andreas Heincke）于1988年创立，全球有超过30个国家、700多万人体验过相关活动。

"我和谢家驹博士在2008年飞往德国了解黑暗中对话的经营模式。一开始我听创办人海勒奇博士讲社会企业既能赚钱又能做好事，直觉告诉我那是骗人的。之后又听说他因为创立对话社会企业而申请破产两次，就更加怀疑黑暗中对话的商业获利模式，不断质疑社会企业获利的可能性。"张瑞霖先生提及他最初的质疑时说。

他接着说："最后海勒奇博士双手一摊，坦诚表示如果要赚钱就不要做社会企业，他不是为了赚钱才做对话社会企业的。当下我才领悟到，社会企业与一般企业本质上的差异。"

张瑞霖先生是位具有创业精神的企业家，认为创业是一种人生态度，必须不断面对问题并且解决问题。虽然知道社会企业经营不易，但是他本身就喜欢开创新事业，也认为香港需要这样创新的商业模式来帮助视障者，所以决定引进黑暗中对话到香港。

将企业课程包装成体验式教育培训。

给视障者不一样的舞台

"一般人普遍将视障者视为弱势群体，我们要扭转这个印象，让视障者成为帮助别人的角色。过去我们因为和视障人士接触的机会不多，所以容易受限于他们是弱势群体的刻板印象中。但是通过黑暗中对话这个不一样的舞台，我们赋予视障者崭新的角色，他们不仅可以做按摩师、接线员、歌手，还可以是黑暗旅程的向导，也可以是协助学员探索自我的导师。"张瑞霖先生直接点出视障者可以拥有的新角色。

黑暗中对话一开始的产品服务主打行政人员管理工作坊，客户目标瞄准企业高层管理人员。工作坊内容分为两个阶段，由视障培训师带领参与者进行两个小时的暗房活动，之后由眼明分享师引导学员进行一小时的亮房讨论。

"许多高层主管在活动过程中发现，要在黑暗中完成任务必须卸下戒心，彼此建立信任，充分运用沟通和领导技巧。但是他们往往不知道，在黑暗中指派任务的主持人，其实是我们的视障培训师。所以每当暗房活动结束之后，视障培训师在亮房登场，都引起学员的惊呼声。他们不仅惊讶主持人都是视障者，对视障培训师细微的观察分析能力更是赞叹不已。"张瑞霖先生这样分享他对学员的观察。

许多高层主管参加完工作坊之后，都表示工作坊协助他们看见了平常没有看到的盲点，还能提升沟通能力、团队建设、领导力、同理心等软实力。

张瑞霖讲解一开始的经营策略："我们初期在一周内举办了22场工作坊，让参加的500位高层主管成为最佳的背书者，促成许多公司将工作坊列为年度训练之一。虽然工作坊收费定价对香港当地企业而言，属于中高价位，但是香港黑暗

中对话将课程包装为体验式教育训练，并且与知名企业顾问讲师合作，让他们成为黑暗体验后的'亮房分享师'，同时提升课程的专业形象和市场竞争力。"

张瑞霖先生运用过去的经商经验和事业人脉，建立了香港黑暗中对话的收入来源基础。他也了解到社会企业必须善用社会资源来帮助事业成长。成立初期，即获得香港视障者团体的支持，著名视障者代表庄陈有先生，曾多次公开为黑暗中对话背书。

1. 黑暗中对话体验馆。
2. 体验馆的参加者预备进入黑暗旅程。

黑暗元素的多元运用

借助工作坊站稳第一步之后，接下来就是着手建立黑暗体验馆。

"我们知道体验馆需要庞大的财务成本支撑，但是体验馆为更多视障者提供稳定的工作机会，并让大众团体都能够参与黑暗体验，相对来说可以发挥更多社会影响力。"张瑞霖先生说道。

香港黑暗中对话投资450万港币（约为360万元人民币），改建美孚一家商场内部成为体验馆。每月的人事和运营成本带给团队不小的压力，也让黑暗中对话经营团队重新思考策略。

"光靠香港当地的居民参加体验无法支撑体验馆的运营，但是别忘记每年来港旅游的游客有3000万名。如果我们让体验馆成为外地游客的观光行程，就能够确保体验馆有稳定的客户来源。"这样的新思维推动黑暗中对话和旅游机构合作拓展业务，将体验馆的使用率成功提升至60%。

目前黑暗中对话体验馆占据旅游网站Trip Advisor游客最佳推荐的前三名，更被香港旅游发展局列为香港独具特色的热门景点之一。体验馆亲民的门票价格加上特殊体验的营销方式，使得体验馆成为游客除香港迪士尼乐园以外的最好选择。

社企小档案

dialogue in the dark
Hong Kong
黑暗中对话

"让不同才能的人，可以创造不同的社会影响力。"

黑暗中对话起源于德国，由德国对话社会企业创办人海勒奇博士（Dr. Andreas Heincke）于1988年创立，全球有超过30个国家、700多万人体验过黑暗中对话的相关活动。活动主要在黑暗中进行，让一般人与视障者在黑暗中互动，目的是通过创新的职业设计，为视障者提供发挥自身价值的舞台。

香港黑暗中对话由张瑞霖先生和谢家驹先生于2008年成立，目前经营项目包括体验馆、工作坊和音乐会，视障和听障工作者有18位全职、40位兼职，并且有超过8万人参加体验馆活动。学员参加完体验活动，不仅感到有趣好玩，还会对视障者有重新认识，更会对日常生活产生自我反思。

- 公司名称：黑暗中对话（香港）有限公司　　　• 公司地点：香港
- 创办人：张瑞霖、谢家驹　　　　　　　　　　• 成立时间：2008年
- 公司人数：约60人（含兼职）　　　　　　　　• 网站：www.dialogue-in-the-dark.hk

（2014年起黑暗中对话和无声对话整合成"对话体验"新品牌）

黑暗中对话团队是个富有实验精神的团队，运用创新手法把黑暗元素融入不一样的活动当中。

"我们尝试过很多不一样的活动，例如'黑暗中的夜宴'让参加者品尝到佳肴的美味；'黑暗中的约会'让异性之间能够用不同的角度认识彼此；'黑暗中的生日'会让寿星有一个特别难忘的生日派对。这些活动有成功的也有失败的，但是我们能在摸索中发掘市场需求。而我们构想的最成功的活动，就是'黑暗中的音乐'演唱会。"张瑞霖先生补充道。

黑暗中的音乐演唱会是领先全球黑暗中对话的独创项目，与香港知名歌手黄耀明、容祖儿等人合作，让参加者在全黑的环境中聆听歌手的演唱。视障者在演唱会中扮演重要的管理角色，不仅带领听众进场入座，还担任现场散播气味、调控声音等舞台环境效果的场控，同时他们也参与演唱会的筹备企划和舞台演出，让演唱会更具有特殊的感官效果。2013年黑暗中的音乐演唱会邀请台湾视障歌手萧煌奇，更增添了演唱会的话题性。

做生意更要做公益

香港黑暗中对话有别于其他社会企业依赖政府补助或基金会赞助，强调通过自给自足的方式运作，公司在创立两年后达到收支平衡，2012年净收益为190万港币（约为153万元人民币）。

"在筹备黑暗中对话的初期，我们曾考虑是成立公司还是基金会。为了挑战企业不能做公益的老观念，还是选择以公司的形态成立。最后我们发现公司形态不但在经营上有效率，认同理念的股东董事也成为事业成长的最大支持者。"张瑞霖先生进一步举例说，股东之一的香港社会创投基金（Social Venture Hong Kong）正是黑暗中音乐演唱会的重要幕后推手，也帮助提升了黑暗中对话的知名度。

社会企业的重要精神是把营业利润回馈社会，这也是香港黑暗中对话正在完成的任务。

"我们要帮助更多视障者发掘自我潜能，公司下设的基金会就是在执行这个目标。每年演唱

黑暗中的生日会。

由听障者担纲的无声对话工作坊。

会的盈余都会捐助至基金会，公司也会拨出一部分的盈余给基金会。我们每年赞助视障学生到国外进行体验交流，学习更多技能提升个人发展。"张瑞霖表示。

黑暗中对话对于身心障碍者的重视，也引起政府单位的合作意愿。香港劳工及福利局从2010年起和黑暗中对话合办"伤健共融，各展所长"的青少年计划，在香港各中学展开对于身心障碍者认识和尊重的推广教育。

"让不同才能的人可以创造社会影响力是我们的经营理念，我们也相信通过为视障者提供就业机会，能带给视障者福利和社会价值。目前香港黑暗中对话的视障工作者有15位是全职，25位是兼职。视障者必须接受一连串的训练，包括活动引导、叙事表达、声音表演等，并且通过考核之后才能上岗工作。有些原本能力不足的视障者，经过训练之后，成功获得一份工作。而有些视障者则是在黑暗中对话工作一阵子之后，获得其他企业的青睐前往更好的公司发展，或是受到启发自行创业。"

黑暗中对话的成功使得经营团队后期将无声对话工作坊引进到香港。由听障者担任主角的工作坊，引导参加者戴着耳机遮蔽听力，运用表情和肢体语言进行互动。无声对话工作坊也成功吸引企业组团参加，成为香港黑暗中对话有限公司底下的一个服务产品。

张瑞霖先生道出他的期许："我们希望建立一个成功的社会企业模式，复制到更多地方，造福更多视障者。"

从2011年开始，台湾也在爱盲基金会董事长谢邦俊和一群热心公益的友人努力之下成立黑暗中对话社会企业。目前香港黑暗中对话正在广东扩点开办工作坊。

"黑暗并不可怕，可怕的是孤单。"这是许多参加者体验后的感想，也同样适用于平常处在黑暗中的视障者。黑暗中对话帮助视障者在人生道路上不孤单，让他们走出另外一条不一样的路。

创办人问与答

"用创新的商业模式，将视障者的生活感受设计成黑暗体验的课程，让他们发掘自我的潜力，也发挥社会影响力。"

——黑暗中对话香港创办人张瑞霖

Q：你鼓励人们从事社会企业吗？

A：不是每一个人都要创立社会企业，成为社会企业家。每个人在不同工作岗位上都可以有社会企业家的精神。你觉得社会上有哪些问题，就提出想法，着手去做，你也是可以改变社会的一分子。

Q：你认为创立社会企业的第一步是什么？

A：了解社会问题是第一步，跟目标人群一起生活，了解对方需要什么帮助。如果没有对需求的深刻了解，就不会有一定要解决问题的使命感。虽然最初我对于视障者没有深刻的认识，但是后来我还是花了很多时间了解他们的问题和需求。

Q：如何找到好的社会创新模式？

A：世界上有许多人和你一样想要解决社会问题，任何一个问题，全球至少有超过10万人在同时处理。你可以通过网络挖掘点子，从别人的经验中学习，最终可以找到合适的社会创新模式。

Q：成功创办黑暗中对话以后，你下一步打算做什么？

A：我关注老人的问题，所以创办了一个叫作尊贤会的社会企业，让年轻人到老人家中关心独居老人。我喜欢开创事业，一旦公司发展稳定就交棒给专业经理人，目前黑暗中对话的经营主要由总经理彭桓基先生负责。

2013年黑暗中的音乐演唱会，台湾视障歌手萧煌奇受邀参加演出。

Q：对于年轻人进入社会企业工作或创业，你有什么看法？

A：年轻人不要认为自己资历少就没有自信，其实年轻人的强项在于有创意。黑暗中对话的工作团队很年轻，但都能够独当一面，无论是和客户谈生意或是策划组织活动，都可以展现出自信和创新的一面。

Q：从商业转向社会企业的改变和收获是什么？

A：最大的收获就是变得很快乐，因为我现在做的事情是为大多数人谋幸福，而不是像过去那样追求利润最大化。我也因为投身社会企业而交到一群好朋友，在社会企业领域中的伙伴都愿意开放自我、愿意分享，大家一同努力让社会变好，容易成为知心好友。

〔英国〕Fifteen Restaurant
美食起义，边缘青少年变身大厨

厨房温度越来越高，料理台一旁成列的厨师们，以军队一般的速度维持着乱中有序的出餐步骤：下锅、调味、烹饪、盛盘、摆饰，最后检查。"当！"准确地送入外场人员手中。从主厨到所有助手，每天至少6个小时高度紧绷的工作，让"十五餐厅"（Fifteen Restaurant）团队建立起绝佳的默契。他们是最年轻的大厨！

开复观点

英国16至24岁的人口失业率，近年达到22%。青少年因为各种社会及家庭问题无法上学、就业，进而带来非常严重的社会问题。杰米创办的"十五餐厅"，则致力于解决这样的社会问题。用一整年的训练课程，让失学、失业的学员在厨艺学校上课，在餐厅实习，参加各种活动，学习情绪管理技巧，接受心理辅导等。11年的时间，已经培养出300多位优秀的年轻厨师，在伦敦、荷兰阿姆斯特丹及英国康瓦尔都开设了"十五餐厅"，每年还会有200多人申请杰米的学徒计划。餐厅扣除成本与员工薪资后的所有盈余，都会捐给杰米名下的食物基金会，用来培养更多对于美食与烹饪有热情的年轻厨师。杰米"以食而生"的"十五餐厅"展示了不一样的社企风貌。

看过美食节目的观众对上述描述的场景大概都不陌生，忙碌的画面是用餐时段的餐厅厨房每天都会上演的剧本，不同的是，这家餐厅扣除成本与员工薪资后的所有盈余，都会捐给杰米·奥利弗（Jamie Oliver）名下的食物基金会（Jamie Oliver Food Foundation），用来培养更多对于美好食物与烹饪有热情的年轻厨师。

用专业美食改变社会

杰米·奥利弗是英国家喻户晓的明星厨师，21岁就以《原味主厨》烹饪节目

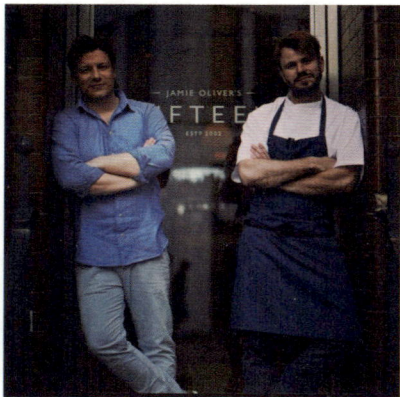

十五餐厅创办人杰米·奥利弗（左）与餐厅主厨Jon Rotheram。

在全英引起瞩目，他不拘小节的随性烹饪方式，坚持以当地健康食材呈现食物原味，打破许多英国人对烹饪的刻板印象。几年下来累积了不少粉丝，除了电视节目外，还出版食谱、设计餐具，许多家庭主妇都照着这个年轻小伙子的食谱改变自家厨房的菜色。

杰米为了拍摄节目常需深入英国的大城小镇，目睹许多青少年因为各种社会及家庭问题无法上学、就业。根据英国国家统计局的统计，自20世纪90年代末，英国16至24岁的人口失业率，从11.8%一路攀升到近年的22%，失业人口超过104万，光在伦敦就有12万失业青年，平均每4个年轻人就有1个待业中。

杰米认为除了政府的力量，他一定也可以做些贡献。他想出一个双赢的办法，他说："我一直想为伦敦人开一家提供好食物的餐厅，也希望能让失业、失学的青少年掌握一门养活自己的技能，何不让两个目标一起完成？"于是，2002年，"十五餐厅"在伦敦诞生。

这家餐厅因为节目的宣传及特殊的社会意义，开业至今慕名而来的人络绎不绝。取名"十五"是因为第一届共有15名来自全英各地的学员经过重重考验后成为专业厨师，之后每年都会有15至18名新学员完成训练，进入就业市场。一整年的训练课程中，学员一周有一天在厨艺学校上课，三天在十五餐厅实习，其余时间就用来参加各种活动，例如拜访食材产地农家、参加品酒旅行等，来增加生活体验，并且安排学员们学习情绪管理技巧，以面对餐厅厨房高压的工作环境。

除了专业技巧，这个计划还包含一个名为"Open Door"的辅导团队，陪学员一起面对家庭、财务状况等生活中的困境，尽可能帮助学员不要因为外在因素被迫退出训练课程。

重新为青少年的生命调味

这么周全的规划其实来自一开始的挫折。招募第一届学员时，许多人不看好杰米的美好愿景，认为他想要教育社会底层的问题青少年又给他们工作机会，是一件自找麻烦的大工程，特别是许多学员在十多岁就有犯罪及吸毒问题。果然在训练期间，就曾经出现学员匡为训练过程太辛苦而忍不住重操旧业，因犯罪被捕，杰米不得不面临整个计划几乎停摆的窘境。

杰米总是严肃面对这些问题，但他从没有对学员们失去信心，与导师们讨论后，他决定继续辅导犯错的学员，并让他完成训练课程。这种不离不弃的包容与信任，是这些从小家庭困顿的孩子最缺乏的力量，他们获得肯定后，更能下定决心，向过去的恶习与负面环境告别。

因为十五餐厅而改写人生的案例并不罕见。20岁的学员麦巴伦（McBarron）14岁就因犯罪入狱，4年后出狱，忽然惊觉自己不能继续浑浑噩噩。报名学徒计划后，他和其他学徒成员通过互动培养出家人般的情谊，还有对食物的丰富知识。"我以为我已经失去做梦的能力，但经过这一年，我现在最大的梦想是成为曼联队的专属厨师，我要天天月食物抚慰我最爱的足球队员们！"

21岁的单亲妈妈是计划里少见的女性学员，一开始朋友鼓励她申请的时候，她自己非常犹豫，过程中也因为太辛苦一度想要放弃。"要是现在有机会让我遇到当时的自己，我一定会毫不犹豫地要她勇敢向前，现在才能拥有充满希望的人生！"

第一届毕业生堤姆（Tim Siadatan）从小就靠打零工维持自己的生活，2002年训练结束时他才19岁。结业之后，他得到学徒计划的资助，得以开设自己的餐厅Trullo。今年他被《华尔街日报》评为欧洲最具潜力的年轻大主厨之一。"杰米教我热爱我的工作，他让我相信，只要有热情与决心，再困难的事都可能达成。"

11年过去了，除了伦敦的第一家十五餐厅，杰米又陆续在荷兰阿姆斯特丹和英国康瓦尔开设分店。杰米的学徒计划已经培养出300多位优秀的年

1. 学徒到香草农场实际认识香草作物。
2. 十五餐厅主厨向学徒示范如何正确磨刀。
3. 学徒扛着等着他们拔毛的雉鸡。

社企小档案

— JAMIE OLIVER'S —
FIFTEEN
ESTD 2002

"用食物的魔力让失业年轻人有机会拥有更美好的未来。"

十五餐厅（Fifteen Restaurant）由英国厨师杰米·奥利弗（Jamie Oliver）在2002年创立，主要目的是为杰米的公益学徒计划的毕业生们提供一个实习与施展厨艺的舞台。

十五餐厅成立的愿景是希望通过食物与烹饪的美好，唤醒更多人对食物的关注。在经营上则是以餐厅的获利支持学徒计划，每年招收15至18名学徒，支付他们合理的薪资，并由25位专家组成导师团队，给学徒们提供教育课程。

目前在英国伦敦、康瓦尔及荷兰阿姆斯特丹共有3家餐厅，已有逾350名结业学徒。

- 公司名称：Jamie Oliver's Fifteen
- 创办人：杰米·奥利弗
- 网站：www.fifteen.net
- 公司地点：英国（London）
- 成立时间：2002年

轻厨师，他们学到的不仅仅是谋生之道，更重要的是通过达成目标，让他们看见自身内在的无限潜能——只要愿意相信自己，没有不可能的事。

现在，每年都会有两百多人申请杰米的学徒计划，只有15到18位学员能通过考验。完成训练的学员可以自行就业，或到杰米·奥利弗旗下的餐厅全职工作。对这些曾经在人生十字路口徘徊的青少年来说，这是一场崭新的生命旅程。

创新运营模式：餐厅和基金会并行

要维持餐厅以及学徒计划的运转，除了热情与冲劲，还需要强而有力的财务支持，杰米·奥利弗一开始就规划将餐厅的所有盈余捐给自己名下的食物基金会，由基金会拨款支持每年的学徒计划。

选择餐厅与基金会并行的好处是，基金会可以在餐厅自身运营状况不佳时，接受外界捐款或小额募资来维持运转，不让学徒的学习中断；而餐厅的盈余稳定增长时，则可投入基金会在学徒计划之外的活动推广。除此之外，餐厅的理念宣传及正面形象更有助于基金会对外筹款，使两者互利共荣。

杰米也很懂得运用自己的名人号召力，举办筹款餐会或烹饪课程筹措资金，同时他也长期捐出自己其中一本食谱书Cook with Jamie的版税，支持整个学徒计划的运营。

食物起义：从餐厅走向校园

意式菜品讲求食材的新鲜，不过度调味以展现食物的天然味道，这不只是意大利料理的精髓，更是杰米一直以来希望改善英国饮食文化的最主要目标：让人们用简单的方法重新认识好的食物并爱上烹饪！

一五餐厅要让人们品尝健康美味并且爱上烹饪。

十五餐厅让杰米向一般消费者证明，食物的魔力除了单纯的饮食外，更具有社会意义。杰米将眼光瞄准儿童的饮食教育，英国是全欧洲儿童肥胖率最高的国家，过去人们想到英国，总认为和法国、意大利相比，英国的食物让人不敢恭维，英国儿童在学校每日食用的营养午餐品质也同样令人忧心。杰米担忧地说："这是人类历史上第一次，因为不良的饮食习惯影响，我们下一代的寿命将比我们还短！而我们每个人都有责任阻止这种情形恶化！"

杰米通过一系列电视节目，在大众面前揭露学校供应的营养午餐有多不营养，例如几片培根加冷冻青豆、炸鸡配调味牛奶等。杰米在节目中制作自己设计的适合成长中儿童的午餐组合，到校园中发送，公然和禁止外食的校方对抗。虽然冲突带有节目效果，但这个节目确实让许多家长大为震惊，也迫使英国教育部门开始正视儿童营养午餐的问题。

推动新饮食教育

除了儿童，杰米也希望为给全家人健康把关的家庭主妇提供更好的烹饪服务。杰米的食物基金会从2008年开始，在布拉德褔德（Bradford）、利兹（Leeds）等城镇设立教学中心，接受地方政府及

十五餐厅的菜色讲求展现食物天然的美味。

杰米·奥利弗（中）的陪伴是年轻学徒的强力后盾。

卫生单位的支持，提供免费的实体和线上烹饪教育课程及食谱下载，让更多家庭受益。

这些不同时期在英国各地区发生的案例，确实对英国的饮食教育带来了影响。英国政府在刚颁布的新教学计划中规定，从2014年9月开始，烹饪将列入必修课程，和中国台湾地区玩票性质的家政课程不同，教学大纲中规定，所有7到14岁的学生都需要在课程中学习烹饪，依照不同年龄设计不同难度的烹饪任务，14岁的中学生需要学会至少20道菜肴。课程的目的在于让学生通过烹饪了解基本的营养学及食物知识，让孩子在毕业时，都具备喂饱自己及家人的基础烹饪能力。

有了在校园中推动饮食教育计划的经验后，杰米决定发起全国性的食物革命日（Food Revolution Day）活动，从2012年开始号召全球各地的家庭、社区、学校、组织共同响应。杰米主张我们每个人都应该更关心自己的饮食，通过与家人朋友一起吃饭的分享活动，重新学习简单却重要的烹饪技巧。目前在世界各地已经有超过60个国家响应，一起在5月17日这天，借助举办免费烹饪课程、晚餐分享会等活动，实践食物革命日的口号——"烹饪、分享、生活"（Cook it, share it, live it），让人们重新建立与食物的健康联结。

杰米·奥利弗红火的程度，让他成为英国知名度最高的厨师，他也从不吝啬发挥他的正面社会影响力，持续运作的各种饮食计划也有效引起大众的关注。他通过各种方式，一步步实践改善英国饮食文化的愿景，打破许多人对厨师的既有认知。他的理念很简单，希望让所有人都能亲自感受食物以及烹饪的美好。

"简单的事，持续做就不简单！"杰米·奥利弗不局限于自己的厨师身份，用热情与爱浇注饮食社会事业，不仅让食物在厨房中飘香，也用食物的魔力感染世界各地的人们。

创办人问与答

"我想为伦敦人开一家提供上好食物的餐厅，也让失学、失业的青少年学会能养活自己的专业技能。"

——十五餐厅创办人杰米·奥利弗

Q&A

Q：开设十五餐厅并推动饮食改革运动，你的目标及坚持是什么？

A：早从20世纪90年代初期，我看到许多因为失学或家庭因素失业的青少年在社会上流离失所。我开始思考如何帮助他们学习专业的餐饮技能，让这些青少年在餐饮业找回自信，重新开始生活。

将近10年后，当时的我出了第三本书，觉得是时候开始做点儿改变了，决定先在伦敦开一家餐厅。成立十五餐厅是因为我相信青少年在家庭问题背后，存在着没有被发掘的天赋，这样的天赋可以通过"美食"和"做有意义的事情"被重新发现。我非常喜欢社会企业的概念，企业把特定的社会目标当成经营宗旨，不以营利为主要目标，这样的概念让企业可以借助自身的盈利来解决社会问题。

于是我招募了第一批的15个学员，同时还找来25位不同领域的厨艺及经营专家来担当他们的导师。长达一年的过程中当然有欢笑有泪水，我们把这些高低起伏的故事做成6集节目。当时还发生学员在训练过程中因为偷窃被逮捕的事情，除非他们犯的罪真的严重到无法解决，否则我们还是希望可以让每个人都接受全部的训练顺利毕业。节目制作完成开播的时候，正好餐厅也开业，这让十五餐厅瞬间变成全英国最热门的用餐地点之一，也让学徒招生计划变得更顺利。

我对这些孩子充满信心，我也希望他们相信我不只会在训练过程中陪伴他们，就算他们结业离开，有任何需要我帮忙的地方，我都会是他们坚强的后盾。一直到现在，我们都没有改变最初的目标，我要让这些孩子因为美食而认识到自己是有能力做有意义的事情的。

Q：十五餐厅的学徒计划和一般餐饮业的师徒制有何差异？

A：和一般餐饮业的师徒制度最大的差异在于，十五餐厅的学徒计划除了传

147

授学生们专业的烹饪技巧，更重要的是教育他们有关各种食物的起源、历史以及背后的文化含义。现代社会变迁造成家庭结构及饮食习惯的巨大变化，老祖宗时代开始在厨房传承的烹饪技巧与食物的基本知识被新生代忽略，在便利商店和快餐连锁店的包围下，我们开始逐渐失去人类生存的基本能力，这是非常危险的事情。我认为通过课程的学习，可以让从这里毕业的学徒都能够成为真心热爱与人分享食物美好的烹饪专家。

Q：会给十五餐厅的学徒什么样的建议？

A： 对于有心从事餐饮或烹饪事业的年轻人，我会建议他们勇敢给自己尝试的机会，先从假日的短期打工到寒暑假的长期实习做起，有了相关经验之后，如果仍然对这个行业感兴趣，可以考虑申请到全职餐厅工作或就读专业的餐饮学院，完整学习烹饪技巧，同时充实有关食物的文化知识。我自己在还是学徒、经济还不宽裕的时候，就养成习惯和我的伙伴们存钱定期去高级餐馆用餐，不是为了享乐，而是为了有观摩学习的机会。

我多年的心得是，如果你有足够的热情和信念，不怕吃苦，到处都有学习的机会，没有什么无法达成的目标。

十五餐厅创办人杰米·奥利弗（右）与餐厅主厨Jon Rotheram。

Q：外国人能不能申请学徒计划？

A： 任何可以在英国合法工作的人都可以申请，每年4月我们会开始新学徒的申请流程，我们的网站上有相关的信息。

Q：请分享您以饮食推动社会事业发展的计划？

A： 我的目标很大，但也非常明确，不论是十五餐厅的经营，或是在各地推广的食物革命活动，我和团队所做的一切，都是为了要重新让人与食物建立友好的关系。因此，我希望在2020年以前，我们可以维持十五餐厅现有的学徒制度，持续培育1000位以上的年轻人学会一技之长，在食物产业发展自己的事业。在英国的各主要城市都成立饮食教学示范中心，并在英国的各小学推广以饮食教育为核心的园艺和烹饪基础课程。

最重要的是，通过实践这些目标，我希望可以看到因为不当饮食引发的相关疾病（如肥胖、心血管疾病）可以真正减少。

※参考来源：1.十五餐厅官网：www.fifteen.net

2.杰米·奥利弗个人官网：www.jamieoliver.com

〔国际〕*The Big Issue*
游民变身街头的超级销售员

让游民接受训练、结交朋友，并从街头销售杂志的互动中，培养责任感，重回有自主性的生活。

这是《大志》（*The Big Issue*）的创办理念。坚持品质，贯彻社会企业产品优先而非完全依赖爱心的理念，《大志》目前共在10个国家及地区成功发行，并通过授权，由各地经营本地化版本。

开复观点

在媒体形式与内容都非常多样化的今天，在互联网海量信息的冲击下，一份杂志对目标读者、经营方式的规划可以是非常细致的。《大志》杂志采取营利公司与非营利组织双轨并行的运营模式，采用独特、差异化的销售、发行方式，成为在全球超过10个国家及地区发行的独特品牌。

英国的《大志》杂志，由过去也曾在街头讨生活的约翰·博德（John Bird）和美体小铺（The Body Shop）创办人戈登·罗迪克（Gordon Roddick）发起，于1991年创立于英国伦敦。目前已经有10个国家及地区取得授权，本着相同的理念，独立经营本地化的版本。台湾地区的《大志》杂志在刊头写着："这是一本属于愚人一代的杂志。这是一本给流浪在街头的人们所销售的刊物，让他们通过一个可以自食其力的机会，重新掌握生活主动权。"这为《大志》的品位写下了最好的注脚，也简明扼要地解释了它的社会使命。

把手举起来，而非把手伸出来

英国的《大志》每周发行，它不像其他杂志是陈列于店面销售，而是由街头销售员在英国各个角落定点兜售。街头销售员是《大志》的灵魂人物。无家可归、失业或者能证明自己即将流落街头的高风险群体，都能就近向英国各地20多个《大志》办公室咨询。游民在完成课程并签署行为守则后就能立刻开始工作。他们会先免费取得少量杂志，以每本2.5英镑（约为23.6元人民币）的价格在《大志》指定的地点兜售。取得收入后，销售员可以选择再以1.25英镑（约为11.8元人民币）的价格进货并销售。换言之，街头销售员每卖出一本杂志，便能获得一半（1.25英镑）的直接收入。

英国《大志》的创办人约翰·博德指出，对于过去仰人鼻息的游民来说，这种自力更生的成就感是十分深刻的，"每次成功交易就如同取得博士学位那样可贵而令人感动"。杂志社则是在将杂志批发给街头销售员的过程中取得每本1.25英镑的收入，作为维持编辑运营的资金来源。

目前英国《大志》在全英国有63个批发报站，与大约2000位街头销售员合作，每周卖出

英国《大志》杂志创办人约翰·博德受邀到中国台湾举行工作坊演讲。（图片提供／辅仁大学吴宗升老师）

10万份杂志。这种经营模式也通过授权，在日本东京、澳大利亚悉尼、巴西圣保罗、韩国首尔、南非约翰内斯堡等10个国家的不同城市带动《大志》浪潮。

台湾发展模式

2010年春天，网络媒体人李取中赴英取得加盟权，让台湾成为世界上第九个发行此街头刊物的地区。经过审慎的调查，台湾《大志》根据街头销售员的活动情况和潜在读者的阅读品位，将目标群体设定为20到35岁的学生及都市通勤上班族，内容则聚焦全球社会、科技与时尚等议题，创造人文杂志的新风格。

台湾《大志》的经营模式和英国相似，但发行频率是每月一次，并且让身心障碍者担任街头销售员。目前台湾《大志》有60位稳定合作的街头销售员，平均年龄在55岁左右。杂志社在经营一年半后取得收支平衡。

公司及非营利组织双轨经营

由于社会企业至今仍缺乏适当的经营管理规范，因此许多组织往往面临如何运用盈余的问题，甚至遭到质疑。

成立超过20年的英国《大志》是以营利公司与非营利组织双轨制的模式，来回应这道社会企业经营难题。营利公司负责策划和销售杂志，基金会负责管理

1. 英国《大志》杂志创办人约翰·博德。（图片来源／英国《大志》官网，摄影／Martin Gammon）
2. 英、澳、日、韩、南非及中国台湾在2014年2月发行的《大志》杂志，由于品牌授权后由各国及各地区采取本地化经营，不同版本内容各不相同。（图片来源／各国及各地区《大志》官网）
3. 英国《大志》以周刊形式发行，每周可卖出10万份。（图片来源／英国《大志》官网）

杂志的收益。他们聘请专人并准备资金，针对住房、健康医疗、财务自主和个人发展这四个领域，为街头销售员提供必要的服务和支持。此外，经营稳健的英国《大志》也参考影响力投资的概念，投入资金于"未来的事业"，例如环保、医疗和贫穷预防组织等。

所谓影响力投资（Impact Investment）是指带有明确社会目标的投资，它介于过去单纯捐赠资金和出于个人经济利益而进行的投资之间；风险稍高，经济报酬较低，但有望对社会带来正面影响。英国《大志》创办人博德强调，这笔钱并非无偿提供给社区组织，而是在投资前就根据组织提案，考虑是否能在未来收回本金和合理利息。

对传统社会福利提出挑战

作为社会企业的《大志》和社会福利单位为游民提供的协助有什么不同？

约翰·博德创立《大志》的初衷，是希望让游民能够在不必犯罪的情况下维

THE BIG ISSUE

"帮助游民，让他们帮助自己。"

《大志》杂志于1991年在英国伦敦创刊，创办人为戈登·罗迪克（Gordon Roddick）和约翰·博德（John Bird）。其销售渠道是由游民在城市定点销售，希望为游民提供赚取正当收入的机会，帮助他们找回对生活的自主权，进而改善游民问题。游民在完成课程并签署行为守则后就能立刻开始工作，每售出一本杂志能获得一半的直接收入。

英国《大志》采取营利公司与非营利组织双轨并行的运营模式，公司负责策划及销售杂志，基金会负责管理杂志的收益运用。经营稳健的《大志》在英国、日本、澳大利亚、巴西、韩国、南非等10个国家及地区发行，通过授权，由各地经营本地化版本。

台湾《大志》于2010年创刊，在经营一年半后取得收支平衡，目前有60位稳定合作的街头销售员。

- 公司名称：The Big Issue／大志杂志（大智文创）
- 公司地点：英国（伦敦）／中国台湾（台北）
- 创办人：Gordon Roddick、John Bird／李取中
- 成立时间：1991年／2010年
- 网站：
  英国：www.bigissue.com 　　中国台湾：www.bigissue.tw

持正常生活，所谓正常生活可能包含抽烟、饮酒甚至吸毒。他并不从道德角度批判这些行为，但他要借助《大志》让游民自立，赚取报酬来应对生活所需，而非从事抢劫、偷窃或卖淫活动。

出身街头的他对英国社会福利单位颇有微词，他认为救济式的物资发放对于贫穷问题而言，是昂贵又充满歧视的处理方案。社会福利机构通过直接提供实物及服务来控制游民的生活，但也随之抹杀了这个群体的创造力与劳动力，以及借助工作获得报酬维持个人生活的可能性。

从协助游民自立的角度切入，《大志》展现了社会企业积极面对贫穷问题的解决方案，在各地逐渐开花结果。

1. 中国台湾《大志》杂志创办人李取中（左二）。（图片提供／社企流）
2. 中国台湾《大志》以全球时事、艺术文化、科技及设计为主要内容。（摄影／赖静仪）
3. 日本《大志》为双周刊。（图片来源／日本《大志》Facebook）

🌐 英国街头销售员年度成果分析2012.4.1－2013.3.31

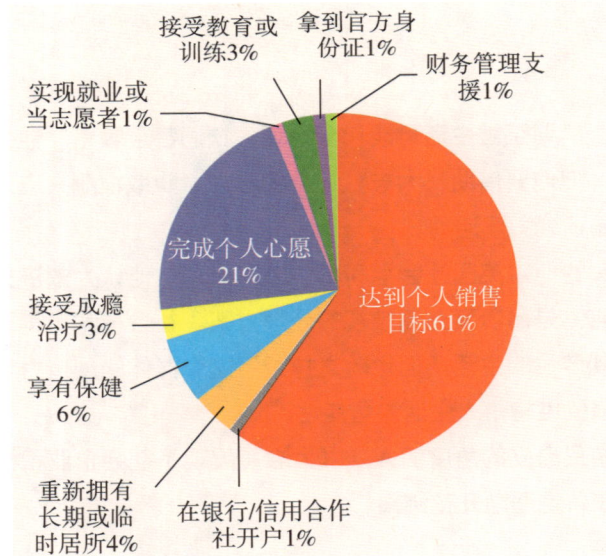

- 接受教育或训练3%
- 拿到官方身份证1%
- 财务管理支援1%
- 实现就业或当志愿者1%
- 完成个人心愿21%
- 达到个人销售目标61%
- 接受成瘾治疗3%
- 享有保健6%
- 重新拥有长期或临时居所4%
- 在银行/信用合作社开户1%

资料来源：The Big Issue Foundation官网

《大志》在英国约有2000位街头销售员，自力更生的成就感帮助他们重拾生活尊严，有位街头销售员安德鲁曾经在一周之中，每卖出一本杂志，就捐出50便士（约为2元人民币）给儿童慈善机构，虽是绵薄之力，但意义无限。（图片来源／英国《大志》Facebook）

创办人问与答（英国部分）

"通过街头销售杂志的互动，让游民接受训练、结交朋友并从劳动中培养责任感，重新掌握自己对生活的主导权。"

——英国《大志》杂志创办人约翰·博德

Q&A

Q：创立英国《大志》杂志的原因？

A：我出身贫困的移民家庭，5岁时便流浪街头，几年后更锒铛入狱。1967年时，我正因为吃霸王餐而被英国警方通缉，途中在爱丁堡的一家酒吧认识了戈登·罗迪克。他当时还没有创办美体小铺，而我们只是一起写诗、喝酒的朋友，在我搬回伦敦后便失去了联络。10多年后，我在电视上看到罗迪克，打电话给他，才又重新聚首。

1991年，罗迪克受到纽约游民销售街头报纸的启发，决心再次创业，便邀请我一起参与。媒体经常误以为创办《大志》杂志是我的点子，而且无论我纠正他们多少次，报道仍然围绕着我打转。不过罗迪克对此并不在意，只顾埋头解决《大志》杂志碰到的各种疑难杂症。在共同经营《大志》杂志的3年中，我不断提出各种天马行空的企划方案，但罗迪克总会运用他的商业知识说服我，先稳固经营基础，再革新求变。

Q：《大志》杂志在起步时期的运营情况如何？

A：美体小铺提供了《大志》杂志草创时期的50万英镑（约为473万元人民币）资金。后来《大志》逐步走向财务独立，罗迪克便淡出日常运营的策划，但我仍持续统筹《大志》，也负责撰写专栏文章。

刚开始经营《大志》杂志时，我特意组成"丐帮"团队，也就是由一群没有显赫学历、没有特殊专长、没有经营概念的平凡人所组成的工作团队。因为我来自街头，对于大学生和专业工作者相当反感；但这却使得杂志社前半年摇摇欲坠，差点倒闭。于是我们开始招募其他具有美术、编辑和经营才能的专业工作者加入团队，让来自不同背景的成员相互学习。我从失败的经验中学到了混合经营的概念。

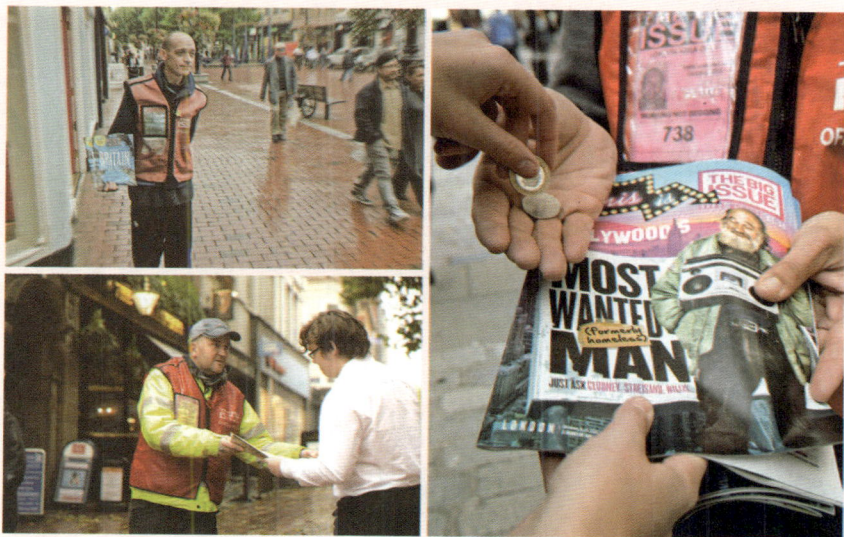

英国《大志》杂志的街头销售员，通过销售每份2.5英镑（约为23.6元人民币）的刊物，自给自足，找回生活的自主权。（图片来源／英国《大志》Facebook）

Q：创办《大志》杂志的终极目标是什么？

　　A：我的终极目标是挑战现有的社会福利体系，重塑"给予"和"施舍"的概念。我相信给予贫穷者适当的机会和训练才能让他们脱离困境。现在英国政府每年以超过三成的社会福利预算处理贫穷问题，但仍是以提供金钱或食品等最终物品为主。我认为这只是"制造"穷人，将他们标志为特定群体而加以隔绝，却忽略了其中蕴藏的劳动可能性。

　　《大志》杂志是让游民接受训练、结交朋友，并从劳动中培养责任感的社会企业，他们将从销售杂志的互动过程中重回有自主性的生活。

※ 以上内容摘录自2013年台湾社会企业创新创业学会与台湾《大志》杂志合办的社会企业工作坊现场交流。

创办人问与答（中国台湾部分）

"社会企业仍然是企业，必须为消费者带来价值而非纯粹依赖慈善心。"

——台湾《大志》杂志创办人李取中

Q&A

Q：中国台湾《大志》与英国《大志》之间的关系？

A：中国台湾《大志》仅是授权品牌名称，而没有像其他国际中文版杂志一样，通过内容共享、合作策划等方式，来保持与母品牌之间的紧密合作关系。

中国台湾《大志》继承英国成功的街报品牌之名，虽然能够在与相关公共部门及非营利组织接洽时取得较有利的位置，但资金、编务和实体活动仍得自己独力张罗。

Q：台湾《大志》杂志创刊以来的运营情况如何？

A：就像其他国家的街报组织一样，中国台湾《大志》前两年的经营相当困难。这主要是因为街头销售员和据点不多，销售量无法显著增长。由于台湾《大志》的广告收入仅占总额的一两成，又特意削弱网络和实体店面的销售渠道，因此占收入九成的街头销售量，显然是杂志迈向稳定经营的最重要因素。

我们大约在创刊一年半后达到收支平衡，目前有60位稳定合作的街头销售员，他们平均年龄在55岁左右。比较自信、销售时间固定、能与路人互动并建立关系的街头销售员，通常能取得较好的销售成果。

Q：台湾《大志》杂志的内容定位是怎样的？

A：我们的销售地点大多在都市区的地铁站出入口，所以目标读者是以20到35岁的大学生和社会人士为主。

在决定杂志定位时，我们发现目标读者在八卦杂志与各式新闻之外的阅读需求还没有被满足，所以选择以全球时事、艺术文化、科技及设计为主要内容，发展出这本人文杂志。我们也参考其他同类型杂志的规格来设定页数与内容分量。

Q：以社会企业模式经营杂志有什么成功要素？

A： 社会企业仍然是企业，必须为消费者带来价值而非纯粹依赖慈善心。虽然《大志》杂志强调让游民自立的社会使命，但回归杂志本身，内容和品质也不能打折扣。这同时也是对街头销售员的尊重，他们知道读者是因为喜欢产品才向他们购买杂志，而非出于同情和怜悯。

未来台湾《大志》杂志将持续在各个城市拓展销售地点，并在编务可承担的情况下从月刊转为双周刊。

台湾《大志》杂志在都市城区地铁站销售。（图片来源／台湾《大志》Facebook。右图摄影／赖静仪）

〔西非〕Divine Chocolate
西非农民的巧克力梦工厂

由西非农民一起创立的Kuapa Kokoo合作社，协助种植可可的农民提升耕种效率、转型健康农业、改善经济与生活。

他们也是国际巧克力品牌"非凡巧克力"的大股东，年营收逾千万美元，更体现了公平贸易的原则：建立公平、可信任的交易制度，并与全体农民合理分配利润。

开复观点

由西非可可农民合作社创办的非凡巧克力公司，可可农民们持有的股份达45%。非凡巧克力坚持善待环境的种植方式、公平信任的贸易原则、利润共享的分配机制，借助大型企业、组织的资金加盟，通过准确的市场定位，创意有效的营销手段，稳定快速的成长发展，成为全球巧克力市场中的创新品牌，为改善西非可可农民的生存环境，提升可可农民在价值链中的地位做出了卓越的贡献。

在美国，平均每人一年可以吃掉7千克的巧克力，欧洲每人一年吃掉超过10千克，而全中国上下14亿张嘴，仅一年就食用了将近16万吨的巧克力。 在这数以万吨的巧克力背后，隐藏着高达800多亿美元（约为4963亿元人民币）的商机，就算只把其中万分之一的比例回馈到可可农民的手中，也足以改善全球数以万计可可农民的生活状况。

在西非，有一群可可农民真的掌握了这万分之一的巧克力市场，他们不仅是可可豆的种植者，更是一家国际巧克力品牌的大股东，旗下品牌的年营业额将近1500万美元（约为9307万元人民币）。究竟这一小群农民是如何做到的呢？

打造红利80万美元的农民合作社

一切都从几个敢做梦的可可农民开始。

位于西非的加纳是全球高品质可可豆的主要供应地，境内有超过200万名可可农民，这些农民天天在烈日下挥汗如雨，日平均收入却不到5元人民币，中间商的压榨、剥削与延迟付款，每年都在加纳农村一再上演。

直到20世纪90年代，当加纳开放可可的自由竞争市场，几位有见识的农民突然意识到自己除了种植可可，也能自主成立透明、公正的合作社，取代过去失职并欺骗农民的中间商。于是在双子贸易公司（Twin Trading）的协助下，部分可可农民于1993年正式成立了Kuapa Kokoo合作社（意为"优良的可可培育者"）。一切交易过程公开、民主，还通过农民自己选出的测量员来交易他们所种植的可可豆，并确实执行四项承诺：

确保以合理价格收购可可，绝不欺骗社员或延迟付款。

将利润分享给所有社员。

确保女性在社内委员会的席位，并支持多项妇女自立的经济活动。

协助社员以善待环境的方式种植可可。

由于Kuapa Kokoo从选豆、称重到输出，全都做得比国有可可公司还要有效率，增长极为快速，从刚开始的2000名会员，发展到目前为止已涵盖加纳中、西部5个区域，共有1400个村庄加入合作社，会员数量高达6.5万。Kuapa Kokoo不只扮演中间商的角色，也提供完整且良好的农耕训练给旗下所有会员，协助农民提升耕种效率，并使用持续、善待环境的农业方法种植可可。

在Kuapa Kokoo的辅导下，会员们的年产量与获利大幅提升，2010年整个合作社共生产了4万吨的可可豆（约占全世界可可豆产量的1%），其中有六成被销往公平贸易市场。每销售1吨可可，还可获得200美元（约为1241元人民币）的公平贸易津贴（Fairtrade Premium，可用于社区发展或提升合作社的公共利益）。在2011年，Kuapa Kokoo甚至分配了80万美元（约为496万元人民币）的红利给社员！

另一方面，在合作社产量稳定且逐

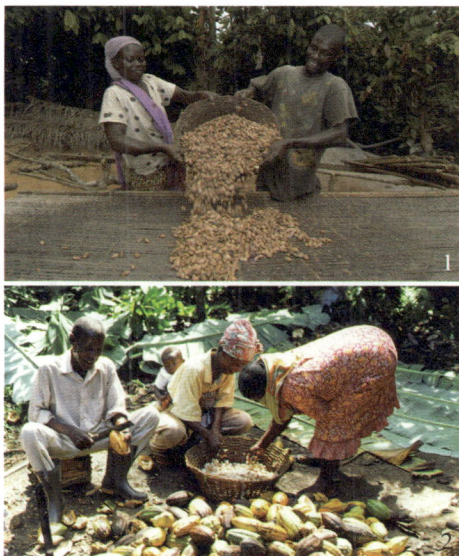

1. 农民把发酵好的可可豆放在太阳底下晾干。
2. 农民忙着剥开可可荚取出里面的可可豆。

渐获利之后，社员们也开始思索自己在这80亿美元的可可产业中，还可以做什么样的大梦？于是在1997年的社员大会上，他们表决通过了一项重要决议：成立自己的巧克力品牌，进入欧美主流市场，与其他品牌一较高下！

史上头一遭，农民自创巧克力国际品牌

1998年圣诞节，由西非农民自行创立的"非凡巧克力"（Divine Chocolate）悄悄进入英国连锁超市的货架，用最纯正、高品质的公平贸易巧克力，与英国上百家品牌一较高下。不过这来之不易的机会，其实是幕后五大股东联手推动的结果。

1997年，当Kuapa Kokoo决定自主成立巧克力品牌时，双子贸易公司、美体小铺、基督教救助会（Christian Aid）及喜剧救济会（Comic Relief）等大型企业和组织纷纷伸出援手，投入资金；英国政府国际发展部门（DFID）更铆足了劲儿全力提高非凡巧克力的融资额度，降低创业贷款利息，共同促进非洲史上第一个农民自创品牌的诞生。

这些关键的资金来源不仅协助非凡巧克力度过艰难的创业初期，也让Kuapa Kokoo得以在创立之初便获得40万欧元（约为276万元人民币）的贷款，并取得33%的股权，确立农民在该品牌中的地位与发言权。目前Kuapa Kokoo持股比例已高达45%，为最大股东。

选对市场与渠道，也是非凡巧克力成功的另一关键点。

他们并不像传统的公平贸易商品一样选择利基市场，只通过小型公平贸易渠道销售商品。对自己的可可豆充满信心的农民们，决定选择商机庞大的大众巧克力市场作为切入点。起初非凡巧克力乏人问津，没有什么超市愿意让当时还默默无闻的西非小品牌上架，但在合作伙伴基督教救助会的全力协助下，他们集结所有在英国的人脉网络，一人一封信寄给家里附近的超市要求销售非凡巧克力，在如此庞大的消费者力量推动下，非凡巧克力终于攻进英国大型连锁超市塞恩斯伯里（Sainsbury's）的货架。

不打同情牌，用品质和创意让世界认同

与其他大品牌相比，非凡巧克力拥有相对较少的营销预算，但长达十余年的市场经验告诉他们，最有效果的宣传方式就是让更多人尝试他们的产品。因此，他们的策略是通过举办品尝活动、参加美食节目秀，或是跨业结盟的合力促销，

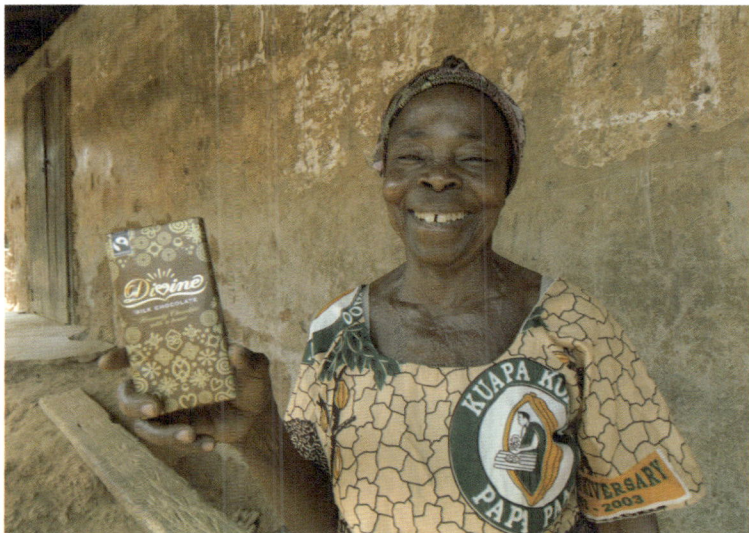

Kuapa Kokoo合作社农民Adwoa Asianaa拿着非凡巧克力，一个她也是共同拥有人的巧克力品牌。（摄影／Kim Naylor）

让更多人认识并品尝非凡巧克力。

2013年，非凡巧克力首次挑战全国性的广告活动，在拥有超过27万名读者的圣斯伯利超市消费杂志上刊登打折广告，让消费者借此获得50便士（约为2元人民币）的折扣。在这个广告之后，非凡巧克力紧接着联合品牌赞助商，共同举办了全国性的"巧克力周"庆典，和英国境内超过40家商店、咖啡厅与餐厅，合力创造美味的巧克力餐点，让更多人认识这个品牌，并结合先前的打折广告在超市举办促销活动。通过一连串相互配合的广告促销，非凡巧克力在2013年的秋冬销售季上创造佳绩。

然而，要在竞争激烈的巧克力市场中持续生存，除了富有创意的营销宣传，商品本身的竞争力以及与消费者之间的紧密联系，更是建立品牌忠诚度不可或缺的要素。

因此，Kuapa Kokoo合作社定下了"Pa Pa Paa"（好之最好）的标语，通过给会员提供一连串的农耕培训，致力于将最高品质的巧克力豆提供给非凡巧克力品牌。他们也努力为顾客创造难忘的消费体验，除了经常举办品尝推广活动之外，顾客还有机会一起参与新口味的研发、参加非凡巧克力举办的烹饪活动，并在社会媒体上与之互动等。当然，包装设计也是相当重要的营销手段，非凡巧克力设计了属于西非加纳的独特图腾，让每个巧克力棒看起来都像精致的礼物，抢攻巧

社企小档案

Divine CHOCOLATE

"持续做出美味的巧克力，并实现一种众人同珍惜的社会商业模式。"

　　非凡巧克力（Divine Chocolate）是唯一的可可农民持有公司股份达45%的公平贸易巧克力公司，由西非加纳的可可农民合作社Kuapa Kokoo发起创立，获得英国大型企业和组织投资，1998年于英国伦敦成立。

　　其社会使命为：在全球广大的巧克力市场上建立一个创新的品牌，秉承公平贸易原则，改善西非可可农民的生活，进而提升农民在价值链中的地位。

　　非凡巧克力选择直接进入大众巧克力市场，在英国创下销售佳绩，并在2007年进军美国市场。Kuapa Kokoo的农民非常骄傲他们在英国拥有一家成功的公司，除了个人生活和社区状况有所改善，还可以获得巧克力市场的第一手信息，并拥有发言权。通过合作社与品牌的良性整合机制，不仅为西非可可农民创造福利与尊严，也驱动品牌的成长。

- 公司名称：Divine Chocolate Ltd.
- 创办人：Kuapa Kokoo合作社
- 网站：www.divinechocolate.com
- 公司地点：英国（伦敦）
- 成立时间：1998年

克力礼品市场。

　　目前非凡巧克力的发展策略已不局限于英国市场，而是致力于在世界各国发掘更多商机。2006年，由于多了微型金融机构Oikocredit与路德教会世界救济会（Lutheran World Relief）的加盟，非凡巧克力的品牌得以扩大规模，为进攻第二个国际市场做准备。2007年情人节，非凡巧克力正式进军美国市场，并在该年度创造出超越19%的销售增长率，以及将近70万美元（约为434万元人民币）的税后净利润，缔造了品牌的第二奇迹。

　　经过15年的努力，目前非凡巧克力的足迹已遍布英国、美国、加拿大、

1. 非凡巧克力复活节应季商品。
2. 巧克力包装上有西非加纳的独特图腾。

Kuapa Kokoo合作社很重视对女性权益的保障。

捷克、荷兰、澳大利亚、韩国和日本等地。

实现"利润共享"的公平价值链

　　为了实现品牌创立的初衷——在巧克力市场创立属于自己的独特品牌，以提升农民在价值链中的地位，提高西非可可农民的生活水平——非凡巧克力在与Kuapa Kokoo的交易上确实体现了公平贸易的原则：建立公平、可信任的交易制度，并合理分配利润。目前Kuapa Kokoo合作社的全体农民可以共同享有来自非凡巧克力的四种收益：

　　销售可可豆的收入：非凡巧克力严格遵守公平贸易制度所制定的最低收购价格（Fairtrade minimum），而当市场价格优于公平贸易最低定价时，非凡巧克力便以市价收购可可豆。

　　公平贸易津贴／基金：每收购1吨的可可豆，非凡巧克力便会拨出200美元（约为1241元人民币）作为Kuapa Kokoo合作社的发展基金。

　　部分营业额回馈：经过商议，非凡巧克力每年都回馈2%的营业额作为支持生产开发的基金。

　　可分配利润：由于Kuapa Kokoo合作社农民拥有公司45%的股份，农民可以得到将近一半的可分配利润。

　　对于合作社所获得的津贴与发展基金，每位农民皆可以民主方式决定该笔款项应如何运用于农地与社区的开发，而其中一项为人称道的项目，就是对女性权

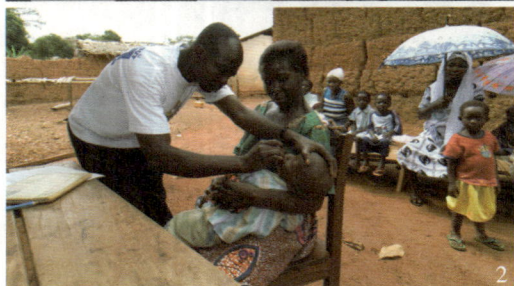

1. Kuapa Kokoo将公平贸易的津贴用来盖学校，詹妮弗（前排右）终于可以在自己的村子里就学，不用再每天走两个小时的路程去别的村上学。
2. Kuapa Kokoo和非凡巧克力之间的机制所创造的效益，改善了可可农民社区的医疗环境。

益的保障。

Kuapa Kokoo不仅保障女性会员的比例（目前女性占三成左右），也确保委员会的席位能达到两性平衡。在2006年的选举中，女性委员的席位甚至高于男性，而在"国际妇女节"的100周年纪念日，合作社更是票选出史上第一位女性全国委员长！这不仅代表了女性在合作社能享有决策发言权，也开始具有了领导地位。

除此之外，合作社也成立"Kuapa Kokoo女性发展基金"，为农村妇女提供企业能力与领导力的相关培训，并提供小额的创业贷款，协助她们在无法种植可可豆的季节也能创办微型企业以贴补家用，例如投入染制与肥皂事业，以及小型园艺事业等。

如今，在Kuapa Kokoo合作社与非凡巧克力品牌的双轨运作下，许多西非农民的生活与成就已不可同日而语。

"今天，我以身为Kuapa Kokoo的可可农民为傲，在上个季节，我已能够靠自己的力量实现可可豆的大丰收，把豆子装满了20袋之多。3年前，我甚至被整个社区选为可可豆测量员，我有生以来，从来没有想过自己有朝一日也能担任这个职务。"阿里（Fatima Ali），一位兼任Kuapa Kokoo全国委员之一的可可农民如此说。

非凡巧克力的成功经验在公平贸易界堪称传奇，从推动可可豆的公平交易开始，进而向下整合，入主终端产品市场，分食1000亿美元（约为6206亿元人民币）的大饼，并在过程中确保所有农民的福利，让可可农民成为能获得分红的股东，如此的机制才是品牌不断成长与进步的驱动力。

创办人问与答

"在西方巧克力市场创立属于自己的独特品牌，提升西非农民在价值链中的地位，提高可可农民的生活水平。"

——Kuapa Kokoo农民合作社

Q：非凡巧克力的公司管理结构如何？

A：非凡巧克力是一家私人股份有限公司，由Kuapa Kokoo合作社持有公司最大的45%的股份（其中有一部分是美体小铺捐给合作社的），在董事会占有两席，其他股东的情况则是双子贸易两席，Oikocredit、基督教救助会及喜剧救济会各一席。在英国公平贸易界，这是第一次种植产品原料的农民也拥有公司股权，这样的管理结构在英国的糖果零食市场亦属独一无二。从1999年起，公司就因为创新的组织模式和作为社会企业的卓越表现好几次获奖。

Q：为什么非凡巧克力不在加纳制造？

A：公司的首要使命是要改善西非可可农民的生活，并借助一种农民拥有公司所有权的模式，来确保Kuapa Kokoo能进入价值链的最高点，因而可在财务上获益。把制造业引入加纳无法带来同等好处，而且若要让巧克力进入市场，在财务和环境上也会产生新的限制。再者，英国市场偏好牛奶巧克力，如果在加纳生产，牛奶和其他原料就都必须进口到加纳。而加纳气温高，巧克力马上会变软，不管在工厂或船上，存货势必都要冷藏起来才行。

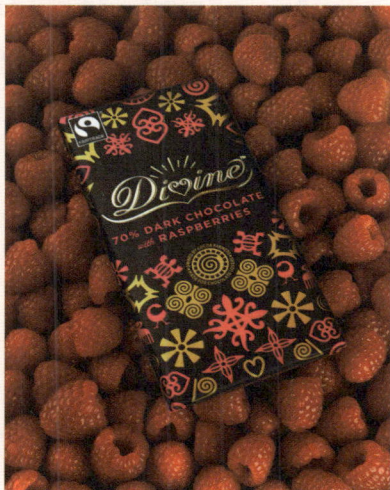

加纳可可农民伊莱亚斯·穆罕默德，他生平第一次搭飞机出国，就是代表Kuapa Kokoo到英国，陪同非凡巧克力参加"公平贸易双周"的推广活动。

Q：共同拥有公司对可可农民有什么意义？

A：这是一种非常特别的关系，因为Kuapa Kokoo可可农民合作社在非凡巧克力公司的董事会拥有两个席位，所以针对公司如何发展可以施加影响力，而且可以从公司获利中得到相当可观的分红。这种拥有权也让Kuapa Kokoo在可可产业更有分量，享有发言权。Kuapa Kokoo的农民很骄傲他们在英国拥有一家公司，而且知道生意做得不错，这很振奋人心。

〔日本、印度〕Pre-Organic Cotton
支持印度棉农的绿色时尚

为促进有机棉的栽培，减少农药化肥引起的各种问题，日本Kurkku 株式会社、伊藤忠商务株式会社、印度拉吉生态农场，共同合作推动 "准有机棉计划"。

他们邀请了知名设计师、音乐家、艺术家参与合作，设计出高质感的 服饰，将环保意识推向时尚最前线！

开复观点

有机农业、生态农业、健康农业、安全农业，已经成为当下不可回避的 生存诉求。吃、穿、用，各个品种、各个环节都有可为，既能保护生产者的 安全，也能保障使用者的生命。这个准有机棉计划的实施带来的绿色穿衣风 潮，创造了销售、生产和消费三者共存多赢的局面，一定会在更大范围、更 多领域中得到渗透和发展。此类针对"绿色""有机"而生的社会企业未来 必将成为趋势和风景。

除了"吃"得健康，我们"穿"得安全吗

当你穿着一件白色纯棉Ｔ恤的时候，可能联想到的是"天然""纯净"，却 没有想到一朵朵的白色棉花可能是世界上最"毒"的作物。尽管棉花种植面积只 占全球耕地面积的5%，但使用了全球25%的农药，再加上制造过程中漂白、染色 等产生的污染，便宜的棉制品背后，隐藏了生态浩劫和环境破坏的大危机。

全球棉花产量有75%来自发展中国家，"要制作一件纯棉Ｔ恤，传统方法需 要使用100至150克的化学农药和肥料来生产足够的棉花"。农民因长期吸入含 毒性的化学农药而中毒、死亡，农药甚至可能渗入土地污染水源，进一步影响当 地的生态环境，危害居民的健康。

印度是全球棉花种植量最高的国家，种姓制度仍根深蒂固，当地农民教育程

传统的棉花种植经常使用大量农药，背后隐藏了生态浩劫、环境破坏的危机。

度有限，农民常常被迫以高昂的价格来购买化学农药及肥料，导致贫穷问题越发严重，贫富差距日益扩大。再加上有时候一场突如其来的天灾，农民辛苦栽种的棉花便毁于一旦，导致负债累累的农民无法还债，只能选择结束自己的生命。这样的现象经常发生在一个又一个贫穷的印度农民身上。

从"非有机"到"有机"保价收购

为了改善过度使用化学肥料和农药导致的各项问题，出现了有机棉栽培。所谓的有机棉，是指在停止施洒化学农药、肥料3年以上的土地栽培的棉花，并使用利用牛的粪、尿和杂草捣碎制成的肥料、防虫剂来取代化学肥料和农药。然而，从开始采用无农药栽培到获得有机认证，大约需要耗费3年的时间，在这个过渡时期所产出的棉花称作"准有机棉"（Pre-Organic Cotton），短时间内产量会下降，农民收入也会减少两三成。

为了减少农民从传统方法转为有机栽培的经济损失，2008年印度最大的有机农业辅导组织拉吉生态农场（Raj Eco Farms，简称RAJ）、日本伊藤忠商务株式会社（简称伊藤忠）和以音乐制作人小林武史为代表的Kurkku，合作发起了"准有机棉计划"（简称POC）。用比传统棉花高的价格收购过渡期间生产的准有机棉，以弥补棉花产量减少的部分损失，保障了农民收入的稳定，进而提升农民种植有机棉的意愿。

改善棉农的健康和生活

"我的目标是希望能够改善农民的健康和生活状况以及农地的生产环境，并将理念推广到全印度。"RAJ的负责经理唐沃（Rajesh Tanwar）说出了他的理念。

RAJ从2000年便开始在印度推广有机栽培理念，是印度最大的有机农业支持团体之一。RAJ作为准有机棉计划在当地的合作伙伴，在计划项目中担任棉花生产的辅导和采购单位。每年到了3月，RAJ的工作人员便会穿梭在各个村庄招募参加计划的农民，在确定参加名单后，由伊藤忠预估棉花销售量，再以一定的价格保证收购参与计划的农民生产出来的全部棉花，并在棉花收成之前将费用交予RAJ，再支付给农民，大大减少了农民的担心和疑虑，也保证了农民收入的稳定性。

RAJ也会在农民转为有机种植的过渡期间提供各项生产协助，包括免费提供有机棉种子、指导使用牛粪及植物制作肥料和杀虫剂的技术、协助农民获得国际环保认证机构管理联盟（Control Union）的有机认证等。

在农民转为有机栽培并停止使用农药后，农民的健康状况有了很明显的改善，而有机栽培的理念也逐渐扩大到其他农作物上，减少了对当地环境的破坏。

"最棒的是，自从我停止使用化学农药后，我的皮肤再也不会发痒了。除了棉花，我还种了小麦和玉米，现在已全部改成无农药生产。"Umaldat 村庄的农民南卡（Nanka）表示。

"在市场上听别的农户介绍了拉吉生态农场。我们这里是300人的村庄，其

1. Kurkku代表小林武史（左二）到印度拜访POC农户。
2. 拉吉生态农场POC计划经理Rajesh Tanwar。
3. 伊藤忠商务株式会社POC计划负责人大室良沫（中）。

社企小档案

"支持印度棉农转做有机棉。"

"准有机棉计划"（Pre-Organic Cotton Program，简称POC）由以日本音乐制作人小林武史为代表的Kurkku株式会社、伊藤忠商务株式会社以及印度有机农业辅导组织拉吉生态农场（Raj Eco Farms）发起，从2008年开始帮助印度棉农转向有机栽培，减少农民在过渡期所承受的经济负担，进而改善印度农民的健康与生活水平，改善当地生态环境。

RAJ负责辅导当地农民生产有机棉，伊藤忠以比传统棉花更高的价格保证收购，收获的准有机棉送到伊藤忠和Kurkku的合作厂商进行加工，最后生产出来的优质棉制品再送到日本市场上销售。由伊藤忠和Kurkku负责拟定各个市场的销售计划、公关和营销活动等。印度至今已有超过2300个农户参加准有机棉计划，棉花产量从一开始的300吨提升至2012年的1000吨。

目前日本已有超过40家纺织品品牌及天然化妆品品牌的产品引入准有机棉作为产品的原料，计划与准有机棉合作的服装品牌超过了60个。

- 计划名称：Pre-Organic Cotton Program
- 计划地点：日本、印度
- 创办人：Kurkku株式会社、伊藤忠商务株式会社、拉吉生态农场
- 成立时间：2008年
- 网站：www.preorganic.com

中七成改成了有机种植法。"另一位来自Boparupura村庄的农民帕泰（Patel）表示。

从2008年计划开始至今，印度已有2346个农户参加准有机棉计划，其中有1184户已经取得有机棉认证。参加计划的农户耕作面积从最小的5英亩（约为0.02平方千米）到最大的12英亩（约为0.05平方千米），棉花产量也从一开始的300吨提升至2012年的1000吨，伊藤忠预计2017年的目标交易量将达到1万吨，相关产品销售额估计达50亿日元（约为2.48亿元人民币）。而随着棉花交易量持续扩大，印度投入有机棉栽培的农户数量将持续增加，可望改善更多棉农的生活环境和健康，逐步复原当地生态环境。

与供应链厂商协力合作

除了棉花生产问题的改善之外，"准有机棉计划"也通过加强与供应链之间的交流和合作，鼓励供应链——从原棉生产、纺纱、织布、染色到缝制的合作厂商，都能够共同实践善待劳动环境的观念，通过与当地具备纺纱、纺织、缝制等

良好生产加工能力的厂商合作，确保优质棉花产品的供应。

在印度，每年11月（干季）是棉花的采收期，农民在棉田里将一团一团白花花的棉絮从裂开的果实里采集下来，送到RAJ的轧棉厂去除种子后，再用机器压缩捆成一包包送到Patspin工厂进行纺纱。Patspin是伊藤忠和GTN纺织公司合资的一家印度纺纱工厂，该公司有约五分之一的电力是使用风力发电，并通过环境管理的国际ISO14001标准，是一家认同持续发展的公司。

Patspin公司制成的纱线，紧接着被送到合作的中国上海织布厂、染色厂和缝制厂进行加工处理，而不论是在纺纱或纺织的过程，都必须小心地不让准有机棉与一般棉花混淆，最后生产出来的优质棉制品再送到日本市场上进行销售。

高质感的绿色时尚品牌

在市场销售的部分，由伊藤忠的纺织部门和Kurkku负责拟定各个市场的销售计划、公关和营销活动等，寻入准有机棉和时尚品牌相结合的概念，通过与设计师、音乐家、艺术家的合作设计出高质感的产品，将环保意识推向时尚的最前线，并于2011年获得日本优秀设计大奖。

鉴于爱护地球的重要性与日俱增，准有机棉等环保纺织品效应逐渐发酵。目前日本已有超过40家纺织品公司及天然化妆品公司的产品引入准有机棉作为产品的原料，计划与准有机棉合作的服装品牌超过了60个，像Lee、Urban Research、

1. 棉农使用拉吉生态农场提供的非转基因种子播种。
2. 收获的准有机棉。

Elle Planete、Urban Elk等零售品牌，销售的产品包含内衣裤、T恤、衬衫等，甚至包括了鞋子、书套、热水袋等生活用品。以丹麦品牌Urban Elk为例，这个针对0到8岁儿童所设计的服装品牌，以保护环境为宗旨，强调制作的过程以不破坏环境为优先考量，除了使用准有机棉的棉花作为原料外，也引入"碳足迹"的概念，在商品上清楚说明产品制造过程中所排放的二氧化碳。

通过市场上不同的品牌营销策略，伊藤忠和Kurkku一次又一次地向消费者传达保护环境的绿色穿衣概念，也唤起了日本和欧洲等消费市场对于棉花生产问题的关注，从而促使消费意识发生改变，消费者也可以找到穿起来感觉更舒适且不易过敏的服饰，并通过消费行动来传达对有机理念的支持。

生产、销售、消费三者多赢

通过准有机棉计划的实施，印度的农民大幅度减少了生产材料（包括农药、肥料和种子等）的支出，将节省下来的资金用于住宅的改善、儿童的教育和债务的偿还等，农民

⊕ **准有机棉计划的运营流程**

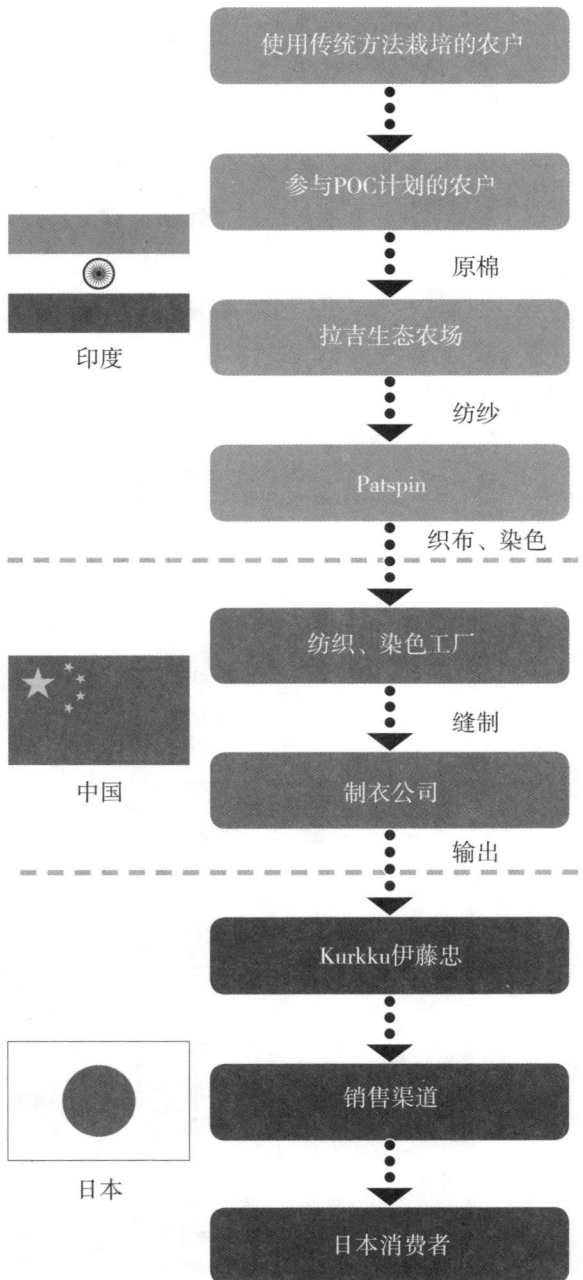

印度
- 使用传统方法栽培的农户
- 参与POC计划的农户 — 原棉
- 拉吉生态农场 — 纺纱
- Patspin — 织布、染色

中国
- 纺织、染色工厂 — 缝制
- 制衣公司 — 输出

日本
- Kurkku伊藤忠
- 销售渠道
- 日本消费者

资料来源：准有机棉计划官网

的健康状态也明显提升。根据2012年参与准有机棉计划农民的调查，有半数以上的农民确实感到健康状态有了改善，特别是皮肤发痒的程度。伊藤忠和Kurkku承诺未来将扩大准有机棉计划的规模，希望能帮助更多的印度农民，并改善生产环境。

此外，消费者环保意识的增强，加速提高了环保纺织品的市场需求。从2008年计划开始后，伊藤忠每年销售有机棉制品的数量增长了两倍多，而Kurkku渠道产品的销量也提升了三成。一股不可抗拒的绿色穿衣风潮席卷全球，创造了销售者、生产者和消费者三者互利共存的多赢局面。

传统的棉花种植方式经常使用大量农药，背后隐藏了生态浩劫、环境破坏的危机。

1

2

1. 丹麦婴幼儿服饰品牌用准有机棉制作的幼儿斗篷和手提袋。
2. 时尚品牌Urban Research用准有机棉制作的提袋。

1. 在轧棉厂除籽后的棉花，被压缩捆成一包包，等着送去纺纱。
2. 准有机棉在Parspin工厂进行纺纱，纺织过程中会在机台特别标示，不与一般棉花相混。

创办人问与答

Q&A

"我们与印度棉农公平合作有机棉，和设计师、艺术家、音乐家跨界合作，设计出高质感的产品，将环保意识推向时尚的最前沿。"

——Kurkku执行长小林武史

Q：伊藤忠对"准有机棉计划"有怎样的期望？

A： 为了解决过量使用化肥和农药导致的各类问题，伊藤忠开始实施促进棉花有机种植的准有机棉计划。从开始推动以来已经有5年的时间，虽然参加准有机棉计划的农户数量逐渐增加，但仍有很多的农户还深陷贫困的旋涡中无法自拔。

准有机棉计划是一项连接生产者（印度农户）和消费者的项目，希望能通过产品，在日本和欧美等消费市场唤起人们对世界贫困问题的关注，从而促使社会发生变化。这也是在纺织原料贸易行业中累积多年的经验和拥有平台的我们的责任，本着此精神，未来伊藤忠将持续推动准有机棉计划的发展。

Q：印度配合推动"准有机棉计划"的目标是什么？

A： 20世纪60年代，因化肥和农药的普及，印度棉花栽培的产量有了飞跃性的增长，但在产量增加的同时，土壤的自然环境恶化，且农民因过量使用或直接吸收农药引起皮肤病和肺病，加上化肥和农药的成本负担大，导致农民即使增加产量也无法摆脱贫穷。我们的目标是希望能全面改善农户的健康与生活，以及农场的环境，并将之推广到全印度。

Q：拉吉生态农场在计划中扮演什么样的角色？

A： 每年3月，RAJ都会招募有意愿参与计划的农民，并在计划开始后提供非转基因种子，指导农民制作有机肥料和驱虫剂的方法，辅导人员会定期拜访农村，进行技术指导，RAJ也会保存农药使用的监测和记录，并协助农户取得第三方机构的有机棉认证。

有机耕作的棉花田，跟玉米一起种植以减少虫害。（本文图片引用自官网）

Q： Kurkku推动"准有机棉计划"成效如何？

A： 自计划推动以来，Kurkku销售增加了三成，目前销售合作的服装品牌有60个，预计到2015年将增加至250个。在过去的4年当中，准有机棉计划已取得一定的成效，而我们也一直能够与不同项目合作伙伴之间建立信任感。我希望我们参与企业行动倡议（Business Call to Action, BCtA）可以鼓励更多的人支持这一个行动，帮助改善印度农民的生活状况。

第五章

台湾社会企业地图亮点

2007年，台湾正式引入"社会企业"的概念；迄今，在创新培养、资金创投、教育推广、社群交流等方面，已形成互相支持的社企生态圈。

本章依据社企创业的四大类别，解析台湾的成功实例，让你一手掌握社企发展的最新动态！

· 采购特定群体的产品服务

· 创造特定群体的工作机会

· 提供满足社会或环境需求的产品服务

· 通过研发更有效地运用资源

看见台湾社会企业

台湾是个爱心充沛的宝岛，大众慷慨解囊的热情很高， 2008年汶川大地震、2011年东日本大地震，台湾皆为赈灾捐款金额最高的地区。数十年来，台湾展现了高度的创业精神，灵活、有弹性的中小企业超过100万家，造就经济繁荣；非政府、非营利部门亦蓬勃发展。近年，我们看见台湾社会企业历经播种、萌芽、成长阶段，展现了民间对创新的渴求。

社会企业概念在欧美已出现很多年，亚、非洲的新兴国家，一来与欧美国家因国际援助关系紧密，受到耳濡目染，二来因为经济体系金字塔底端群体的生活需求大，易诱发创新与商机，有利于社会企业的脚步稳步向前迈进。

社会企业在国际间的成功案例，为以中产阶级为主的日、韩等地打开一扇窗户；中国台湾民间对于公益的热情与创新的渴求，也呼应了这股国际的脉动。

社会关怀，播种生根

2006年，经济学家尤努斯博士因20世纪80年代在孟加拉国创办"格莱珉银行"（又称穷人的银行或乡村银行），提供小额贷款帮助穷人自立，荣获诺贝尔和平奖而为世人所知。2007年，趋势科技董事长张明正、作家王文华在台湾创立若水国际，期望能够投资、培养社会企业，被公认是台湾普遍开始认识社会企业的"播种期"。

其实早在2007年之前，台湾已经有一群在企业或非营利组织工作的青年人，运用前瞻、创新的思维创造公益价值，有些甚至已具备持续发展的商业模式：大爱感恩科技、兴采实业通过研发将垃圾变为黄金；胜利身心障碍潜能发展中心多元化经营事业实体，低调开拓身心障碍者就业版图，类似机构还有阳光社会福利基金会、喜憨儿社会福利基金会等；里仁联结起农民、渠道与消费者，打造全台湾最大的有机健康产品渠道等。

他们的努力，因为被"正名"为社会企业，而受到各界更多关注。

创新思维，萌芽勃发

2009年后，台湾的社会企业进入"萌芽期"——公益组织思考如何发展更多可创造营收的业务活动，以增加财务自主性；产业界则更加关注社会问题并积极挖掘市场需求，以期落实社会责任，鼓励创新创业，创造共享价值。

粗略统计，台湾社会企业的数量有几百家至几千家，根据对社会企业定义的广狭而有所不同。

从社会企业最广泛的定义来看，以协会、基金会、庇护工场与产销合作社等形态运营，计划发展或转型成社会企业的民间组织，为数颇多。特别是"行政院劳动部"自2002年起推动"多元就业开发方案"，与民间团体合作，通过发展创意计划，改善各地方文化遗产、环境保护、照顾服务等社会层面，并创造工作机会，促进当地产业发展；近年许多申请方案的合作组织陆续接受辅导，逐渐开始独立运作，希望不依靠政府或外界援助也可达到其公益目的。

除了民间团体，以公司形态运营（包含独资、合伙、有限、股份有限公司等）且具有社会企业精神的组织有近百家。截至2014年底，多数组织成立未满5年，仍在成长阶段，应能乐观期待，未来会有更多财务已达收支平衡或运营略有规模的组织出现。

社企创业的最新脉动

广义而言，台湾具有社会企业精神的组织，七成为公益团体，三成为私人企业，后者百分比近年持续增长，表明越来越多的个人或机构以私人投资方式创立社会企业，展现台湾特有的中小企业精神。

具体分析，台湾的社会企业展现了以下特色：

一、创业类型的两大亮点：台湾以善待农业环境、促进弱势就业两大议题的

⊕ **台湾社会企业组织形态多元**

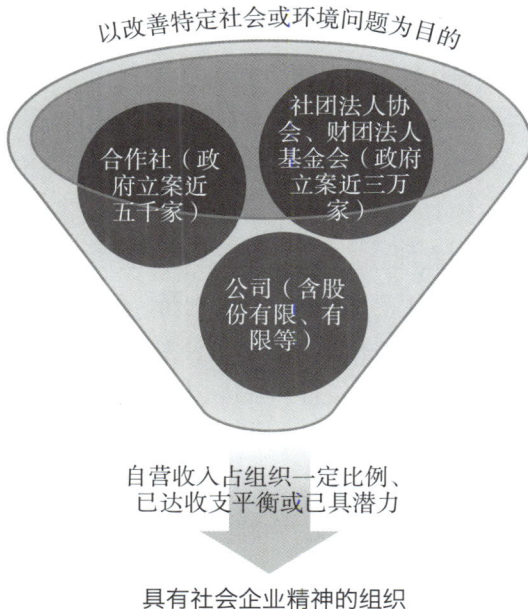

以改善特定社会或环境问题为目的

合作社（政府立案近五千家）

社团法人协会、财团法人基金会（政府立案近三万家）

公司（含股份有限、有限等）

自营收入占组织一定比例、已达收支平衡或已具潜力

具有社会企业精神的组织

181

社会企业为主体，从生产渠道到消费端，在价值链（value chain）上尝试创新。如"邻乡良食"整合企业社会责任资源支持台湾当地农产品，《大志》杂志以街头销售员取代传统杂志销售渠道等，更有"喜愿共和国"结合两项社会问题，设立烘焙坊雇用身心受限的朋友制作面包，烘焙坊的小麦、大豆等原料则来自农民耕作，以社区协力行动鼓励当地农业发展。

二、年轻一代参与比例增加：根据辅仁大学管理学院社会企业研究中心调查，约有15%的社会企业是由年轻人组成的，从在校园参与社团、发起项目，到决心创立社会企业实践好想法，显然35岁以下的年轻一代比上一代拥有更多选择，也有更高比率投入社会创新、创业实践。

三、新一代登上国际舞台发声：美国伯克利大学商学院主办的全球社会企业竞赛（Global Social Venture Competition），近年来亚洲区奖项都有台湾学生获得。而以2013年为例，由中国香港社会创投基金主办的"亚洲社企创新奖"，亚洲区3名获奖者皆来自中国台湾；由新加坡大学与星展银行合办的"DBS-NUS社会企业挑战赛"，中国台湾也有超过20支队伍参赛，让亚洲各国见识到中国台湾在社会创新、创业领域的潜力。

四、来自资金、运营的多重挑战：综合社企流实地访谈社会企业创业者与学界的研究结果发现，目前社会企业的启动基金，按比例主要来自政府资金支持、所属非营利组织斥资开办或私人投资；经营上则普遍面临缺乏资金、创新能力、产品竞争力、管理人才等挑战。社会创业者时常面临如何兼顾公益和获利的决策点，不同于一般企业以效率、成长为首要追求，在决定业务比重时，看重的不是毛利高低，而是社会需求多寡、社会影响力大小。社会企业创业者也颠覆传统企业规模化、募资等准则，许多社会企业以消失为终极目标（代表已经解决某一社会问题），而非组织扩张；衡量报酬时除了财务自足外，也重视投入资源与改变社会的成本效益比例。

2014，台湾的"社会企业年"

社会创新、社会创业成为新一波的公民运动，以此为主的生态圈（eco-system）陆续形成，成为台湾社会企业发展的重要里程碑。

辅仁大学管理学院社会企业研究中心、台湾社会企业创新创业学会为学术研究的领头羊，也带动以社会企业为主题的学生社团（如台湾大学Net Impact不同凡响社、"国立"清华大学WE Style微世代等），以及中山大学社会企业发展研究

🌐 台湾社会企业的中介组织

教育推广	社群建立	财务资金	能力建设

大专院校

- 辅仁大学管理学院社会企业研究中心

台湾社会企业创新创业学会

中山大学社会企业发展研究中心

ENSIT社会创新人才培育网

台湾大学Net Impact

清华大学微世代

媒体出版

社企流

《联合报》愿景工程

商业竞赛

TiC100

亚洲社企创新奖（香港主办，台湾可参赛）

DBS-NUS社会企业挑战赛（新加坡主办，中国台湾可参赛）

产业交流

台湾社会公益行动协会

台湾公益CEO协会

社企流

认证机制

- 公益公司法（草案）
- 社会企业发展条例（草案）

共同空间

好伴

社会创投

活水社企开发

群众募资

flying V

喷喷
zec zec

顾问咨询

活水社企开发

培训网络

活水社企开发

社会事业发展协会

AAMA台北摇篮计划

营销渠道

公平线上

公平超市

台湾社会公益行动协会

好日子购物网

⊕ **台湾社会企业的特色**

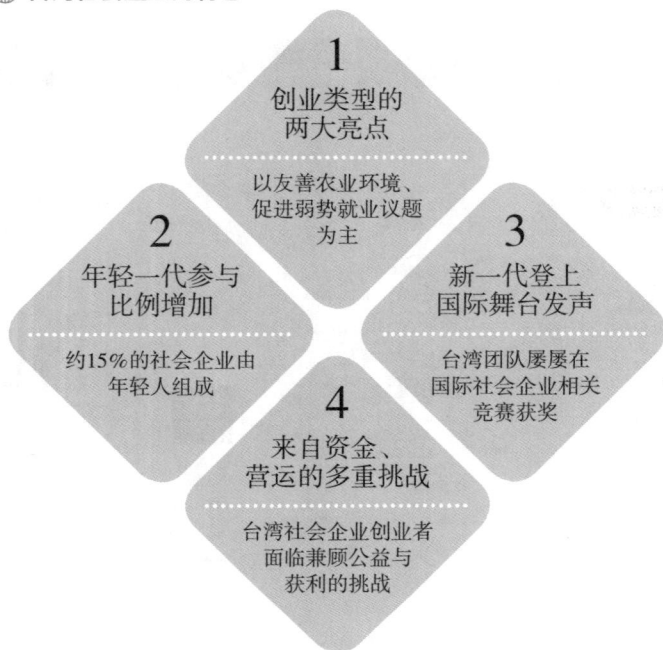

1
创业类型的
两大亮点

以友善农业环境、
促进弱势就业议题
为主

2
年轻一代参与
比例增加

约15％的社会企业由
年轻人组成

3
新一代登上
国际舞台发声

台湾团队屡屡在
国际社会企业相关
竞赛获奖

4
来自资金、
营运的多重挑战

台湾社会企业创业者
面临兼顾公益与
获利的挑战

中心的成立；"教育部"跨校推动"ENSIT社会创新人才培育网"，期望通过研究、课程及地方产业合作，培育出能以创新方式推动社会进步的青年人才。

在支持系统方面，社企流期望通过信息平台传播信息、建立社群并促进交流；台湾公益CEO协会、台湾社会公益行动协会也借助举办活动、分享讨论，让大众更了解社会企业的面貌。群众募资平台（如flying V、喷喷）提供社会创新项目、社会企业创业者取得启动资金的新渠道，共同工作空间（如好伴）为创业者降低运营门槛；公平超市、17 Support、好日子网站等则通过网络或实体空间，为社会企业提供销售平台。

在创业培养方面，台湾社会事业发展协会、活水社企开发、AAMA台北摇篮计划帮助社会企业创业者站得更稳；"劳动部"劳动力发展署的"劳动力发展创新中心"作为当局跨部门沟通平台，推动社会企业相关政策法规的制定；研华科技、星展银行、新竹物流、安侯建业联合会计师事务所（KPMG）等大型企业也共襄盛举，运用核心能力与社会企业合作，创造双赢局面。

展望2014年，台湾的社会企业已进入"成长期"，展现蓬勃生机。

政策法规方面：公益公司法、社会企业发展条例等草案，已进入当局相关部门的正式讨论。

社会支持方面：联合报系愿景工程将社会企业纳入年度追踪的主题之一；星展银行、安侯建业联合会计师事务所，则将促进社会企业的发展列为重要的企业策略之一。

创新培养、资源对接及产业交流方面：预期将有更加多元化的活动推出，如社企流举办的年度论坛、小学堂、小旅行，台湾社会企业创新创业学会所举办的社企咖啡馆、社企驿站等。

创业投资方面：社会企业型（公益）公司募资成功的案例增加，专门投资社会企业的创投公司在筹备创办中，交易中心也开始辅导社会企业在创业板挂牌。

2014年，可以称为台湾的"社会企业年"——社会企业蓬勃发展、生态圈逐渐成形，我们亦乐观期待，社会企业将能激发更多正面能量，创造美好未来！

用爱创业，台湾社会企业巡礼

社会企业在全球各地风起云涌，台湾也遍地开花。来自不同领域的创业者们集资创立社会企业，非营利组织设立新的事业部门以求运营自立，公司企业着眼于社会责任开发新的服务或产品，通过创新的商业模式解决社会问题，并在责任、投入与回报的循环中，逐步符合社会、财务、环境的三重基线——此时此刻，我们一起见证了来自台湾民间的创意与生命力！

本文以社会企业的四大创业类型，介绍台湾精彩案例。

采购特定群体的产品服务

在供应链中，渠道商的角色是采购生产者的产品或服务，再转售给下游渠道或消费者；由于个别生产者的议价资源较薄弱，常被渠道商抽去利润，造成产销关系失衡。

台湾出现了一批新的渠道商，他们基于共赢的理念，按照约定好的价格向生产者直接采购，发挥公平贸易、环保产销与绿色消费的力量。

一种是强调当地生产、当地销售的农产渠道，如厚生集市、邻乡良食、光原社会企业等；另一种是推动公平贸易的品牌或渠道商，如生态绿、地球树等。

1. 产品直送的新鲜食材有妥善的分级、包装，贴近消费者需求。（图片提供／厚生集市）
2. 上午11点以前下单，厚生集市傍晚就会快递送到。（图片提供／厚生集市）

厚生集市：和环保农民站在一起

40岁前的张骏极，领着半导体公司在全球竞技场中厮杀；40岁后，他摘下副总经理的头衔，穿梭在田埂、鱼塘、农场之间，而后成立农产品运销渠道——厚生集市。早先的商场经历让张骏极清楚"信息垄断"是成本最低的套利方式，但厚生集市却完全反其道而行之，试图建立从少数农民、小型集货站到地区消费者的分散式透明供应链。

在传统的产销模式中，采购商以非常低的价格从农民手中收购生鲜作物，代为分级、包装后销售；采购商会按照销售的便利性引导生产方式，并将不同产地的作物混在一起运输销售，最后"高高堆、速速卖"，就算被查出农药残留，也找不到相关生产者的责任。

经过一连串查访，张骏极发现如果用自由贸易、价格竞争的逻辑经营农业，台湾小农将难以与农业企业和进口作物竞争，也拉长了食物运输路程，甚至破坏生物多样性。

厚生集市决定充当当地小农与消费者之间的桥梁，其采购的蔬菜、水果都通过有机认证，肉品、水产品也采自生态养殖；工作人员会辅导农民进行基本分级和包装，再由厚生集市销售、配送，以及承担经营、损耗的风险。

张骏极指出，要突破原先的供应链，就要更加走近消费者。顾客来到网站，第一步不是选择产品而是先确认所在的乡镇，因为食材会随产地而有所不同，为的就是将运输距离控制在30公里以内，并且保存当地风味；上午11点前订购，傍晚就会快递送达。位于桃园龟山的店面既是集货站也是门市，下午4点后所有产品都以六折出售。他表示，农业是粮食安全的根基，厚生集市支持当地生产、当地消费，目前供应北部部分地区，未来将会在台湾各地设点。

1-2. 阿里山的有机农户通过光原的产销体系得到重生。（图片提供／光原社会企业）
3. 光原创办人，左为王鹏超，中为陈雅桢。（图片提供／光原社会企业）

187

光原社会企业：为部落农产筑路架桥

在台湾最繁忙的一条山区公路上，日落日出，人潮来去。但山里的更深处，经济却丝毫没有起色。

在社区工作长达20年的陈雅桢因此成立"玛纳有机促进会"，将自然农业种植方法带入邹族部落，接着与好友王鹏超、李志强创立"光原社会企业"，采购并销售阿里山有机农产品。如今，已有30个农户借着这个产销体系重生。

光原成立的第二年，八八水灾冲走许多耕地，他们替农民承租土地，并开办微型贷款。为了鼓励农民转为有机生产，光原会在转型的前两年保价收购，之后才区分价格。他们还将农户集合起来进行有机认证，再借助光原的渠道将产品销往其他渠道商、加工制造商或餐厅。

基于这样的可持续发展模式，农民产出的5%及光原营收的3%会捐献给玛纳有机促进会，从事教育训练及推广。在光原的支持下，阿里山的农民顺利成立了自己的产销班，包括排班、理货、包装等都已能独立运作。

邻乡良食：搭起企业与小农的合作平台

2010年企业社会责任高峰会举行，与会的企业主管纷纷提到公司在协助八八灾区及偏远乡村的产业时遇到的挫折。这一席话，让当时担任企业社会责任顾问的谭景文决定创业，为双方搭起互惠合作的平台，于是成立了"邻乡良食"。

谭景文找到了农家子弟陈宏欣，亲自到部落、农村寻找环保耕种的弱势农家，再针对各家公司，如汇丰银行、友达光电、中华汽车、飞利浦、渣打银行、中国人寿、国泰金控等十多家大型企业，量身打造"直接向产地采购的社会责任计划"。目前已有近百位农民，与企业建立了长期的合作关系。

"社会责任要与企业本身的运营结合，关怀行动才会长长久久，而不是短期做公益而已。"谭景文举例，一家台湾家电厂商的豆浆机上市时，因为注重企业

1-2. 邻乡良食的渠道销售台湾各地个体农民种植的优良农产品。（图片提供／邻乡良食）
3. HSBC汇丰银行的160名员工和家属，抵达南澳体验农活，并在现场购买农产品。（图片提供／邻乡良食）

的社会责任，以"邻乡良食"引进的本土非基因改造黄豆取代进口黄豆进行随机赠送，使得企业的关怀与回馈更具特色也更有成效；也会安排认购企业的员工前往产地拜访或体验采收。

"邻乡良食"将大部分利润回馈给农民，仅留一两成作为运营费用。但谭景文也强调："品质仍然是企业决定合作与否的关键，因此农民也要不断学习提升，才能持续走下去。"

农民的壮大，是经营团队的目标，因此，"邻乡良食"从不吝于将合作的农民推荐给媒体或消费者，至今已有多位农民能够独立销售。此时，"邻乡良食"会默默退场，将资源转移给其他更需要的人，继续撰写下一个美丽的故事。

生态绿：咖啡的公平贸易

国际公平贸易运动（Fair Trade）鼓励消费者以合理价格向第三世界国家的生产者购买产品，避免渠道商层层剥削，让利润回到生产者手中；生产者则以环保、无毒方式生产，保障消费者健康。产销过程公开透明，维持产销双方的平等与互利。

2007年，台湾第一家获得国际公平贸易标签组织FLO（Fairtrade Labelling Organizations International）认证的社会企业"生态绿"成立，从秘鲁、南非等地采购咖啡豆、酒类、可可、国宝茶等进行零售，也争取在各企业设置"公平贸易茶水间"。

在这套体系中，农民及特许经销商都需符合FLO的标准，才能贴上公平贸易标签。FLO负责指导农民进行无毒耕种，用高于市场的价格来收购；特许经销商通过FLO选择进货对象，每年须缴纳年费、标签认证费及营收额的1%，作为产地发展的基金。

189

1-2. 生态绿咖啡馆。（摄影／黄重豪）
3. 生态绿的公平贸易咖啡豆。（摄影／黄重豪）

以秘鲁为例，加入公平贸易后，可可收购价已增长十倍，可可农民还成立了自己的加工厂及合作社，提供医疗保险。南非农民也组成红酒合作社，共享股利，并致力于改善有色人种的地位。

"消费就有力量！"生态绿共同创办人余宛如说。这是一场伦理消费运动，只有消费者走入供应链中分担生产者的风险，农民也获得决定价格的权力，才能创造互利的伙伴关系。

地球树：串起三地的公平贸易情缘

"地球树"是台湾第一个销售公平贸易饰品及日用品的店家，商品多从日本公平贸易商People Tree及尼泊尔集市（Nepali Bazaro）进口，二者均获国际公平贸易组织IFAT（International Fair Trade Association）认证。

创办人王靖宜先前学日语时，深受教材中介绍的公平贸易产品吸引，于是主动写信给People Tree，自此穿起第三世界、日本及中国台湾三地的友谊。

地球树的产品均以产地的天然素材手工制成，例如秘鲁的彩绘猫头鹰单音笛、尼泊尔的手绘陶器、肯尼亚的肥皂石犀牛、印度的有机棉T恤等，小小的店面宛如一座国际村。部分产品则由People Tree设计，交给产地代工，客户需提前支付款项。

遇到顾客询问产品的定价原则，王靖宜会向顾客解释，同样的产品，选择公平贸易认证的品牌，既善待环境，也通过公平贸易将更多利润回馈给生产者，支持产地的持续发展。

1. 地球树店内一景。（图片提供／地球树）
2. 由日本公平贸易团体设计，尼泊尔Woolen Garden团体的妇女手编的袜子。（图片提供／地球树）
3. 尼泊尔特殊手织法达卡织。公平贸易团体SADLE在尼泊尔援助麻风病、小儿麻痹症患者，教导他们生产技能，并提供工作机会、教育和医疗支援。（图片提供／地球树）

创造特定群体的工作机会

在一般企业眼里，员工是追求利润的精锐部队，因此某些身心状况不那么适合高效竞争的人，谋职相当不易。近年出现新创立的社会企业，以及正在积极转型的非营利组织，都希望为社会上较缺乏资源的群体提供就业机会、提高其就业能力，进而与员工一起打造专属的产品品牌。

原爱工坊、胜利身心障碍潜能发展中心、喜憨儿基金会、新生命信息服务公司等组织，让社会上较缺乏资源的群体重获价值，也支持了这些组织的持续经营。

原爱工坊：创造当地就业

东海岸一地的漂流木，静静地随着浪潮前后徘徊，默认了一生被安排的宿命。一如附近乡村的年轻人，纷纷为生计远走他乡，或在部落中踌躇不前。

台东金峰乡新兴小学前校长郑汉文，为了解决学生家长的就业、经济问题，就地取材，创造工作机会。小学紧临太平洋，附近有不少漂流木可以捡拾，他因请工人用漂流木装饰校园而受到好评，于是找来木工师傅指导工人，工人再教社区爸爸制作桌椅；一家台中纺织公司多年来将样品布捐给学校，郑汉文邀请社区妈妈将其编织成手工艺品。这两项产品，通过非营利组织的渠道销售，均有一定销量。

经过几年实验，原爱木工坊、原爱布工坊于2008年正式成立，聘用社区家长，每月可提供1万多元新台币（约为2000多元人民币）。"虽然钱不多，但部落里每个人的自我价值都提升了，家长也可以留在社区及孩子身边，发挥家庭的教育功能。"郑汉文认为，工坊的最大目的是帮助家长，提高当地就业率。

1. 原爱布工坊的手工包保留原住民的十字绣编织法。（图片提供／原爱工坊）
2-3. 木工坊学员学习木工技术，有了生产力之后，个人自我价值也提升了。（图片提供／原爱工坊）

"天生我材必有用"也展现在原爱的制作方法上。市面的木桌往往是把大型木材劈了，做成规格化的桌脚，但木材原先的结构遭到破坏，桌脚容易耗损。漂流木则属于小型木材，通常不会成为工厂材料，但它结构强韧，原爱把它做成桌、椅、板凳等产品的脚。此外，舍弃钉子，只用卡榫衔接，不上漆让木材保有天然气息，也保护了制作者的健康。

布工坊保留了原住民的十字绣编织法，制作出背包、手提袋、手机袋、零钱包、铅笔袋、福袋等，图案多为排湾族传统图腾，如象征祖灵的百步蛇、代表分享猎物的百合花等。无论木工、布工都是由个人手工独立完成的，同时挂上创作者的名字，使生产者和消费者产生情感的联结。

工坊运营7年后，临近部落遭到莫拉克台风重创。在各界支持下，他们吸取过去的经验成立"向阳薪传技艺乐校"，设立在太麻里乡多良小学的废墟上，以多功能的方式生产积木、七巧板、折叠椅、躺椅等各式原木产品。

郑汉文说，工坊利润并没有想象中好，营收仅够维持人员的薪资，其他如电费、设备、租金等都有些吃力。"不过，学员已经学会所有技术，以后厂商需要什么货，我们都可以生产出来。这也证明，人力、废弃材料和闲置空间都能被重新赋予价值！"

胜利身心障碍潜能发展中心：开创跨领域的工作能力

胜利身心障碍潜能发展中心创办人张英树是小儿麻痹症患者，从小在一般学校求学，毕业后任职于证券公司。后来为了服务跟自己身心状况相似的人，他毅然转职到屏东基督教胜利之家，更在2000年创业。

胜利首先承接金融业的资料建档，张英树特别依照残障级别划分工作流程，确保准确性，而且残障者很少有投机的品德，也得到企业充分信任。胜利资料建

1. "传玻者"手工琉璃。（图片提供／胜利身心障碍潜能发展中心）
2-3. 胜利与超市合作，设立台湾第一家由残障者提供服务的便利商店。（图片提供／胜利身心障碍潜能发展中心）

档中心的成功，带动了咖啡馆、加油站、便利商店、网页设计、视觉设计等事业。

张英树更认为，特定残障者不见得只能局限于单一的工作，因此安排自闭症患者与听力障碍者打字，听力障碍者与肢体障碍者合作点餐、制作、送餐，唐氏综合征患者和精神障碍者担任超市店员，精神障碍者及肢体障碍者生产手工琉璃等，让员工能彼此互动、互相支持。

胜利至今已有12个事业体，创造了200多个就业机会，年营业额约5亿元新台币（约为1亿元人民币）。张英树期望，未来伙伴们都能脱离庇护场所，回到社区生活。

喜憨儿基金会：为憨儿插上翱翔的翅膀

怡佳是天生脑性麻痹的女孩，她在父亲苏国祯住院那一晚，自己走到病床旁唱起"世上只有爸爸好，有爸的孩子像块宝"。仅仅一首歌，让为女儿操心十几年的苏国祯看见新的可能，于是在1995年同妻子萧淑珍一起创办"喜憨儿社会福利基金会"，为患脑性瘫痪、小儿唐氏综合征、自闭症等身心障碍者创造就业机会。

"当你面对一个（有身心障碍的）孩子，那是梦魇；当你面对一群（有身心障碍的）孩子时，那就是使命。"1997年，第一家喜憨儿烘焙屋在高雄开幕，他们利用定时设备、标准流程及辅助工具独立作业，产品品质堪比市面面包。烘焙屋稳定运营后，基金会陆续开设餐厅、合饭店、火锅店、咖啡馆等，迄今在台湾有26个工作站，也将员工介绍至超市、餐厅、清洁公司等一般职场。目前基金会一年总收益约达4亿元新台币（约为8000万元人民币），

1. 在喜憨儿餐厅可以享受到用爱心经营出来的美味料理。（图片提供／喜憨儿社会福利基金会）
2-3. 喜憨儿烘焙屋为脑性瘫痪、唐氏综合征、自闭症等患者创造就业机会。（图片提供／喜憨儿社会福利基金会）

事业体的营收就占了近六成。经费除提供员工薪水外，也用于支持喜憨儿俱乐部、喜憨儿学院、社区家园、憨喜农场、天鹅堡照顾中心等福利机构。

新生命信息服务公司：用科技破除残障

半身不遂，粉碎了一个人美好的前程，也粉碎了许多患者重振的梦想——新生命信息服务公司执行董事黄河明的表哥苏匡弼，多年前因意外而瘫痪，但他不仅没有自暴自弃，还创办了脊髓损伤协会服务有类似问题的患者。临终前，他用拼字版表达了自己的未尽之愿。

桃园脊髓损伤潜能发展中心在历任董事长努力下，开办新生命之家，并运用信息科技成立对外营业的事业部门，下设客服工作室、E码网络工作室、绿色资源工作室，训练半身不遂的患者进行客户服务、电话营销、满意度调查、网站建设、资料库开发、平面设计印刷、公司目录制作、碳粉盒回收、打印服务、电脑服务等工作，并承揽企业及政府外包项目。

2008年成立的新生命信息服务公司，在原来的业务之外又开辟了电子商务等新事业，例如"好日子购物网"就是由半身不遂的患者建立并管理的，销售庇护工场的产品、公平交易咖啡等。

黄河明也发现，许多科技大厂未依法聘用残障员工，因此提出企业雇用患者、患者创造产品、新生命管理训练的模式。现在台北和竹科已有近20家企业支持这一模式，雇用多名脊髓损伤患者从事电脑组装及APP设计等工作。

"对这些朋友来讲，工作的意义不只是赚钱，更在于重新回到社会。"黄河明表示。新生命目前已有台北、桃园、新竹三个办事处，未来会继续拓展。

1. 脊损伤患者重回职场的意义远远超过赚钱获利。（图片提供／新生命信息服务公司）
2-3. 脊损伤患者的网页及平面设计作品。（图片提供／新生命信息服务公司）

提供满足社会、环境需求的产品服务

从衣、食、住、行、娱乐出发的人类需求，孕育出千千万万的产业。在社会企业创业者眼里，满足这些需求必须遵从环保、健康、持续、利他等原则。

冶绿服饰制造有机棉织品，多扶接送帮助孕妇、幼儿、老人、轮椅族四方漫游，《四方报》为移民移工提供以其母语文字刊载的信息，上下游新闻集市关注食品安全与环保型农业，喜愿面包坊推动本土小麦、大豆的培育。

它们填补了现有产业的缺口，解决了现有的问题，并创造共同美好、可持续发展的环境。

冶绿生活服饰：穿衣也要环保、有机

洁白无瑕的棉花，在暖风下缓缓吐絮，而后被编织成美丽的服饰，紧紧依偎着肌肤。然而，仅占全世界农作物3%的棉花，足足吞下全球四分之一的农药及化肥。换言之，生产一件纯棉T恤，就等于留下半杯农药（约150克）在土壤及水里。

人们虽然越来越在意食品安全，却对棉质衣物的毒性浑然不觉。冶绿生活服饰创办人薛焜中说，按惯例种植的棉花使用含剧毒的驱虫剂，"毒素随着废水进入河川，被鱼吃下肚，再通过食物链回到人体，干扰内分泌系统"。有感于此，他抛下外企高管的职务，一手包办有机棉织品的设计开发及销售渠道建设。

由于台湾没有量产棉花，他寻访台湾获得有机认证的纺织厂，请他们进口有机棉并代工生产。衣物采用生物可分解塑料袋（PLA）包装，让所有产品都能回归自然或再制成其他织品，符合"从摇篮到摇篮"的环保精神。

冶绿的服饰相当简约，主要以棉花的原色为底。这是因为传统方式下生产1吨有色衣服，会制造200吨的废水，因此薛焜中拒绝使用染色剂，只用油墨印制

1. 冶绿的有机棉服饰主要以棉花的原色为底。（图片提供／冶绿生活服饰）
2-3. 冶绿生活服饰在台北地球日绿色艺术集市设摊。（图片提供／冶绿生活服饰）

少量图案。图案由生态艺术家设计，以幽默诙谐的表现传递环保理念，如在夜市捞金鱼的北极熊，暗示海洋资源枯竭；幽居名牌包里的寄居蟹，隐含人造物品对动物栖息地的破坏；将塑料袋当作水母而误食的海龟等。

市面上不乏有机服饰，但多以婴幼儿及贴身衣物为主。为了区分市场及推广理念，冶绿主打大众化休闲T恤及POLO衫，价格定在400至600元新台币（约为80至120元人民币）之间，力图打破"有机等于昂贵"的既定印象。之后陆续开发头巾、毛巾、床单、口罩、手帕等家居产品。

为缩减开支，冶绿不在实体商店上架，仅在网站、公平贸易渠道、农夫集市等地方销售，或通过环保团体的活动与消费者面对面，宣传有机棉理念。2009年创立至今，冶绿的零售收益已趋稳固，更接到不少公司及政府的团体订单，达到收支平衡。

多扶接送：乘着轮椅去旅行

"多扶接送"的出现，是为了弥补公共康复汽车的不足。创办人许佐夫的外婆有一次跌倒受了伤，因为不具备残障条件而无法搭乘公共康复汽车。为了服务有相同需求的群体，他毅然放下纪录片导演的身份，创立多扶接送。

多扶和公共康复汽车有三点不同。第一是无身份限制，孕妇、幼儿、老人、轮椅族均可搭乘；第二是无时间限制，24小时都能预约；第三是无用途限制，除了就医、就业、就学服务，也提供"多扶漫游"游程。

许佐夫积极把服务业精神带入租车业，设计"多扶五六动"，从客户现身到最后完成满意度调查，司机必须进行56个标准服务动作。"因为我们运送的不是货物，而是人。"多扶的运营策略，是通过"多扶漫游"获利，填补医疗接送的亏损，再通过医疗接送培养无障碍旅游人群，最后以无障碍旅游

1. 多扶接送把服务业精神带入租车业。（图片提供／多扶接送）
2-3. 租用多扶的巴士没有身份和用途的限制。（图片提供／多扶接送）

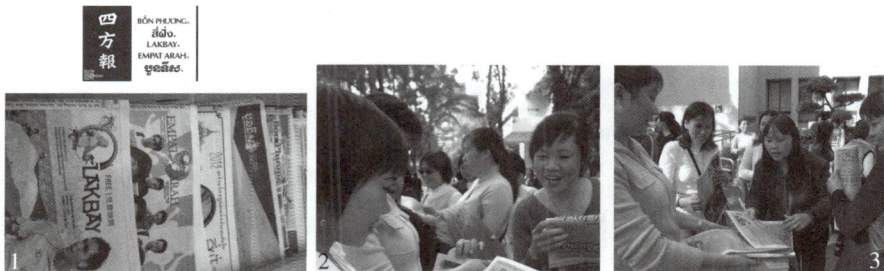

1.《四方报》发行五种语言版本。（图片提供／四方报）
2-3. 新移民开心阅读越南文版《四方报》。（图片提供／四方报）

的利润，拓展医疗接送的范围。许佐夫期盼，将台湾打造为"亚洲无障碍旅游"胜地。

《四方报》：母语抚慰异乡愁

承载东南亚五国文字的《四方报》，一笔一画勾勒出游子对家乡的思念，为近60万旅居台湾的移民、移工开启了一扇抚慰乡愁的窗户。

2006年《四方报》首先以越南文发行，因广受好评，陆续出版泰文、印尼文、菲律宾文、柬埔寨文等版本，以异乡人的角度报道新闻、医药、公安、法律等信息，并保留大量篇幅供读者投稿，以母语倾吐心声。

报纸背后有许多故事。"你很难想象这些朋友订阅的报纸很可能被雇主丢弃，还有很多人是用纸巾、日历的空白面投稿。"前总编辑张正说。源于移民工的需求，《四方报》的发行量7年来增长5倍，六成的超市售出率甚至高于许多主流杂志。2013年新增儿童版面，为接下来要发行的亲子共读专刊打基础。

《四方报》的营收来自超市、邮购、杂货店、小吃店等销售渠道，以及银行、航空、电信业的广告刊登，还有政府补助、捐款等，2008年即实现收支平衡。随着投稿增长、订阅量激增及内容需求提升，未来仍将面对不小的运营压力。

上下游新闻集市：建立产销间的友好联结

上下游新闻集市，不只生产新闻，也生产农产品。2011年由来自传播媒体、农业生产、编辑采访、网络科技等领域的共同创办人成立，关注台湾的食物、农业和善待土地的生活方式。

在新闻部分，上下游的定位是独立媒体，追求报道独立、财务独立。专职记者的调查报道最为给力，曾报道瓶装水扩建危及农民，迫使厂商停止扩建；揭开

197

1-2. 销售农产加工品是上下游财务来源之一。（图片提供／上下游新闻集市）

3. 上下游的独立报道曾揭发洗衣液、米粉、有机米等日常食品与用品的真相。（图片提供／上下游新闻集市）

假米粉真相，促成《食品卫生管理法》修订；揭露洗衣液含杀虫剂的问题，引起社会高度关注。上下游也鼓励读者加入写作，并通过"给鼓励"的机制累积文章的点赞数，让读者用点赞数兑换农民提供的礼物。

在集市的部分，上下游支持公平产销、环保型农产加工品的上架销售。与高雄梅山部落合作，推出"回家李系列"果干、果醋、果酱；以喜愿小麦制成"小麦练习曲"饼干、面条、司康饼等，支持本土小麦培育。

上下游财务已趋稳定，收入多用于支持报道，并招募"共同办报人"以小额款项支持办报理念。

喜愿面包坊：小麦、大豆的本土培育

喜愿面包坊的诞生，原是为身心障碍者提供就业机会，创办人施明煌特别设计辅助设备协助伙伴生产全谷面包。2007年国际粮价大涨，面粉接近零自给的台湾只能被动接受抬价，暴露高度依赖进口的粮食安全风险。

于是他召开"麦田狂想"计划，与农民合作、收购本土小麦，产量从初期的30吨逐渐提升，向"取代进口总量万分之一"的目标前进，已吸引岛内最大面粉

1. 喜愿烘焙餐坊。（图片提供／喜愿面包坊）

2. 喜愿的面包用本土小麦制作。（图片提供／喜愿面包坊）

3. 喜愿面包坊的合作麦田。（图片提供／喜愿共和国）

厂联华协助加工、储运与销售，还有各大面包商下单。

施明煌也与农民合作生产"非基因改造"大豆，并开发面条、饼干、酱油、芝麻酱等加工产品。结合"喜愿小麦""喜愿大豆特工队""喜愿杂粮俱乐部"等生产系统，打造一个善待环境的"喜愿共和国"。

通过研发，更有效地运用资源

利用相同的资源，创造出不同的产品价值；将资源更有效地运用，制造出保护环境的产品——这些都来自突破性的技术创新。

产销新鲜芽菜的绿藤生机、将废弃塑料瓶变为终端环保产品的大爱感恩科技、用咖啡渣制作布料的兴采实业等，都在以创新技术解决现有问题，积极减少地球资源的浪费，通过持续的研发，开创令人耳目一新的产品。

绿藤生机：创新栽培技术

周末的农夫集市上，几簇五颜六色的芽菜，身躯娇小稚嫩却站得直挺挺的，它们是青花椰苗、紫高丽苗、萝卜缨、绿豆芽、荞麦苗等，全未使用农药化肥，也没有经过采收、漂洗及分装的工序，就这么连根带叶"活生生"地送到消费者手上。带回家里存放，芽菜还会继续长高。

绿藤生机是台湾第一个开发出"生鲜芽菜"栽培技术的团队，几位创办人都只有三十出头。

2010年，郑涵睿和大学同学廖怡雯、许伟哲，相继放下外资银行、消费品公司的工作，在台大园艺系教授郑正勇与林碧霞的协助下，在桃园八德搭建室内农场种植芽菜，成为第一线的生产者，同时也在市场摆摊设柜，直接跟消费者沟通。

市场上销售的芽菜多使用生长激素、氮肥、杀根剂、漂白剂等来美化卖相，加上大规模洒水使养分迅速流失；此外，芽菜根部的裁切处易滋生生菌，淘洗也会伤害芽体，这些都是强调生机的绿藤必须克服的问题。

事实上，蔬菜在萌芽阶段只要靠种子本身的养分就能成长，因此绿藤舍弃土壤、液肥，将种子种植于纸片上，经过一周不等的时间，直接将生鲜芽菜连同纸片移入盒中，即可出货。在研发过程中，绿藤团队测试了1000多种种子的发芽率，尝试了100多种栽培方法，慢慢摸清芽菜的生长习性。

绿藤不以产量、利润的极大化为唯一目的，而是将食品安全和营养摆在首位。这几位年轻的新农夫，要在食品不安全的年代打造一个让消费者信任的品

1. 绿藤生机的芽菜种植在纸片上，直接移入盒中销售。（图片提供／绿藤生机）
2-3. 芽菜作业室。（图片提供／绿藤生机）

牌。联合创办人廖怡雯说："品牌不见得只有大企业能做，只要产销过程透明公开，小型的生产者自己也可以创造品牌。"通过技术的创新研发、产销的积极沟通，绿藤走出了一条生机盎然的路。

大爱感恩科技：变废为金

2004年印度洋海啸时，慈济基金会发出数以万计的毛毯，之后证严法师提出疑问："既然布料跟塑料瓶的聚酯纤维都来自石油，那能不能将塑料瓶回收做成日常纺织用品？"

这一技术过去就有其他人尝试过，但因为原料不纯净而导致产品质量不高，最多只能做成绒毛玩具的填充物。大爱感恩科技致力于研发回收材料的再利用，联合创办人黄华德不断研发，发现影响成品品质的关键在于塑料瓶是否干净，如果杂质过多，抽纱过程就会断丝，难以做出最高等级的长纤维。

因此他们向全国5462个慈济回收站收购塑料瓶，并建立一套标准流程：挑出一号PET材质的饮用水塑料瓶并按照颜色分类，然后去除瓶盖与瓶环压成塑料瓶砖，再绞碎成瓶片，塑化成再生聚酯粒，最后进行抽纱与纺织做成终端产品。产品多是塑料瓶原色，以"不后染"为原则，大幅减少染色带来的耗能、耗水及污染等问题。

回收塑料瓶，能够制造出各种日常用品。据估计，12个塑料瓶可以做成一件短袖衬衫，22个塑料瓶可以变为一件婴儿披风，42个塑料瓶能做出一个小拉杆箱，64个塑料瓶就能让灾民得到一条温暖的毛毯。成立5年以来，大爱已回收超过3.3亿个塑料瓶，减少二氧化碳排放约2000万千克。

目前公司每年的盈余均回馈给慈济基金会，作为海内外赈灾及社会公益之用，可以说是通过研发"变废为金"的代表案例。

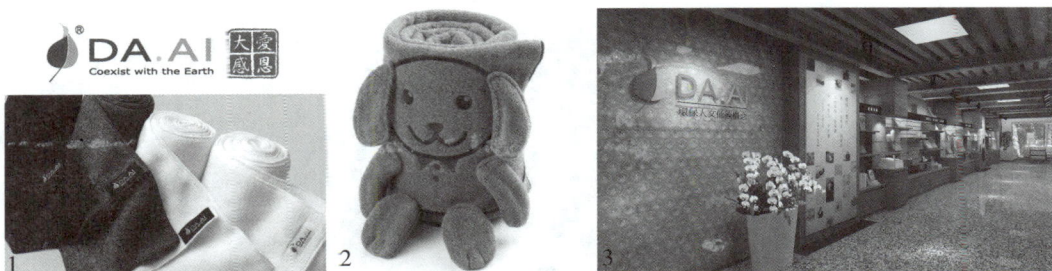

1-2. 用塑料瓶做成的围巾和保暖毯。（图片提供／大爱感恩科技）
3. 为了让环保织品更亲近民众生活，设立"大爱低碳生活馆"。（图片提供／大爱感恩科技）

兴采实业：把咖啡穿在身上

咖啡渣也有摇身一变成为布料的"富贵命"——只要经过兴采实业的巧手。

兴采实业制造机能性布料已有25年的历史。创办人陈国钦看到咖啡店利用咖啡渣来除臭，他灵机一动，思考如果将咖啡渣混入布料中，是不是也有一样的效果？

于是他花了4年的时间研发，将粗颗粒纳米化，终于做出具除臭、吸潮、抗菌、抗紫外线效果的"S.Café环保科技咖啡纱"。

咖啡纱在德国展出后，国际媒体用"把咖啡穿在身上"来形容它。法国企业EiDER率先与兴采合作，许多国际知名品牌更相继跟进，纷纷以咖啡纱制出多款排汗除臭服饰。

兴采实业进一步混合塑料瓶和咖啡渣，生产具有优异保暖功能的御寒衣；通过特殊研发技术，混合咖啡纱与特殊原料，制出具有冰凉感的布料。

陈国钦特地与连锁咖啡店及超市洽谈咖啡渣的供应，一天有约40千克的咖啡渣送往兴采总部。目前咖啡纱的产销表现非常好，也让兴采实业更积极地从机能性布料走向环保织品的研发生产。

1. 兴采实业制造机能性布料已有20多年的经验。（图片提供／兴采实业）
2-3. 兴采开发的咖啡纱在各国的纺织品展览会上都有高询问度。（图片提供／兴采实业）

resources
may winning entire distance hours
learn well T's point filled mile
eventbrite community participating
submissions july worth mashup scratch attend coding
very schedule people quick circle
reasons goals cooler presented pr
public tons m
better day far action skil
circle word streng
need build
relationships great summer working
mobile group pre-determined different make despite really sat
programmers
ultimate developers creating
execute backgrounds happen room need ja
course get open features cool least in
something hosting packed possible 100+ so
companies new come code
idea intention precise
spending

第六章

行动起来!

加入社会企业的队伍

拥有理想和热情的你，也想加入社会企业的行列吗？

本章四个行动方案，为你提供纲领，评估性格特质、工作重点和行动步骤——你可以参与社企、在自己的工作岗位上支持社企、成为社企的一分子，甚至创立社企！

"社会企业资源地图"罗列九大类、近七十项实用信息，帮你找出最适合自己的社企之路。

行动方案一 我想参与社会企业活动

✔ 我对于改变社会充满热情

✔ 我充分了解自身优势与不足

✔ 我希望贡献自身能力解决特定社会问题

✔ 我期待通过各种方式支持社会企业

✔ 我想要更加了解社会企业的运作模式与细节

✔ 我具有团队工作热情及凝聚力

如果你具备上述特质，可以通过以下步骤开启自己的社企之路！

1. 找出自己最感兴趣的领域

你必须先了解自己的声音：究竟什么是你真正关心、打从心底想要改变的社会问题呢？可能是穷困地区的教育问题，也可能是世界环境保护的支持行动，还可以分为可持续资源、全球变暖等不同分支。你最具热情的领域是哪一块呢？可以从接受各方相关信息开始，通过大众媒体取得更多的社会企业信息，经过多元的阅读与思考，倾听内心，整理出自己最感兴趣的区域。

2. 弄清自身特质与限制

接下来，弄清自身的特质也相当重要。喜欢接触人群，善于与朋友互动交流；或者通晓影像处理技术，热爱拍摄影片、图像；又或者擅长文字撰写，拥有准确的纪实能力等。

了解自身的限制也是必要的。学生需要投入自己的空闲时间，上班族则需要合理分配有限的时间，如何在学业、工作与志愿活动之间更有效率地分配时间、取得平衡，才是能否走得长久的关键。

或者，你期待通过实际购买行动来支持社会企业。尚未成为市场主流的各项社会企业服务和商品，近年来已经逐渐抬头，有许多经过相关认证的商品已经可以在一般超市购得，又或者能通过集纳各项商品服务的电子商务平台在网络上进行交易。

3. 搜寻相关组织

以上几点显示出你的兴趣取向、能力运用能力以及特定限制，大致为你指出支持社企之路的方向，接下来便是搜寻你所关注议题的相关组织。不同的组织，其运营模式、方便群众参与其中的方式也有所不同，然而借助以往获取的信息，或许你的内心已经有几个组织浮现，如果还没有也别着急，网络、书籍、各类社会媒体提供的信息超出你的想象！

这里整理出你需要的各类小帮手，你可以参考本章末篇《社会企业资源地图》寻找渠道，让参与社会企业的过程一路顺畅：

- 社企参与者如何寻找信息——你可以留意社会媒体、社企交流。
- 社企参与者如何身体力行——你可以留意人力资源、消费渠道。
- 社企参与者如何长知识——你可以留意教育推广。

想参与社企活动该怎么做？

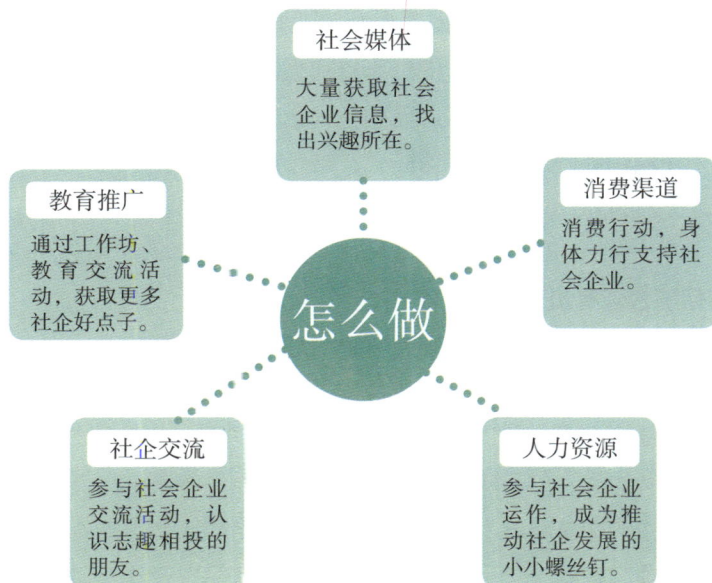

社会媒体
大量获取社会企业信息，找出兴趣所在。

消费渠道
消费行动，身体力行支持社会企业。

教育推广
通过工作坊、教育交流活动，获取更多社企好点子。

怎么做

社企交流
参与社会企业交流活动，认识志趣相投的朋友。

人力资源
参与社会企业运作，成为推动社企发展的小小螺丝钉。

行动方案二 我想在现有工作岗位上支持社会企业

✔ 我希望贡献自己的力量改变社会

✔ 我十分了解自己的优缺点

✔ 我愿意运用现有资源支持社会企业

✔ 我想要加强企业与社会的联结

✔ 我期待成为社企精神的传播者

✔ 我无畏于挑战创新

在社会企业逐渐崛起，期待解决各个领域的社会问题之际，你是否希望能为社会企业做点什么？拥有以上特质的你，想必就是愿意运用手边多样资源来支持社会企业运营的一员！

1. 了解不同社会企业的需求

对于想要改变社会的你，心中想要特别强调的议题是什么呢？可能是你生活中或工作中所熟悉的部分。你可以借助多样化的信息渠道，接触更多各类不同的社会企业，并从中了解它们的运营模式、市场需求等，搜寻哪些环节是它们所必需或者缺乏资源的部分。

2. 思考如何整合现有资源进行合作

接着，从手上所拥有的资源开始琢磨：如何才能够运用这些资源支持社会企业？结合工作与现有资源和社会企业合作，互补不足之处，正是你可以身体力行支持社企的好做法！

但必须思考的是，如何将现有资源与社会企业进行整合进而促成合作？你需要向主管提出你的想法与计划，这些创新的思维可能会使你被视为"变革者"，也可能是"麻烦制造者"——思考如何将公司的产品以及开发融合到社会企业，发挥更大的社会价值，产生一加一大于二的效果。此外，这些独树一帜的思路可能需要你花上更多时间来构思它的行程与脚步。

3. 带动革新，联结企业与社会

然而一份让社会更加美好的计划，带动的不仅仅是你个人的成长，更是公司整体的形象提升与思维创新。这样的行动并不功利，而是全面向前跨出一步：从内而外的全面革新，致力于企业与社会间的联结，进而超越过去人们对于社会发展的固有想象——我们称这样的人为"内部社会企业家"（Social Intrapreneur）。

于是，我们可以归纳出来，如果你想要在现有工作岗位上支持社会企业，你需要的是：

- 社企支持者如何寻找信息——你可以留意社会媒体。
- 社企支持者如何身体力行——你可以留意教育推广、消费渠道。
- 社企支持者如何长知识——你可以留意社企交流。

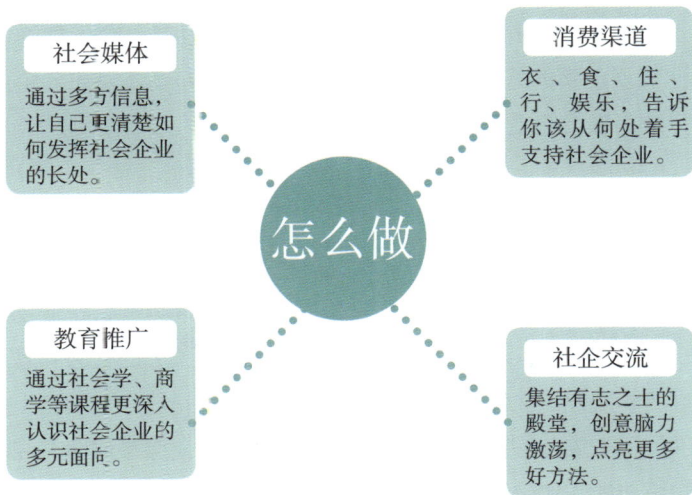

想在现有岗位上支持社企该怎么做？

社会媒体
通过多方信息，让自己更清楚如何发挥社会企业的长处。

消费渠道
衣、食、住、行、娱乐，告诉你该从何处着手支持社会企业。

怎么做

教育推广
通过社会学、商学等课程更深入认识社会企业的多元面向。

社企交流
集结有志之士的殿堂，创意脑力激荡，点亮更多好方法。

行动方案三　我想成为社会企业的一分子

- ✔ 我愿意为改变世界贡献一分力量
- ✔ 我能关心社会问题且试图找寻答案
- ✔ 我拥有专业知识技能
- ✔ 我想要从事有社会影响力的工作
- ✔ 我具备开创的精神

随着社会企业成功动人的故事不断出现，许多满怀理想、不满于现状的有志之士也想要跟随前人的脚步，大展身手，运用所学知识解决社会问题，成为一名社会企业创业者，改变我们生活的世界。不过，你不必在赞扬那些出众的社会企业创业者时，因为自己没有创立社会企业而感到气馁。假如每个人都想变成社会企业创业者，建立各自的组织，反而可能会浪费资源，对社会未必是件好事。

事实上，一个成功的社会企业创业者背后通常会有一个优秀的创业团队，通过团队合作实现创新的好点子。因此，并非人人都应该成为社会企业创业者，你也可以选择成为社会企业创业团队的一分子。

1. 考量个人特质与能力

你可以先考量个人的特质，即使发现自己不适合成为社会企业创业者，还是可以加入社会企业成为团队的一分子。基本上，这样的你与社会企业创业者的特质有些类似——愿意贡献个人心力改变世界，并且有自己关心的社会问题，也试图寻找是否有更好的解决办法。然而，无论你是社会新人或是已经在职场上摸爬滚打过一阵子，也许你还未准备好投入社会创业中去独当一面，但是你拥有经营社会企业所需的专业知识技能，如信息管理或财务管理等，你也想从事有社会影响力的工作，与此同时，你还具有开创精神。也就是说，不同于一般人会选择高薪但缺乏社会价值的工作，你倾向于顺从内心的信念驱使，开创属于自己的人生道路，这才是社会企业非常需要的人才。

2. 了解社企产业，加强专业知识技能

　　既然如此，想要成为社会企业一分子的你，有哪些资源可以运用呢？首先，你可以从分享社会企业新闻信息及专家评论的社会媒体找起。网络平台上累积的丰富信息，可以让你对社会企业有充分的认识，还能渐渐发现自己关切的产业类型及相关最新消息。接着，你可以参加许多学校单位、研究中心等组织开设的社会企业相关课程，还有它们举办的演讲、工作坊等活动，借此加强参与社会企业所需的专业知识技能。如果你是30岁以下的年轻人或者刚毕业的社会新人，还可以通过课程取得实习机会，更加了解社会企业的实际运作情形。

3. 接触社企，多渠道求职

　　在了解社会企业之外，还需要通过各种渠道接触社会企业，包括：你可以参与社会企业的研讨会和论坛，在这种场合很适合与社会企业进行交流，并且得知潜在的参与机会；你也可以依照个人条件搜寻社会企业的求职平台，从中找到心目中的工作；另外，你还可以借助社会企业认证系统找到自己感兴趣的社会企业，主动询问是否有加入组织工作的机会。

　　简而言之，你想成为社会企业一分子所需的资源可归纳如下：

- 你要如何了解社企——寻求社会媒体、教育推广。
- 你要如何接触社企——通过社企交流、人力资源、认证系统。

想成为社会企业一分子该怎么做？

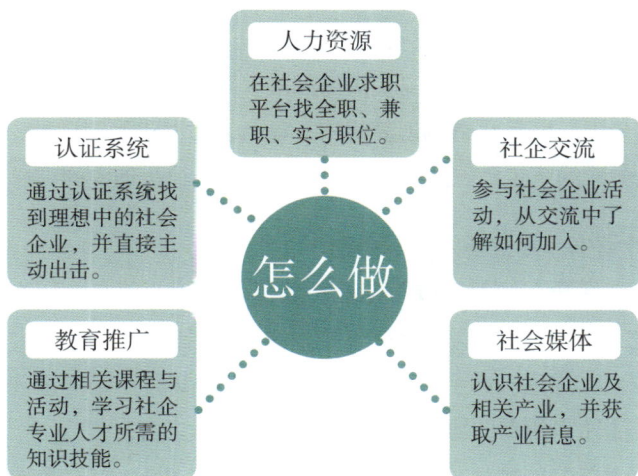

人力资源
在社会企业求职平台找全职、兼职、实习职位。

认证系统
通过认证系统找到理想中的社会企业，并直接主动出击。

社企交流
参与社会企业活动，从交流中了解如何加入。

怎么做

教育推广
通过相关课程与活动，学习社企专业人才所需的知识技能。

社会媒体
认识社会企业及相关产业，并获取产业信息。

行动方案四　我想创立社会企业

- ✔ 我是充满热情和梦想的人
- ✔ 我有敏锐的观察力
- ✔ 我关怀社会，想要解决社会问题
- ✔ 我善于发挥现有优势，并了解自身限制
- ✔ 我对创新有高度的包容性
- ✔ 我有很强的行动力
- ✔ 我不怕失败，也能承担风险

当今社会上有越来越多成功的社会企业出现，不满于现状的你必定也怀抱着改变世界的梦想，希望成立属于自己的社会企业。当然，要成为一名"社会企业创业者"绝对不是光凭想象就能达成的，你还必须符合创业者的条件，并且运用合适的资源。

1. 评估自己是否拥有社会企业创业者的特质

首先，你需要考量自我的个性特质。一般而言，社会企业创业者具备改变世界的梦想与热情，可以敏锐观察到存在的社会环境问题，进而产生关怀心、同理心，在想要解决问题的同时也了解自身优势与局限。除此之外，你还要有想法，能包容不同创新的可能性，而且要有实现梦想的行动力，并勇于面对挑战、承担风险，始终保持着不怕失败的坚定意志，最重要的是要能牢牢记住创业的"初衷"。

2. 撰写创业计划书，寻找各方资源协助

接下来，你便要开始着手撰写创业计划书。在创业路途中，你首先可能面临的最大挑战是筹措资金；其次，建立网络，寻找合作伙伴与人才，试图产生一加一大于二的效应；最后，社会企业需要培育、咨询服务，尤其是创业初期经常遭遇各种困难，往往需要专业协助。

为了克服上述这些挑战，你应该寻找相关资源协助。以资金筹措为例，你可

以参加社会企业的竞赛活动，若获得奖金可作为创业的种子基金；你还能选择参与基金会支持的社会企业相关计划以获得资助，或者寻求私人创投的机会和银行的项目贷款。

此外，你需要建立网络，寻找合作伙伴与人才，为此你可以参与社会企业研讨会和论坛，制造更多机会与各个社会企业进行交流，也能找到相同领域的合作伙伴。

3. 不断求进，用好咨询服务

最后，社会企业同样需要吸收信息知识、接受培训、获得咨询服务。在信息知识方面，分享社会企业新闻信息及专家评论的社会媒体，在网络平台上累积的丰富资源都可以为你提供免费参考；在培训方面，许多全球知名的学校纷纷开设社会企业相关课程，提供社会企业创业所需的技能，借以培育出卓越的社会企业创业者；在咨询服务方面，提供社会企业管理和经营咨询服务的顾问组织，可以在你遭遇困境时拉你一把。

简单来说，你想创立社会企业所需的资源可归纳如下：

- 社会企业创业者如何找资金——可以留意竞赛活动、创业投资、大众募资等资源。
- 社会企业创业者如何建立人脉及招兵买马——通过社企交流、认证系统、人力资源。
- 社会企业创业者如何长知识——寻求教育推广、顾问咨询、社会媒体。

想成为社会企业创业者该怎么做？

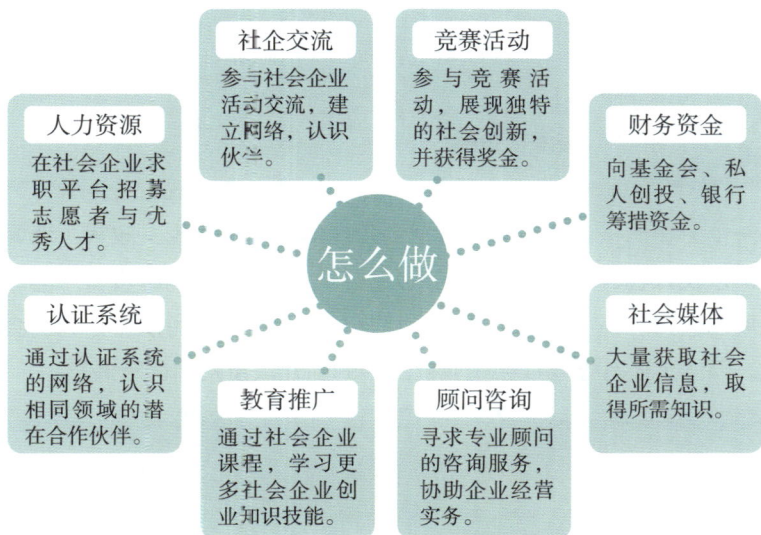

社企交流
参与社会企业活动交流，建立网络，认识伙伴。

竞赛活动
参与竞赛活动，展现独特的社会创新，并获得奖金。

人力资源
在社会企业求职平台招募志愿者与优秀人才。

财务资金
向基金会、私人创投、银行筹措资金。

怎么做

认证系统
通过认证系统的网络，认识相同领域的潜在合作伙伴。

社会媒体
大量获取社会企业信息，取得所需知识。

教育推广
通过社会企业课程，学习更多社会企业创业知识技能。

顾问咨询
寻求专业顾问的咨询服务，协助企业经营实务。

211

社会企业资源地图

当你确定了支持社会企业的方向，接下来便是搜寻所关注议题的相关组织。以下介绍的不同组织，其运营模式也各有不同。

■社区媒体

◎中国台湾

台湾社企流 /

Social Enterprise Insights

www.seinsights.asia

社企流通过撰写、分享与沟通有关社会企业的各种信息与资源，汇总岛内外各类案例以及新闻报道，是台湾第一个中文社会企业信息汇集平台。期待通过介绍社会企业这一概念，在台湾积累更多社企创业的知识与能量；并集结多方关心社会企业的人士、创业者、内部企业家，联结台湾社会企业全领域，整合形成完整系统。

◎中国香港

香港社企廊

www.etnet.com.hk/www/tc/seg/features.php

是一个免费的平台，汇集香港社会企业信息，包含相关政策、新闻资讯、活动信息，以及课程、工作坊等，向大众推广社会企业；同时具备产品服务搜索功能，并展示当月产品服务人气排行，给平台内读者提供可以合作的社会企业的优惠信息。网站上还有香港社会企业挑战赛的简介以及系列最新消息。

◎中国大陆

社会创业家全媒体

http：//www.shechuang.org/

社会创业家全媒体平台对中国社会创业进行全景化的扫描，以传统媒体结合新媒体，线上信息结合线下社群，为中国的社会创业者提供社会创新和公益创业领域的资讯支持和资源搭建。

创思客

http：//www.thinker360.com/page

创思客是佳信德润（北京）科技有限公司旗下一个有趣又有用的公益资讯平台，为读者展现全球各地的公益与社会创新实践。

◎国际

BottleDream

http：//www.bottledream.com/

BottleDream是一个专注于讲述社会创新故事，以此联结年轻创业者力量的平台。BottleDream在2011年6月1日儿童节上线，在两年多的时间里，编译传播了100多个国内外进行社会创新、积极改变社会的创业者的故事。2013年，创办者阿菜开始进行他的"社会创新环球纪录片探访计划"。2013年底，休整半年的BottleDream重新启动，目前的16人团队由创业者、媒体人、设计师、插画师、工程师和大学生组成，分布在中国、美国的7个城市。成员们利用个人时间，用网络远程协作的方式打造全新的BottleDream。

Triple Pundit

www.triplepundit.com

Triple Pundit是一家新媒体，每月拥有超过35万名读者。Triple Pundit致力于推动企业领导人认识与理解三重基线（财务、社会、环境），通过专家和编辑精选文章及小组讨论区，推动更多的人思索如何在21世纪建立和经营可持续、有道德并能获利的企业。

Pioneers Post

www.pioneerspost.com

Pioneers Post是一家新的网络报纸，每月有数万名读者阅读。该网站报道各地的社会创新故事，包括社会企业、基金会、慈善组织、一般企业等，并作为社会创新者的学习平台，促进正面的社会影响。而Pioneers Post的部分订阅收入，还会被用来从事社会投资。

Stanford Social Innovation Review

www.ssireview.org

Stanford Social Innovation Review（简称SSIR）是隶属美国斯坦福大学慈善及公民社会研究中心的实体杂志与线上网站。其目的在于通过跨领域的知识分享，包含微型金融、绿色企业和社群网络等主题，推动学术理论与实务接轨，促进公、私、非营利部门开发出创新方案来解决社会、环境与经济正义问题。

Social Earth

www.socialearth.org

以分享社会创业相关新闻与信息为主的线上社群，以"社会企业创业的创意力及持续性是我们的未来"为信念。拥有来自25个国家、超过170个撰稿人进行分析及新闻编写，内容涵盖创业、绿色能源、教育、微型贷款、科技、企业社会责任、健康等。许多撰稿人都来自美国知名社会企业或社会创新组织，例如Ashoka、Acumen Fund、PopTech、Accion USA、The HUB和Opportunity International。

NextBillion

www.nextbillion.net

创建于2005年，汇集商业领袖、社会企业创业者、非政府组织、政策制定者和学术界人士等对于企业发展有兴趣的人士，共同探索如何运用市场力量推动社会发展、协助人们脱贫，期待通过该网站分享的信息，以论坛的形式，让更多企业了解其产业策略及发展将会影响全球金字塔底端近40亿的群体及消费者。

■教育推广

学校组织与研究机构

◎中国台湾

中山大学社会企业发展研究中心

sedrc.nsysu.edu.tw

以培育社会企业创业人才，提供社会企业咨询以及辅导项目，并举办相关学术研讨会、出版刊物为走向，希望能够以创新研究结合社会责任，通过多方整合资源，进而解决社会议题，改善人民生活。未来将以培育志愿者、成立社会创投基金，并成立相关平台促进更多讨论为发展方向。

辅仁大学管理学院社会企业研究中心／台湾社会企业创新创业学会

www.seietw.org

成立主旨在于为社会性商品提供创新的原动力，发现政府以及商业市场不及之处，促进社会资源带来更富价值的产出。以企业经营方法以及相关科技，为社会企业创业者提供相关学术及实务的知识资源，协助他们克服挑战，进而发挥其理念和创意。

◎中国大陆

Aha社会创新学院

http：//www.ahaschool.cn/

Aha社会创新学院帮助所有关注社会创新领域的个人和组织提升"创意、创新、创业"的能力。

社会企业研究中心

http：//www.serc-china.org/

由知名商学院教授、商业和媒体精英共同发起，提供中国社会企业和影响力投资相关的研究、培训和咨询。自2008年创建起，便启动了系统性的社会企业研究，整理、研究了大量本地案例，并在2013年博鳌亚洲论坛上，和瑞银集团（UBS）合作发布了首份中国社会企业白皮书。

21世纪社会创新研究中心

http：//www.21innovation.org/2012/index.asp

21世纪传媒旗下的R&D中心"创新实验室"成立的"21世纪社会创新研究中心"，通过在21世纪经济报及相关媒体上进行新闻报道，以及开展丰富的编译出版、沙龙论坛等线下活动，积极倡导"社会创新"理念，对"社会创新"进行前瞻性探索并保持持续关注。它秉承"商业机制、公益创新"的原则，履行媒体在社会中的责任。

中国青年创想计划

http：//www.thinkbig.org.cn/website/aboutus.html

由成美慈善基金会于2013年发起，世青创新中心主办，秉承"人是我们的第一投资"的理念，汇聚和支持青年创变者(Young Changemaker)，为青年发起的公益项目和社会企业提供天使支持。申请人经过选拔，将被授予"青年创想家"(ThinkBIG Fellow)的荣誉称号。通过创想学院、创想实验室、创想大使学习奖学金、创想特刊等品牌项目，中国青年创想计划为这些"青年创想家"提供能力培训建设、国内国际学习交流机会、社区人脉网络支持、媒体报道宣传支持、潜在创投和资源对接机会。

银杏伙伴成长计划

http：//www.naradafoun dation.org/html/yxjh.html

是由南都公益基金会发起的一项资助青年人突破成长瓶颈，帮助其成为公益领域的领导型人才的长期计划。其主要资助对象为草根机构的领导人或创始人，也不排除学者、媒体人、个体行动者和未来的NGO领导人。该计划同时倡导社会各界一起支持公益人才、搭建人才成长的支持体系。

◎国际

Harvard University HBS Social Enterprise Initiative

www.hbs.edu/socialenterprise

　　隶属哈佛大学商学院，课程对象包括MBA学生、非营利组织、营利企业和公共部门工作者，课程着重于社会企业、组织领导以及社会公共议题，大多以个案研讨的方式进行讨论。对于社会企业家的培训，除了有相关实习，也提供创业基金的申请机会。

Stanford University Center for Social Innovation

csi.gsb.stanford.edu/about-csi

　　隶属斯坦福大学商学院的社会创新中心，为学生以及相关领域工作者提供相关课程，希望通过开发个人的创新思维来解决社会问题，打破理论与实务间的界线，提升大众对社会问题的意识，并进一步展开行动。也借助演讲以及研讨会推广社会创新的精神；同时安排实习和参访活动，促进学术界与非营利组织之间的交流和学习。

Duke University Center for the Advancement of Social Entrepreneurship

www.caseatduke.org

　　隶属杜克大学富卡（Fuqua）商学院，课程着重于社会创投，并有完整的课外实习，提供给对社会企业有兴趣的人士，强调如何评选对公益有影响力的社会企业投资资金。该中心被选为全球影响力投资评价研究中心，协助评价社会企业和社会创投基金的绩效。拥有集合了企业家、慈善家以及社会企业家的专业咨询团队，与史考尔基金会拥有伙伴关系。

民间团体

◎中国香港

香港社会企业策划有限公司（HKSEIC）

www.seic.hk

以"生、老、病、死"为主题推动社会企业发展。结合社会企业三角关系的理论，推动相关策划以及各类社会企业发展，同时进行社会企业的学术研究，出版相关社企理论文章，并在大专院校提供选修课程及实习机会。同时广结"民、商、官、学"，促进彼此间的合作，帮助他们履行各角色的社会责任。

◎国际

Community Interest Company（CIC）

seq.realideas.org

社区利益公司（Community Interest Company，简称CIC）提供了一个社会企业认证计划（Social Enterprise Qualification，简称SEQ），希望建立一套社会改革者的相关国际认证。SEQ培训能够为教师提供认证，培训如何获得铜级和银级认证，并协助学员了解社会议题与社会企业，主要对象为学校老师、青年工作者或机构代表。在培训学员方面，SEQ提供持续发展的社会企业计划，学员可以学习到如何寻找资金、举办活动和管理企业，并思考如何真正改变世界。

World Resources Institute

www.wri.org

世界资源研究所是致力于解决各项社会环境问题的智库机构。组织的目标是希望实现人类和环境的可持续共存，聚焦于气候、能源、粮食、森林、水资源以及都市运输等六大区域。研究领域包括环境能源保护、政府治理、企业管理、生态系统，并建立资料库，为社会人士和政府机构提供进行学术研究与政策规划之用的信息。

英国大使馆文化教育处社会企业家技能项目

社会企业家技能项目是英国大使馆文化教育处发起的一个大型全球项目，为民间组织从业者、社区领导、年轻人以及现有或潜在的社会企业家提供培训，帮助他们获得相关技能，通过社会企业的方式来解决社会需求并加强社区的建设。学员还可参加评选获得资金扶持，并与英国乃至世界各地的社会企业家建立联系，以获得来自同行的支持、辅导并资助的机会。自2009年项目开始执行至今，共有约380位学员接受培训并参与了一系列活动，其中不乏在读和刚毕业的大学生——他们带着服务社会的热忱和创新想法，充满干劲地走进了公益事业。

社企交流

◎中国台湾

社企流、台湾社会企业创新创业学会定期举办讲座、工作坊、论坛等实体活动增加产业交流机会。

社团法人台湾公益CEO协会

www.ceoclub.org.tw

于2010年正式成立，通过培育具有创新领导能力的公益人才，以及提供系统性的公益事业相关课程，进而发挥更大的社会影响力，促进社会进步。于2012年推动"志愿者企业家高峰论坛"的举办，旨在让参与者凭借志愿者与企业家的双重身份，在经营企业的同时参与公益；借助举办活动、讨论分享，促进政府、企业以及第三方部门之间的对话，并且让参与者更加了解公益事业与社会企业的面貌。

◎中国香港

香港社企民间高峰会

www.ses.org.hk/zh

于2008年创办。在香港政府与民间对社会企业的关注度不断增加的情况下，由民间企业主导，香港政府协助，香港社企民间高峰会应运而生。活动邀请国际知名社企家、香港当地的社企先驱以及与社会企业相关的产业政府学界人士与会，分享经验与想法。高峰会也参访论坛、工作坊以及香港社企，并推动多方的对话和合作。

◎国际

Asia Venture Philanthropy Network

www.avpn.asia

亚洲公益创投网络（Asia Venture Philanthropy Network，简称AVPN）是 2011年在新加坡设立的非营利组织，旨在发展壮大亚太地区的公益创投事业，建立一个充满活力与影响力的社会投资社群，目前已拥有来自20个国家的130多名会员。旨在为会员提供学习与交流机会，以及向公益组织与社会投资者推广公益创投的概念。

Social Innovation Exchange（SIX）

www.socialinnovationexc hange.org

为现今全球主要的社会创新网络，联结并支持社会创新者，通过会员间的相互分享，期待建立跨地域、跨部门的多元学习方式，共同传播社会创新理念；并与多个城市、国家以及国际组织合作，希望为多种社会议题如气候变迁、资源不均等，找到更好的解决方案，同时也提供多样化研究与资源。

NetSquared

www.netsquared.org

希望让一般大众与组织能够通过简单的渠道，获得有趣并有意义的信息，并能善加使用。作为增加公益影响力的手段，参与者可以通过Facebook、Twitter或是Linkedin等线上社群网站，分享自己的社会影响力计划。NetSquared也有实体的社区，可以让有志之士齐聚一堂相互分享与学习。另外也提供奖金挑战赛，通过头脑风暴来解决更多社会议题。

IMPACT HUB

www.impacthub.net

IMPACT HUB是联结世界各地的全球性网络，于2005年成立，在全球30多个城市，拥有超过5000名会员，同时扮演创新实验平台、企业培育者以及社群中心等角色。IMPACT HUB相信通过聚集富有同情心、创造力的人士，为他们提供独特的信息资源，点燃他们的思维亮点，促进会员间的合作，能够创造正面的社会影响力，让世界更加美好。

Net Impact

netimpact.org

为国际性非营利组织，推广并鼓励人们用商业的力量创建一个可持续的社会和环境，全球有超过4万名会员。通过提供丰富的网络资源，帮助企业建立对社会的正向影响力。同时深植校园，提供多样的课程，让学生探索并构建自身的能力。每年的年度研讨会为社企界盛事，各分会也会举办活动与工作坊提供学习与交流的机会。

Social Venture Network（SVN）

svn.org

通过联结、支持和启发企业领导者与社会企业家，建立一个公平可持续的商业生态。有数千名成功的企业领导者、社会企业创业者和社会影响力投资者一同参与，目前已是全球化的社会性网络平台。也针对提升平台成员多元性，提出了对接计划（The Bridge Project），借此提升组织知名度，并吸引更多不同领域的社会企业创业者一同参与。

i-genius

www.i-genius.org/home

是一个聚集社会企业家的全球性网络社群，通过社群会员的联系交流，成就彼此间的合作机会，同时提供相关的教育训练以及筹资咨询。并且通过活动、研讨会和培训课程等，加强会员间的互动，也让会员更加了解社会企业。另外，i-genius亦向企业、政府、学界推荐旨在改变社会的相关政策及计划。

Skoll World Forum

skollworldforum.org

史考尔世界论坛（Skoll World Forum）为年度论坛，每年集合了超过900位来自社会企业、财经、公共部门等多元领域的代表，一同聚集在英国牛津，主要为企业提供彼此学习和合作的机会，以及让公共部门了解社会企业的意义，从而支持社会企业。网站上则提供多领域的最新消息，包括教育、经济以及医疗等相关议题。

■消费渠道

◎中国台湾

公平在线 Fair on Line

www.faironline.com.tw

公平在线的平台，聚集了国际公平贸易组织认证的商品、台湾小农商品、台湾公益组织商品等，可分为食品、生活小商品、家居用品以及定制化商品等四大类型，同时提供台湾公益旅游信息。公平在线希望通过平等、透明且公开的交易方式，以群众的消费力量来改变社会，帮助弱势生产者能够经济自主，同时获得社会大众的支持。

一起帮 17 support

www.17support.com/

成立于2012年，鉴于台湾现阶段持续公益营利单位渐渐形成，却缺乏一个稳定的营销渠道，于是在台湾社会公益行动协会的主导下，诞生了一起帮公益电子商务平台。平台在现阶段除了购物外，还有两个部分：一个是介绍改变社会正面小故事的"读·一起故事"；另一个是"聊·一起话题"，针对某个议题，聚集参与者的各种不同声音，达到多元对话的目标。

公平超市 Fair Market

okogreen@gmail.com

为一个实体店面，为推广公平贸易概念，由生态绿公司主导，结合台湾公平贸易协会、地球树、洋嘎、茧里子、馥聚等多家现有公平贸易渠道，以绿色零售为运营核心。销售的商品均是善待土地、有益社会、有益民众的制品，包含经过国际公平贸易组织和世界公平贸易组织等认证机构认证的产品、台湾善待环境与有益农民的商品或手工艺品，以及台湾少数民族的手工艺品与农产品。

新生命信息服务股份有限公司 vivialife

www.vivialife.com

这个由脊髓损伤患者为主要工作人员的购物网站，由新生命信息服务股份有限公司规划、运营，销售的货物以台湾社会企业以及环保企业的产品为主。虽然近年来脊髓损伤患者的职业训练增加，然而许多企业由于公司内部无障碍空间不足，加上过去的刻板印象，仍普遍不愿聘用脊髓损伤患者。新生命信息打造无障碍的工作环境，希望协助脊髓损伤患者自立自强、展现其工作能力。

◎中国香港

好好社企 Good Goods

www.goodgoods.hk/zh-hant

好好社企，又称"社联—汇丰社会企业商务中心"，是一个社企协作平台，属于香港社会福利署与汇丰银行成立的扶弱基金所共同设立的"香港社会服务联合会"。好好社企拥有实体店面，销售社会企业的各项产品，也具备电子商务平台功能，并且从2007年开始，每年印制2000份社企指南，内容包含全香港社会企业的信息，供社会大众查阅。

■财务资金

基金会

◎国际

Schwab Foundation for Social Entrepreneurship

www.schwabfound.org

施瓦布社会创业基金会（Schwab Foundation for Social Entrepreneurship）希望能培养社会企业创业者，以促进社会创新与进步。其主要活动为挑选杰出的社会企业创业者进入其网络，以及每年选出"年度社会企业创业者"。活动开放给全球社会企业创业者申请，筛选标准有创新性、持续性、社会或环境影响力等，获选的社会企业创业者能得到基金会的投资和财务资源。

Skoll Foundation

www.skollfoundation.org

史考尔基金会（Skoll Foundation）的愿景是构建一个持续发展的和平繁荣世

界，希望借助投资、联结与表扬创新的社会企业创业者，帮助解决全球最迫切的问题。基金会的投资方式除了有社会创业奖的补助，还有特定计划投资，提供低于市场利率的资金，以协助扩大社会影响力，目前投资总额超过2000万美元（约为1.24亿元人民币）。

Ashoka

www.ashoka.org

阿育王（Ashoka）是全球最大的社会企业创业者网络，已经投资1亿美元（约为6.2亿元人民币）给全球的社会企业创业者。每年甄选杰出的社会企业创业者成为阿育王伙伴（Ashoka Fellows），并提供创业基金与专业支持，以及与全球网络建立联结。阿育王伙伴的挑选并不限于特定经营领域或国家，最重要的是能贡献出创新方法解决社会问题，产生长期的社会影响力。

创业投资

◎中国台湾

活水社企开发

www.livingwater.asia

活水社企开发创立于2011年春天，旨在开发改变社会的投资机会，追求能自给自足、可持续扩展，并且联结社会企业创业者与社会投资者两端，一起发展值得被投资的社会企业商业模式。活水社企开发也积极参与协助构建台湾社会企业的生态体系，包括建立社会企业社群、引进专业资源、理清政策愿景及消除法规障碍等。

◎中国大陆

恩派公益组织孵化器

http://www.npi.org.cn/index.aspx

2006年，恩派于国内首创公益孵化器模式，旨在为处于创业初期的公益组织提供资源平台、财务托管、公共空间、能力建设、种子基金、注册辅导等关键性支持，成功开创了"社会力量兴办、政府政策支持、专业团队管理、社会公众监督、公益组织受益"的业务模式。截至2014年，公益孵化器已成功"孵化"了约200家优秀社会组织，业务涵盖扶贫、教育、青少年发展、助残、社区服务、社会工作等诸多领域。其中，"多背一公斤""手牵手""青翼""瓷娃娃""新途""雷励""爱有戏""信实"等机构已经成为中国公益领域的知名品牌。

阿拉善SEE基金会创绿家环保公益创业资助计划
http：//www.see.org.cn/clj/

是由SEE基金会发起的、专门支持环保公益团队创业期发展的资助计划。旨在发掘和培育中国环保公益领域新生力量，协助那些关心环境和家园、富有企业家精神的创业者和团队更为成功地度过创业阶段，从而推动环保公益行业形成一个健康、多元的生态系统，最终实现可持续的环境保护目标。

新湖育公益创投基金
http：//www.venture avenue.com/yufund.asp

育公益创投的初始资本为1000万元人民币，愿景是通过公益资本有效加速中国社会的创新进程,促使社会企业拥有比传统非营利机构更深远的影响力。育公益创投的使命是通过天使投资和运营管理咨询，帮助中国具有高成长潜力的社会企业实现规模化。

友成企业家扶贫基金会
http：//www.youcheng.org/

友成企业家扶贫基金会（以下简称友成基金会）是经国务院批准，在民政部注册的全国性非营利社会组织。友成基金会以推动社会公正和谐发展为目标，以发现和支持"新公益"领袖人才、建立跨界合作的社会创新网络支持平台为使命，通过研发、实验、资助、合作和倡导，打造新公益价值链，推动更公平、更有效和更可持续发展的社会生态系统的建立。

成美慈善基金会
http：//www.cmjjh.com/

是一家地方性公募基金会，成立于2010年10月。作为南南亚太委员会合作慈善机构，于2013年7月在香港发起设立了"南南国际慈善基金会"，致力于在南南成员国家开展各类公益慈善发展项目。成美慈善基金会定位于发展成为一个社会投资型基金会，致力于关注教育、医疗、文化、环保等四大领域的社会发展工作，并支持相关领域的社会创新及可持续发展，促进公益有效性和影响力。

 **南都公益基金会**

http://www.naradafoundation.org/

成立于2007年5月，是经民政部批准成立的非公募基金会。南都基金会的原始基金（1亿元人民币）来源于上海南都集团有限公司。南都公益基金会关注转型期的中国出现的社会问题，资助优秀公益项目，推动民间组织的社会创新，促进社会平等和谐。

 **浙江敦和慈善基金会**

成立于2012年5月，是一家在浙江省民政厅登记注册、具有独立法人资格的资助型非公募基金会，原始基金为2000万元人民币。基金会的业务范围是：资助老年机构及老年福利服务项目建设；资助贫困学生；扶植公益文化事业；救助孤寡病残等民政对象群体；理事会认为必要的其他慈善项目。

深圳市创新企业社会责任促进中心

http://www.csrcn.org/index

在深圳市委统战部指导下，由香江社会救助基金会、腾讯公益慈善基金会、桃源居公益事业发展基金会、招商局慈善基金会、万科公益基金会、中国中科智担保集团、中科创金融控股有限公司和深圳市慈善会等全国知名公益机构与企业借鉴国际专业理念与模式，联合发起专项开启企业可持续社会责任、企业社会创新应用价值研究的非营利组织。

◎国际

 **Acumen Fund**

acumen.org

聪明人基金（Acumen Fund）是一个非营利的全球风险投资基金，希望使用商业方式解决全球的贫困问题。聪明人基金运用债权或股权投资，作为7到10年的耐心资本，针对为穷人提供可负担的商品和服务（包括饮用水、农业、住宅、替代能源、健康等）的社会企业，给予每家公司30万至250万美元（约为186万至1551万元人民币）的投资，以追求最大的社会影响力。

Bamboo Finance

www.bamboofinance.com

一家全球商业私募股权投资公司，专门投资能够改善新兴市场低收入人民生活的商业模式，于哥伦比亚、新加坡、卢森堡、日内瓦等地设有办公室，总共管理2.5亿美元（约为15.5亿元人民币）的私募股权。对于公司的投资标准除了财务绩效之外，也包含其产品、服务是否让弱势群体负担得起，或是否雇用弱势人群以改善他们的生活，经过社会影响力的评估架构再决定投资的金额。

Village Capital

www.vilcap.com

Village Capital受到微型贷款的启发，借助创业者同人的支持力量帮助社会企业，解决全球贫穷与环境的问题。加入其网络的创业者，同时也是其他社会企业的投资合伙人，可以分享意见及扩大创新。Village Capital设立各种项目吸引全球创业者参与，经过专家咨询与同人协力的过程，在项目最后由所有创业者选出最佳的社会企业，其创业者与投资合伙人可以共同得到5万美元（约为31万元人民币）以上的资金。

Root Capital

www.rootcapital.org

一个非营利的社会投资基金，提供5万至200万美元（约为31万至1241万元人民币）的资金及相关金融训练，让拉丁美洲与非洲地区的中小企业能够给予农民更高且更稳定的价格，换取高品质、可持续的农产品（如咖啡、可可、蔬菜水果等）进入全球市场。不仅中小企业成为值得信赖的供应商，也帮助了消费者，同时促进农村发展，增加收益、社会和环境的影响力。因此，Root Capital创造了极高的还款率，投资风险很低。

LAUNCHT

Launcht

www.launcht.com

一个群众集资的网络平台，有专门为社会企业建立的集资渠道。由社会企业创业者提出自己的计划以及所需的金额，让网络平台参与者了解每一个集资计划，进而提供实际资金援助。借助整个平台的运作，结合群众力量与社会企业创业者的创业蓝图，不仅让创业者获得群众资金援助，还让群众参与了创业者的梦想，进一步达成改善社会的目标。

银行

DBS 星展银行

星展银行

www.dbs.com.tw

星展银行总部位于新加坡，是亚洲最大的银行之一，重视社会公益的实践。星展银行（台湾）通过扶持社会企业的成长，为社会企业提供专属账户优惠及专业的金融咨询服务，协助社会企业持续经营。"社会企业专属账户"新台币活期存款采取阶梯式利率付息，最低起息金额为1万新台币（约为2002元人民币）。

■顾问咨询

◎中国台湾

AAMA Taipei 搖籃計劃

AAMA台北摇篮计划

aamataipei.com.tw/index.htm

AAMA台北摇篮计划是一项非营利的创业培育计划，以"学习、分享、友谊、回馈"为核心价值，邀请产业精英担任导师。每一期计划为时两年，为网络科技、文化创意、社会企业、生活服务等四大领域的创业者，串联更多和其他地区的交流机会，帮助他们拓展视野、丰富经验。

◎中国香港

Social Venture Hong Kong

www.sv-hk.org

香港社会创投基金（SVhk）是民间的社会企业基金，运用专业知识解决社会企业在创投方面的困难。除了资金的支援之外，也为香港社会企业提供其他的支持，扶持和培育更多的香港社会企业，并促进年轻的专业人士参与社会创业。

◎中国大陆

道和环境与发展研究所

http：//www.ied.cn/zh-hans

成立于1994年，是一家生态环境保护与社会发展领域的研究型公益机构，致力于为环境相关利益方提供前沿的数据分析以及建设性的环境解决方案。机构在创始之初，面对国内相对不成熟的可持续发展环境，坚持可持续发展领域的研究、公众教育和环境信息的开发与服务，推动了可持续发展理念在中国的普及，尤其是培养了一批目前走在中国可持续发展前沿的领袖人才。

◎国际

Intellecap

www.intellecap.com

该公司致力于以市场导向的方式改善金字塔底端人民的生活品质，协助企业以持续经营的商业模式解决社会和环境问题。该公司在全球提供构建微型金融机构的能力及经营策略的咨询服务，主要客户则位于亚洲和非洲地区的金字塔底端市场。

Root Cause

www.rootcause.org

为一家非营利的研究和咨询公司，为了解决现今棘手的社会问题，提供策略、财务持续性、跨界协力合作、领导发展等咨询服务，培养组织领导者的社会创新能力，扩大其社会影响力，而大部分客户所关注的社会问题，以教育、健康、经济发展为主。

NESsT

www.nesst.org

为国际性非营利组织，希望借助提供金融资本、教育训练和咨询辅导，让在全球范围内进行合作的社会企业提高其持续经营的能力与社会影响力，解决发展中国家各种社会与环境问题。NESsT主要提供的专业服务有策略发展与规划、能力构建与培训、项目执行等，让客户从实战中学习，形成属于客户自己的创新与变化过程。

Global Social Benefit Institute（GSBI）

www.scu.edu/socialbenefit/entrepreneurship/gsbi

GSBI是美国圣塔克拉拉（Santa Clara）大学"科学、科技与社会中心"所开发的计划，旨在协助社会企业家发展企业计划，成为财务持续发展的组织。GSBI提供线上课程给刚创立的企业，协助企业验证其商业模式；另有课程协助社会企业家发现、确认适合的资金，快速增加其影响力。两种课程都有企业家、硅谷顾问与社企工作人员的高度参与。

Entrepreneurial Training for Innovative Communities（ETIC）

www.etic.or.jp/english/index.html

成立于1993年，由宫城治男先生创办，通过启发年轻人的社会创新思维，鼓励其发现社会问题，从而为其提供社会创业以及实现创业所需能力的机会。提供中长期的实习计划，让年轻人进入企业或者非营利组织实习，从实务中发现问题；同时协助青年成立新创公司。ETIC有超过300位业界导师协助培训，已培养了超过150位社会企业创业者。

Foundation for Youth Social Entrepre neurship（FYSE）

www.fyse.org

是一个慈善基金会，目标是帮助社会企业创业者实现最大的社会影响力，解决迫切的社会和环境问题。该基金会比较特别的是，它发起女性社会企业创业者培养计划，针对社会企业的知识和工具提供专业咨询，发展社会企业创业者的网络，验证其商业模式，另外还在上课期间提供托儿服务。

McKinsey's Social Sector Office
www.mckinsey.com/client_service/social_sector

麦肯锡（McKinsey & Company）是一家全球管理顾问公司，该公司也注重社会影响力与持续发展，因此在客户服务项目中设立社会部门，帮助社会企业家推动社会变革。其专业咨询的领域为经济发展、社会创新、教育、全球公共卫生及可持续性。

■竞赛活动

◎中国台湾

TiC 100社会企业创新竞赛
www.tic100.org.tw

TiC100由研华文教基金会主办，借助创新平台TiC100进行跨领域合作，以激发青年创新知识的能量，联结社会企业的持续发展，并促成青年投身社会企业、自主创业。竞赛通过企业出题，指导学生体验真实的企业环境，在创新畅想与实际演练的过程中，学习创新的商业模式。竞赛总奖金超过百万元新台币，第一名奖金30万元新台币（约为6万元人民币），报名对象为35岁以下、大学以上（含在校生）的青年人。

◎国际

DBS星展银行-NUS新加坡大学社会企业创业挑战竞赛
socialventurechallenge.asia

星展银行（DBS）与新加坡大学（NUS）共同合作"社会企业创业挑战竞赛"，报名不限年龄、国籍和队伍人数，竞赛第一名奖金高达3万元新币（约14万元人民币），总决赛优胜者还可得到专业辅导、培训等支持，并在跨国的公益平台上与伙伴分享交流，协助新创的社会企业发挥可持续的社会影响力，建立起亚洲地区的社会企业创业文化。

亚洲社企创新奖

www.socialinnovationaw ard.asia/index-chi.html

香港社会创投基金于2008年开始设立亚洲社企创新奖，增加民众对亚洲城市社会议题的了解，借助此平台的资源，帮助参赛者实现创新计划。每年在亚洲区（符合参赛资格的国家名单由香港社会创投基金决定）和香港区分别设置三个2000元港币（约1600元人民币）的奖项，另在香港区设有"最佳多媒体大奖"（奖金2000元港币），颁给最能运用多媒体发表提案的获奖者，亚洲区获奖者将受邀到香港出席颁奖典礼和"社企民间高峰会"。

Dell Social Innovation Challenge（DSIC）

www.dellchallenge.org

戴尔社会创新挑战赛（Dell Social Innovation Challenge，简称DSIC）于2007年由美国得州奥斯汀大学公共事务学院RGK慈善事业中心发起，翌年获戴尔公司支持，赞助社会创新者发现好点子，协助改善全球亟待解决的社会和环境问题。比赛开放给大学生报名参加，从构思初期的点子到成熟运作的计划都可以参赛，竞赛总奖金超过35万美元（约为217万元人民币），第一名奖金达6万美元（约为37万元人民币）。而且，任何人都可以通过比赛的线上社群提供建议和资源，支持学生们所提出的计划。

Global Social Venture Competition（GSVC）

www.gsvc.org

全球社会企业竞赛（Global Social Venture Competition，简称GSVC）由美国伯克利大学商学院主办，为社会企业创业者提供指导和曝光的机会，并协助他们实现商业计划以产生正面的影响力。竞赛分为地区初选、地区准决赛和全球总决赛三阶段，参赛团队中必须有一名研究生（可以是应届毕业生或毕业两年内的研究生），而且要实际参与竞赛。竞赛的总奖金为5万美元（约为31万元人民币），第一名奖金2.5万美元（约为15.5万元人民币）。

Global Social Entre preneurship Competition（GSEC）

www.foster.washington.edu/centers/gbc/globalsocialentrepreneur
shipcompetition/Pages/GSEC.aspx

全球社会创业竞赛（Global Social Entrepreneurship Competition，简称 GSEC）由美国华盛顿大学西雅图分校每年举办，鼓励大学生运用商业模式，提出可持续发展的方案来解决全球贫穷、健康、发展的问题。竞赛总奖金超过3万美元（约为18.6万元人民币），参赛团队还有机会获得健康、发展、企业领域专家的指导。

Hult Prize

www.hultprize.org

美国霍特国际商学院奖（Hult Prize）致力于推动新一代的学生社会企业创业者，与克林顿全球倡议（Clinton Global Initiative）合作。每年3月，大专院校学生可组队（最多可有一名校友）进行社会企业提案，经评选后的6支优胜队伍在七八月参加霍特国际商学院辅导课程，9月决赛时于克林顿全球倡议年会上发表其草创企业提案，获胜队伍将获得100万美元（约为620万元人民币）的奖金。

William James Foundation Sustainable Business Plan Competition

www.williamjamesfound ation.org

威廉·詹姆士基金会（William James Foundation Sustainable Business Plan Competition）为支持改善世界的企业家，举办可持续商业计划竞赛，竞赛总奖金不仅超过10万美元（约为62万元人民币），还为得奖者提供专家的回馈、指导以及获得投资人青睐的机会。参赛对象必须是创业规划中或现有公司的领导人，参赛者的公司可以是在创业规划阶段，或者计划对公司经营方针做出重大变革。公司至少要有一名领取基本工资的全职人员，并有能够衡量社会、环境或文化的影响力指标。

■人力资源

◎中国大陆

小鹰计划

http：//www.youcheng.org/plus/list.php?tid=87

　　"小鹰计划"是友成基金会发起的青年发展与培养项目，鼓励青年走进基层，亲自参与社区发展项目，并在服务中学习、成长。"小鹰计划"旨在让青年通过一年的基层实践磨砺意志、发现自我、培养公益及社会企业家精神，并提升基层工作与社会协作能力，成长为具有公益视角的跨界领袖型人才。

中国公益慈善人才培养计划

http：//www.charity.gov.cn/fsm/sites/charityleader/index.jsp

　　"中国公益慈善人才培养计划"是在民政部指导下，由中民慈善捐助信息中心、安利公益基金会共同发起的项目。项目为期三年，安利公益基金会出资1000万元，通过实战培训、专家指导、机构资助、海外考察交流、专业论坛与行业课题研究等形式，满足公益慈善人才的需求，支持公益慈善领军人物个人成长，探索公益慈善人才培养新模式。

慈善千人计划·老牛学院

http：//www.charity.gov.cn/fsm/sites/laoniu/preview1.jsp?ColumnID=889&T826100846462499810

　　"慈善千人计划·老牛学院"项目由中国慈善联合会指导，中民慈善捐助信息中心和老牛基金会共同发起。"慈善千人计划"的目标是5年内培养1000名慈善组织领军人物，最大限度地改善慈善行业的人才生态。"老牛学院"作为该计划的启航项目，由老牛基金会出资1000万元，计划在3年内培养200名左右的专业慈善人才。

◎国际

B Corp Jobs Board

www.bcorporation.net/community/jobs-board

B型企业（B Corp）除了从事企业的认证，也提供工作的中介服务，经过认证的企业可在B型企业网站上的求职专区（B Corp Jobs Board）张贴招聘信息，求职者可依据公司名称、地点、产业类别进行搜索，有全职、兼职和实习的工作类型可供选择。

Echoing Green

www.echoinggreen.org/social-impact-jobs

Echoing Green致力于投资和支持杰出的新兴社会企业家，协助解决世界上棘手的社会、环境问题。为了让更多人接触到具有社会影响力的工作，该网站特别设置社会影响力求职专区，每月整理一次相关职位信息并发布。工作类型分为Echoing Green内部职位、合作的社会企业的职位，以及全球性社会企业的工作机会。

GIIN Career Center

jobs.thegiin.org

全球社会影响力投资网络（Global Impact Investing Network，简称GIIN）是一个致力于提升社会影响力的规模与效益的非营利组织。GIIN的求职中心（GIIN Career Center）主要是开放给其会员及其他重要的社会影响力投资公司刊登职位信息，职务领域分为金融财务、社会影响力评估及其他专业，也有全职和实习的工作类型供选择。

GreenBiz

jobs.greenbiz.com

GreenBiz致力于推广绿色企业，不仅提供绿色环保信息，也为绿领人才提供工作中介平台。绿色企业有30天的免费职位张贴优惠，用来寻找全职、兼职、实习和志愿者人才。求职者可以依照职务领域（如绿色建筑、绿色科技等）、所在国家和区域、工作经验来搜寻职位。

235

 **NextBillion**

nextbillion.net/jobsfeed.aspx

　　NextBillion是为了改善金字塔底端人民的生活环境而成立的社会媒体，希望帮助他们提升至中产阶级的生活水平。NextBillion除了发布相关新闻，也提供一个工作中介平台，包含全职、实习等工作类型。不过，该网站并无分类搜索的功能，只能按张贴时间排序，招聘对象以金字塔底端的人群为主。

 **Social Good Jobs**

socialgoodjobs.org

　　Social Good Jobs是由Green Jobs Network设计出来的新服务，目的在于将社会企业的相关工作推荐给有兴趣的求职者。企业可在网站上免费张贴工作机会，提供全职、兼职和实习等职位类型；求职者可根据工作领域、薪水与张贴时间分类搜索，更容易找到有兴趣且符合专长的工作。

 **TreeHugger**

jobs.treehugger.com/?campaign=th_nav_jobs

　　TreeHugger是一个致力于可持续环境发展的媒体平台，不仅提供绿色环保的新闻和产品消息，也为企业提供张贴职位信息或搜索相关的职位信息的服务。求职者可以依照职务领域（如管理或营销等）、所在国家和地区、工作经验或实习机会进行筛选。TreeHugger的搜索引擎功能相当健全，适合有志于投身可持续环境发展的求职者。

 **Bankers without Borders**

grameenfound.secure.force.com/apex/myopportunities

　　Bankers without Borders是格莱珉基金会（Grameen Foundation）的全球志愿者计划，联结个人与公司并协助微型贷款机构为弱势人群服务，为志愿者提供机会，发挥他们在科技、财金、商业等方面的专业技能，促进当地持续发展并提升微型贷款的影响力。注册成为会员志愿者后，可以根据所在地区、个人或团队、项目长度、个人专业技能等进行分类搜索。另外，网站也为会员提供线上课程与职业发展辅导，并拓展志愿者的人际网络，分享创新的好点子。

■认证系统

◎国际

B Corporation

www.bcorporation.net

B型企业（B Corporation）是由美国非营利组织B型实验室（B Lab）提出的认证机制，目标是要创造一类可运用市场机制解决社会与环境问题并实现公共利益的公司。B型企业与传统企业不同，要能展现全面透明的社会与环境绩效指标，建立高度的法律责任标准，以及推动公共政策对可持续企业的支持。目前全球已有超过840个认证的B型企业，分布在27个国家、60种不同行业中。

Social Enterprise Mark

www.socialenterprise mark.org.uk

社会企业标志（Social Enterprise Mark）是一项可信、独立的国际认证，保证其认证的社会企业将至少五成的盈余用于回馈社会，目前共有300多家企业获得社会企业标志。企业必须符合六项重要标准才有资格取得该标志，包括：设定社会或环境目标；必须是独立的企业；至少一半的营收来自企业的商业模式；至少一半的盈余用于改善社会或环境；企业解散时，剩余的资产需分配到社会或环境领域；企业申请认证时，必须提供最大化社会影响力的声明书。

Community Interest Company

www.bis.gov.uk/cicregulator

社区利益公司（Community Interest Company，简称CIC）拥有英国法定的公司形态，目前有8400多家。设立公司的目的是为了促进社区利益，公司的资产需锁定且利润不能分配给私人，必须用于改善社区。要成为一家社区利益公司，公司章程必须遵守社区利益公司的相关法规，并通过"社区利益检测"（Community Interest Test），提交一份社区利益公司的年报，保持与社区密切互动，在向英国公司登记处（Company House）登记时，还必须提供社区利益声明书。

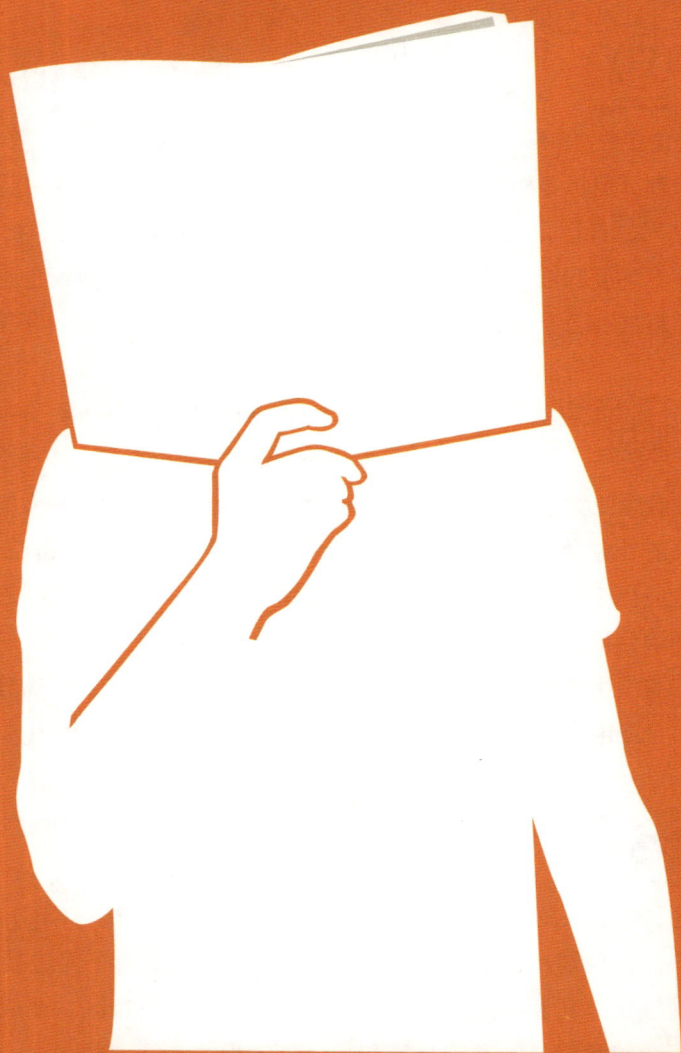

第七章

社会企业：创业实战手册

全球顶尖社企培育组织UnLtd，心法传授创业要诀。

你为社会企业感动而亟待投入吗？你想效法社会企业

创业者，将心中的好点子变成利他的好生意吗？

这一章将为你的心意愿望提供务实的指导：

• UnLtd独家授权社企创业教材

• 十个社企的创业心法、利基评估

• 十篇台湾社企先驱的专业分享

邀你一起展望创业与创新的未来！

十个创新法则，教你做好社企创业评估

在关注某个社会议题，继而产生改善该领域的想法后，接下来最重要的便是将点子化为行动，并考虑实践过程当中所需的资源以及潜在的机会、挑战等。

在社会企业发展最悠久的英国，已经有人整理出值得我们学习的实践之道，譬如英国社会企业培育组织UnLtd。UnLtd是全球最大的社会企业创业者支持平台，在2000年因英国政府决定将部分千禧信托基金用于支持社会企业创业而成立，总部设于伦敦。UnLtd将社会企业创业视为一段旅程，每年发起多个奖项，培育近千名社会企业创业者，奖项涵盖了社会企业的启动、扩张、转型等不同阶段的发展，提供的支持则包括资金、专业顾问、网络、培训等服务。UnLtd专注引导积极投身社会变革的人士，是国际上最具活力与创意的社会创新引擎之一。

本书取得UnLtd英国总部授权，以其所出版的《社会企业创业工具箱》（*Social Entrepreneurship Toolkit*）的架构为基础，整合社企流近两年在台湾社会企业领域的观察与经验，分别就10个实战课题进行讨论：

1. 社会改变模式（Social Change Model）
2. 商业获利模式（Business Model）
3. 法律地位选择（Legal Structures）
4. 组织治理架构（Governance）
5. 运营机制规划（Operations）
6. 营销宣传策略（Marketing）
7. 社会绩效评估（Monitoring & Evaluating Social Impact）
8. 财务预测管理（Financial Management）
9. 资金募集渠道（Funding and Financing）
10. 个人职业考量（Personal Consideration）

🌐 **全球顶尖社企培育组织UnLtd社会企业创业旅程**

社会企业创业旅程				
启发与激励	构思改变社会的好点子	想法来回测试与修改	正式成立组织追求持续发展	组织规模化或转型
新的社会企业家			既有社会企业家	

（参考来源：UnLtd）

第一步 考量你想改变社会的模式：界定愿景、使命与价值

愿景（Vision）、使命（Mission）与价值（Value）是区分社会企业与一般企业的三大元素。在试图判断一个组织是不是社会企业时，许多人也都会从"这个组织解决了什么社会问题"来做思考。什么问题是社会问题？什么方式才算是在解决社会问题？其实答案是由每个人自由决定的，并无固定标准。

思考你关注的议题，寻找解决的方法

在此，本书试着提供"社会改变模式"（Social Change Model）三大通用且常见的工具，期待引导读者思考一个项目或组织的"社会性"。这三大工具是：

· 问题理论（Theory of Problem）：你所要解决、改善的某一个社会、环境问题。

· 改变理论（Theory of Change）：针对你所要解决、改善的社会问题，提出相对应的解决方法与策略。

· 行动理论（Theory of Action）：你的行动是否能够让所属项目或组织产生解决方案、具体落实改变理论的架构？

下面我们来具体谈谈这三大工具的内涵和使用方法。

一、问题理论：找出解决问题的方向

一个社会创新项目或一个社会企业的产生，绝大部分都是从创办人关注某个社会问题而开始的，而每个社会问题所牵涉的层面与利害关系，可以说是包罗万象。因此，投入充分的时间与资源进行田野调查，全方位了解你所关注的议题是非常重要的。田野调查就像是在起跑前做准备活动，当你对于自己所关注的议题有了充分了解之后，就更容易建立起有效的解决方案，而非不切实际的空想。同时，在你对外接触潜在合作者、消费者、投资者等利害关系者时，也更能简单、明确地让他们知道你认真做了功课，而不是盲目行事。

问题理论可分成三个方面来思考：现有状况、发展脉络、目标状况。针对一个社会问题，先试着勾勒出现有状况与目标状况，就能更清楚有哪些需要努力的地方。

以创立于英国，而后日本、韩国、澳大利亚等9个国家及中国台湾地区也取得授权的实体刊物*The Big Issue*为例，创办人博德（John Bird）出身于贫寒家庭，5岁后的人生在街头、孤儿院、监狱中度过。

热爱文学与艺术的博德，因为自身经验，深刻体会到社会边缘人群谋生时的挣扎与困难，大部分游民除了乞讨与打零工外，并无常态性的就业机会。于是他兴起了创办杂志、通过游民销售杂志的念头，使游民可以有尊严地赚取收入，找回生活自主权与信心，让他们"把手举起来（卖杂志），而不是把手伸出来（领救济金）"。

可参考旁边的示意图，了解如何利用问题理论，找出想要解决某一社会问题的方向。

二、改变理论：建立解决问题的方案

清楚定义出你想解决的社会问题后，下一步便是建立解决方案。改变理论又称为逻辑模型（Logic Model），是协助设计、规划解决方案的好工具，包含下页示意图所示的八个要素。

经过前面问题理论的归纳

⊕ 问题理论三步骤（以*The Big Issue*杂志为例）

一、现有状况：目前问题为何？

针对一个社会问题，勾勒出现有状况，找出有哪些需要努力的方向。

例 大部分游民除了乞讨与打零工外，无常态性就业机会。

二、发展脉络：针对问题做环境分析

A 谁正在面临此问题？

1.找出目标群体，必要时可依地区等条件再做分类。
2.找出目标群体目前面临此问题的经验。
3.找出能改善现状的趋势或潜在改变。

例 想针对游民提供帮助。

B 问题规模怎样？

1.找出上述每个目标群体的规模。
2.观察各群体规模的趋势，是在增加、减少或持平。

例 从游民数量、游民成长率看出问题规模。

C 问题为何存在？

利用PESTLE架构，思考造成此问题的政治（P）、经济（E）、社会（S）、科技（T）、法律（L）、环境（E）等原因。有些原因是小规模、个别性的，有些原因则是大规模、系统性的。这是最困难也最重要的一部分。

例 1.个别性原因：游民缺乏就业渠道与社会福利信息来源。
2.系统性原因：机构雇主与社区大众普遍歧视游民。

三、目标状况：问题被解决后的情况如何？

针对此社会问题，希望达到的解决目标。

例 游民可以有尊严地赚取收入，找回对生活的自主权与信心，进而改善游民问题。

（参考来源：UnLtd Social Entrepreneurship Toolkit）

与分析，此时你应该能够明确建立"活动—产出—效益"的假设，清楚自己的项目或组织所采取的活动与预期成果之间的因果关系。此外，对社会企业而言，在

⊕ 改变理论的八个要素

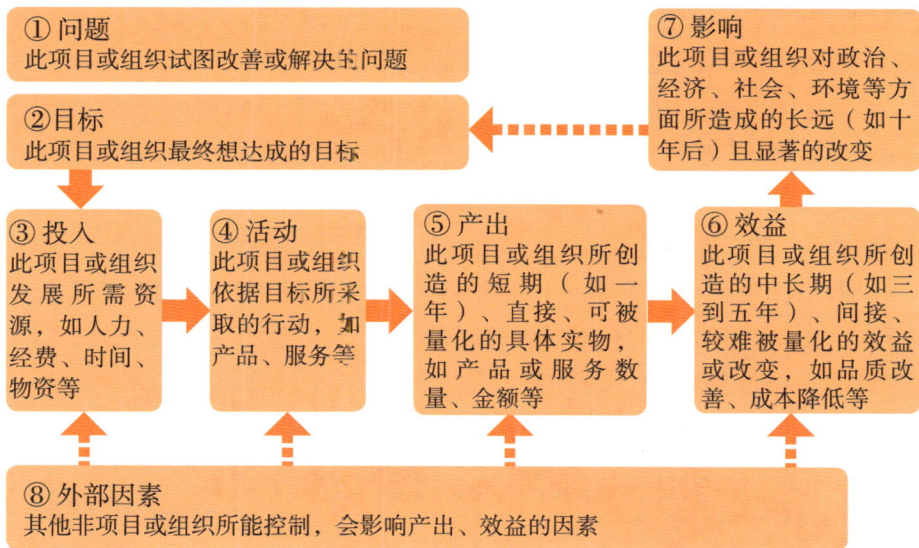

① 问题
此项目或组织试图改善或解决的问题

② 目标
此项目或组织最终想达成的目标

③ 投入
此项目或组织发展所需资源，如人力、经费、时间、物资等

④ 活动
此项目或组织依据目标所采取的行动，如产品、服务等

⑤ 产出
此项目或组织所创造的短期（如一年）、直接、可被量化的具体实物，如产品或服务数量、金额等

⑥ 效益
此项目或组织所创造的中长期（如三到五年）、间接、较难被量化的效益或改变，如品质改善、成本降低等

⑦ 影响
此项目或组织对政治、经济、社会、环境等方面所造成的长远（如十年后）且显著的改变

⑧ 外部因素
其他非项目或组织所能控制，会影响产出、效益的因素

记录自己产品或服务的数量或金额（产出）外，明确验证产品或服务能为社会带来中长期的正向改变，是非常重要的工作。一个社会问题的改善，可能是成千上万个组织的集体贡献，因此，建议将非项目或组织所能控制的外部因素列入考虑范围，并从产出指标中建立合适的效益与影响指标。

以 *The Big Issue* 为例（参考第150页），创办人的假设便是组织通过雇用游民为杂志销售员（活动），为游民创造 X 个就业机会（短期产出），提高收入 Y%（短期产出），使游民找回生活自主权与信心（中期效益），扭转社会大众对游民只能乞讨、无法自力更生的刻板印象（长期影响）。

三、行动理论：决定改善问题的执行方案

在运用问题理论分析了你所关注的社会问题，以及运用改变理论确定你所设计的解决方案后，便可以用行动理论建立解决方案所需要采取的特定行动。该活动可分为两类：

核心行动（Core Actions）：仔细阐述改变理论中的"活动"指标。

支持行动（Support Actions）：采取核心行动时，其他相伴随、可能采取的辅助行动。

以英国料理界超级巨星杰米·奥利弗所成立的"十五餐厅"为例（参考第四章4-9），该餐厅每年招募15到18位对料理有热情的边缘或弱势青少年为学徒，让他们接受一年的培训。学徒们每周有3天在餐厅实习，1天去料理学校上课，1天参加各式活动，例如农场小旅行、烹饪竞赛等，这便是十五餐厅的"核心行动"——通过青少年对"美食"和"有意义工作"的热情，重新开发他们被埋藏的能力与自信，并协助他们融入社会。

然而奥利弗发现学徒们面临债务、居住、人际关系等问题，于是将该餐厅的利润全数投入十五基金会（Fifteen Foundation），提供学徒所需辅导，也对想创业的学徒提供启动基金，扶植他们从合格厨师成为餐厅经营者，这些便是伴随核心行动而产生的"支持行动"。

以上三项理论——问题理论、改变理论、行动理论，便是社会改变模式的基本要素。社会改变模式是持续演化、不断辩证的，当你对于关注议题的根本原因了解越多，你便越有可能合理调整计划采取的行动、修正预期的产出与效益等；或者当你发现其他人对于你的行动能否改善该社会问题有所质疑时，你也能根据问题理论，理清自己的问题。

将内心召唤"招牌化"

不同于一般企业以追求财务价值的最大化为目标，社会企业的创立目标在于改善或解决某个社会问题，因此组织愿景与使命，常常是社会企业与一般企业的差异所在。

"愿景"指的是你的项目或组织想实现的长远目标，可能是由创办人的内心召唤（calling）衍生而来的，或由团队成员集思广益后所确立。愿景通常反映了创办人或团队的雄心壮志，能够激励人心，且成为该项目或组织和所有利害关系者——员工、伙伴、顾客、投资者、受益者等——沟通的"金字招牌"。有趣的是，因为社会企业的出现是为了解决社会问题，一些社会企业的愿景也可能是当该问题得到充分解决后，其组织再也没有存在的必要了。

"使命"指的是简单、明确陈述此项目或组织在做什么、为什么而做。相比于愿景，使命更着重于让大众了解项目或组织的行为与目标。

以低价婴儿睡袋Embrace为例（参考第46页），组织的愿景是"让每个妇女与孩子都能拥有健康人生的平等机会"，其使命则是"在发展中国家发明能改善健康问题的新产品，并将产品送到最需要的人们手中"。

不同于社会大众希望"眼见为实"（see before they believe），社会企业家总是先相信他们想要的未来（believe before they see）——找到内心召唤后，再设法找出实践方法。对未来的期望便是他们创立社会企业的"愿景"，而实践方法便是其"使命"。

"价值"指的是组织的文化与态度，往往反映该组织的"品牌个性"。近年来，社会企业、非营利组织，甚至是营利公司，在界定组织价值时会以"三重基线"为架构，考量财务、社会、环境三方面的表现与影响。因此，除了经济效益，许多组织也会展现重视社会责任与环境持续发展的价值观，如遵守道德交易标准、降低对环境的危害、重视员工平等权益、采购当地人力物资等。

不同于愿景和使命，组织在一开始就建立的价值观念，就像是一个人从小养成的性格，在往后的发展过程中比较可能增加，而不太会有大幅删减或变动。而组织的价值观，也是与各类利害关系者沟通、建立合作关系的关键。

明确界定愿景、使命、价值，是组织在早期发展时很重要的工作。许多创业者容易认为讨论这些主题较抽象，手边又有一大堆待执行的具体事务，因此往往忽略或延后此步骤。但当有更多伙伴加入你的时候，制定愿景、使命、价值的工作就该尽早进行，因为唯有让团队成员了解、发展共同蓝图，大伙儿才能在有共识的状态下一同打拼。而无法认同的成员，也会主动离开，不会继续待在组织中，因理念不同、沟通不良而内耗资源。

重·点·复·习

社企创业实战　第一步
界定你的愿景、使命与价值

考量你关注的议题，寻找解决的方法，运用"社会改变模式"三大工具去思考：

- 问题理论：问题的现有状况、发展脉络、目标状况如何。
- 改变理论：掌握问题、目标、投入、活动、产出、效益、影响、外部因素八要素，规划解决方案。
- 行动理论：建立核心行动与支持行动。

将内心召唤"招牌化"

- 在组织早期发展时便界定出愿景、使命、价值。

🌐 **三项理论与愿景、使命间的关系**

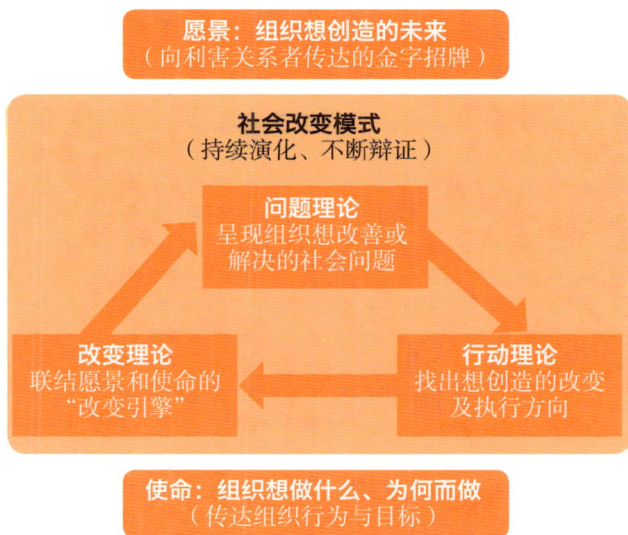

愿景：组织想创造的未来
（向利害关系者传达的金字招牌）

社会改变模式
（持续演化、不断辩证）

问题理论
呈现组织想改善或解决的社会问题

改变理论
联结愿景和使命的"改变引擎"

行动理论
找出想创造的改变及执行方向

使命：组织想做什么、为何而做
（传达组织行为与目标）

（参考来源：UnLtd Social Entrepreneurship Toolkit）

从"设计"到"社计"

文／陈东升　台湾大学社会学教授

　　设计、设计思考在最近二三十年受到相当高的重视，主要是人们希望追求更美好的生活，也慢慢了解到有更美的产品、更舒适的服务值得追求。如果因为过度消费造成的环境破坏、市场经济大幅拓展造成的社会不平等、全球化使得不同文化引发激烈冲突等问题，无法得到妥善解决，那么生活仍是矛盾、冲突的。

　　因为设计思考以及社会创新将焦点逐渐放在解决社会议题上，与社会学的对话，可以提供设计师转换另一种思考的角度，发展出不同的解决方向。

社会学的设计思考

　　首先，社会学研究社区组织和社会结构问题，社会的平等和正义是这个学科的核心关怀。所以，为谁设计很重要，也是社会学者通常最先要思考的议题。相对于传统设计专业，社会学强调为90%的公众需求而设计，维持每一位社会成员基本的、有尊严的生活，而不只是为那些负担得起金钱开销的10%的客户设计，前者是一种利他且利己的设计精神。

　　在台湾的代表性案例，就是被国际组织选为公共利益设计（Public Interest Design）全球百大人物的谢英俊建筑师。他在受到地震、水灾严重冲击的地区所设计的自力造屋建筑，即便是家园毁坏、经济资源不足的受灾家庭，都可以在资源有限的条件下，打造一个可以安身立命的屋子。而自力造屋的过程可以重新建立家人、社区居民、来帮忙的志愿者之间的社会支持和社会纽带。这样的设计，不仅解决物质上的问题，也缓和心理问题。

　　其次，相对于设计专业，社会学是要解决系统的问题，而不是单一产品、单一服务的问题。跟大多数设计师的工作取向不一样，社会学者会先勾勒问题的框架、复杂问题的内涵，思考我们到底要解决什么样基本的、结构性的问题，而不是将问题简化或是视为理所当然，将主要精力放在寻找问题的解决方案上。

　　最后，相对于设计师，社会学者不会只是关在房间里、靠脑力激荡寻找问题的解决方案，而是走进田野，进行深刻、系统的观察，结合理论内容研究使用者要不要使用、怎么使用、使用之后会对使用者和他的社群产生什么样的影响。

　　社会学和设计专业的对话，可以带来在方法上的新视野。像现在有不少大的设计公司聘请人类学家，采用人类学的参与观察法或是民族志研究法。

免费蚊帐的社会设计思考

设计专家提姆·布朗（Tim Brown）与怀特（Wyatt）在《社会创新的设计思考》这篇经常被引用的论文中，举了一个有关非洲地区蚊帐使用、疾病防治和销售渠道的例子。

"在埃塞俄比亚，儿童疟疾发生率下降了51%，在加纳降低了34%。然而，蚊帐的分发方式却带来了意想不到的结果。在加纳北部，蚊帐被免费提供给孕妇和五岁以下儿童的母亲，这些妇女很容易在当地的公立医院领取免费的蚊帐。但对其他人来说，这些蚊帐他们很难得到。在加纳我们访问了一位受过良好教育的当地人，他叫亚伯特，刚刚染上疟疾。我们问他睡觉时是否使用蚊帐，他告诉我们没有，在他生活的塔马利（Tamale）根本没有任何地方可以买到蚊帐。因为有许多人可以领到免费的蚊帐，对于店家来说卖蚊帐就变得无利可图；而当地的医院也没有能力销售多余的蚊帐。"

免费分发蚊帐给经济不自主的民众本是个善举，但对于那些无法免费领取的公民所造成的未预期后果，最后反而限制了传染病防治的整体效果。这就是没有考量到"使用者所处的脉络或社会情境对个人行为、社群的影响"。

用设计落实社会创新

我们修改设计专家提姆·布朗提出的图像，把商业可行性改为社会的支持与可行性（最上圈），把技术的部分修正为知识与科技（右下圈），那么，三个圆圈的交集就是社会创新。也就是说社会创新是应用知识（社会科学的知识）解决社会的问题，满足公众的需求，符合公共的利益。而操作的方法是得到社会资源、社会支持，而且是可以推动的。社会创新的具体落实方法，是通过社会设计的。

我认为设计不只是一种方法，也是一种视野（Perspective）。和社会学交流，可以转换焦点、转换思考框架，从"设计"变成"社计"。更重要的是，社会学也因为转换焦点，通过社会运动对于不公平体制进行挑战，或是在现有的环境下解决社会问题，了解到做出具体可行的成果或方案的重要性，让两个专业可以结合不同的知识技艺，一起合作，进行社会创新，解决具体的社会问题。

⊕ 解决社会问题的设计思考

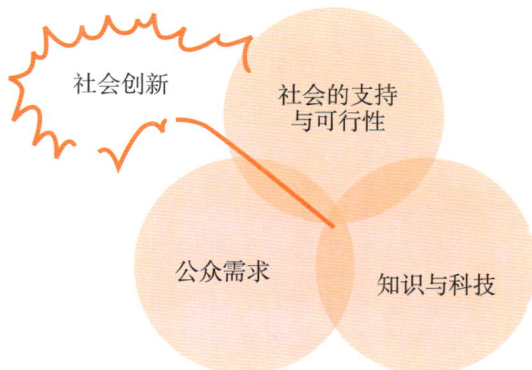

Brown, Tim. and J. Wyatt. 2010. "Design Thinking for Social Innovation." Stanford Social Innovation Review 8（2）：28-35.

247

第二步　规划你的商业获利模式：
融入创新，贴近市场

　　将自己想促成的社会正向改变定调后，如何从中找出获利模式的重头戏就此登场。你需要针对项目或组织的目标市场（客户群体）、产品服务、组织架构、人力资源、营销运营、财务管理、资源（资金）募集与使用等方面做出商业规划，并将信息完整、清楚、易懂地呈现在商业计划书中，作为实现招募伙伴、寻求合作、募集资金等目标的重要工具。

活用社会创新思维，设计产品服务

　　社会企业要兼顾社会与财务价值的创造，与纯商业企业和纯公益组织比起来，又多了一层难度。也因为一个社会问题牵涉层面极广，在创业初期，建议集中精力与资源在能将组织价值和主张传递给顾客与受益者的商业活动上，确认每一个产品、服务，都能体现组织愿景、使命等社会改变模式，也就是具有"社会要素 （Social Component）" 的产品或服务，如此所制定的策略会更有效益。（参见表7-1）

　　怎样的创新会被称为是"社会创新"？它与一般创新有何不同？斯坦福大学慈善与社会研究中心所出版的《社会创新评论》（*Stanford Social Innovation Review*）形容它是："提出一种新颖方法解决某项社会问题，与旧方法相比更有效率，具公正性与持续性，而且产生的价值由社会大众共享，而非由少数个人独占。"社会创新的成果，可以是软件（服务）或硬件（产品），这些软硬件有可能带来利润。而用商业手法实践社会创新的组织，便称为"社会企业"。

从需求出发，找对问题

　　能源、教育、弱势就业等社会问题，牵涉范畴往往巨大得像座冰山。如何找出最核心的问题症结点，便是重要的第一步。

　　以早产儿问题为例，在发展中国家诞生的早产儿，常因医疗服务与设备不足而面临保温的问题。许多国际援助组织与慈善家捐赠了上百万台平均造价2万美元（约为12.42万元人民币）的保温箱，却面临当地没有足够的资源维护和修理，或是电力供应不稳定的状况，导致保温箱无法充分发挥效用。

由四位斯坦福大学学生组成的Embrace团队，在进行田野调查后，了解了当地人的需求与问题所在，于是设计出一个类似睡袋的保温袋。这种保温袋无须组装拆卸，携带方便而且使用简单，消毒后还可重复使用，每个成本约为25美元（约为155元人民币），不到传统保温箱成本的1%，有效弥补了发展中国家医疗设备的不足。（参考第46页）

从使用者现有且喜欢的行为中去创新

环保发电的插座足球（sOccket），可以具体说明社会创新者如何从使用者现有且喜欢的行为中，去找到富有创意的解决方案。

针对发展中国家能源匮乏的问题，四名哈佛大学学生注意到即使在偏远地区，人们一样普遍热爱足球，于是设计了插座足球，让人们可以边踢球边充电，提供既环保又便捷的电力来源。踢10分钟足球所产生的电力，可使LED灯泡亮3

🌐 **表7-1　具备社会要素的四种产品／服务类型**

	类型	说明	社企实例
1	采购特定群体的产品服务	产品或服务的制作者为较缺乏资源或信息的群体，如小农、妇女、辍学青少年、身心障碍者等，借助建立公平、对等的贸易关系受权给生产者，改善生产者所处茊环境、经济与社会发展状况。	• 生态绿 • Motherhouse
2	创造特定群体的工作机会	通过设计创新的就业机制或职业种类，使原本较不易获得就业机会的群体，能拥有支持性、稳定度高的工作环境，不仅能获得工作机会，也能建立自己的专业技能。	• 胜利身心障碍潜能发展中心 • 黑暗中对话社会企业
3	提供满足社会或环境需要的产品服务	组织提供付费服务或产品，可回应社会或环境需要（可能是未被充分满足的现有需求，或因社会变动而产生的新需求），且能产生营收作为组织持续经营的收入来源。	• 多扶接送 • 以立国际服务
4	通过研发使资源得到有效运用	运用科学技术，更有效地整合、运用以往闲置或废弃的资源，减少地球资源的消耗。	• 大爱感恩科技 • 兴采实业

小时；踢一场足球下来，就能累积一个家庭一整天的用电量，成功地把使用者热爱足球的行为与发展中国家对电力的巨大需求相结合。（参考第40页）

整合小点子也能立大功

很多时候，成功的社会创新并非来自新颖的大型点子，而是将现有的数个小点子加以汇聚、整合与执行。

以印度社会企业"米糠电力系统"为例，创办人潘德和伙伴从印度乡村地区数量庞大的农产废弃物米糠中得到灵感，以米糠为原料，运用气化技术，燃烧米糠，推动发电机涡轮。他们在印度各地建造以米糠为发电来源的厂房，是煤油发电成本的一半，能为乡村提供既便宜又安全的充足电力。他们还开放加盟，提供训练，让村庄自行运作电厂并收取电费，赋予其自给自足的权利。

"米糠电力系统"的点子（气化技术、降低固定成本、雇用当地居民）没有任何一项是全新的，但当所有点子有效整合在一起，却造就出成功的商业模式。（参考第60页）

进行市场调查

市场调查和产品（服务）设计相辅相成，组织或个人先进行哪个步骤并不相同。有些创业者会先设计出产品（服务）雏形后，一边调查市场，一边修正产品（服务）；有些创业者则先接触、观察到某一市场，累积一定知识与经验后才开始研发产品（服务）。

市场调查能帮助创业者或团队了解外在环境。常见的调查方式有问卷调查、焦点访谈、文献探讨等。

市场调查做得详细，不仅可帮助持续修正产品（服务），找到竞争优势，也是组织在制定运营或营销策略时的重要参考。

掌握利害关系者

在市场调查过程中，创业者或团队也会对

市场调查的两种途径

市场调查可通过初级研究（primary research）和次级研究（secondary research）来取得所需信息。

- 初级研究是直接依据第一手的原始资料，例如通过问卷调查、焦点小组访谈而取得的信息，可帮助调查者了解目标受众的特质、需求等重要信息。
- 次级研究则是依据期刊论文、政府统计数据等现有信息获得衍生的间接资料，可帮助调查者了解目标受众的规模、结构、趋势等大方向。

相关利害关系者（Stakeholders）有更清楚的认识。利害关系者指的是在组织运营过程中，能影响组织或被组织影响的团体或个人，包括员工、顾客、竞争者、供应商、渠道、股东、政府、社会大众等。

与一般企业相比，社会企业涉及的利害关系者较广泛、复杂，且不像商业企业以满足单一利害关系者的最大利益为目的（如公司以为股东谋取最大利益为目标），社会企业需在与各种利害关系者的互动中取得平衡，界定并分类各种利害关系者，以及他们各自的需求与优先考量点，这样才能更有效地掌握各群体之间的关系并制定价值主张。

以生产婴儿保温睡袋的Embrace为例，消费者在乎的是产品能否有效改善保温设备匮乏的需求，投资者则可能看重组织所能创造的社会效益（如改善早产儿健康）。

界定目标受众

再好的商品，若没有群众支持也是枉然。如何明确界定产品或服务能否满足群众需求，以及通过市场调查，证明自己的组织是最有能力提供此项产品或服务的人，也是不可小觑的工作。

在社会企业领域，一个组织常要和消费者、使用者、受益者等不同类型的利害关系者沟通，消费者与使用者可能是不同的群体，或在差别化定价的策略下有多种消费者，因此在讨论谁会支持组织的产品或服务时，本书以目标受众（Target Audience）取代目标客户（Target Customer）来讨论。

针对产品或服务的不同爱好者，组织应该发展出不同的价值主张（Value Proposition）并进行沟通。例如英国净水科学家皮查德发明了具有纳米专利、可挡下所有微生物污染源的救命水壶，售价比市面上的过滤水壶高了十倍。因此他运用市场差异化的策略，根据不同群众的需求来推销救命水壶。（参考第42页）

在发展中国家，他从"急难救助"的利基点开始，销售水壶给国际援助慈善团体（如无国界医生）、政府与军事单位（如联合国维和部队）等。在发达国家，他将水壶推广到家庭使用、预防灾难、休闲旅游等个人消费群体中，提倡"买产品也买保障"。

对目标受众掌握得越清楚，越有助于设计产品（服务）、理清价值主张与制定营销策略。通过市场调查，建议掌握以下目标受众的信息（以救命水壶为例）：

· 规模（如50万人、1000个组织等）；

- 结构（是否需再细分受众为几个类别，如国际援助组织和户外运动者）；
- 趋势（如规模持续增长）；
- 特质（如平均年龄层、平均消费力、性别比例等）；
- 需求（如需要干净饮用水）。

确立价值主张

　　"价值主张"指的是组织产品或服务能带给目标受众的价值，也就是能满足受众的何种需求。而一个社会企业的价值主张，也要能与其社会模式、商业模式的策略与目标相符合。价值主张可分为具有价格竞争优势的"效率型"；提供独特产品（服务）或具领导地位的"创新型"；与客户群建立亲近关系的"情感型"三类。

重·点·复·习

社企创业实战 第二步
规划你的商业获利模式

- 活用社会创新思维设计产品服务。
- 进行市场调查。
- 掌握利害关系者。
- 界定目标受众。
- 确立价值主张。

　　不同目标受众可能有不同价值主张，以米糠电力系统为例，其发电厂对使用者而言提供的是情感型价值——基于对使用者的信任与了解，量身定做此产品，充分运用当地资源并创造就业机会。对当地政府官员而言，此组织的价值则聚焦在效率型或创新型上。

　　调查分析市场竞争者的价值主张，也能够帮助自己的项目或组织建立具有识别度的独特卖点，以及制定有效的营销策略。例如当市场中其他竞争者都聚焦在其产品、服务的低价时，如何让自己的产品、服务具有创新或情感型价值，进而吸引受众的目光与支持，便是关键。

专家观点：商业获利模式

创新才是社会企业的王道

文／李吉仁　　台湾大学国际企业学教授

　　我们都知道，社会企业不同于一般企业或非营利组织的关键，在于社会企业是具备有效商业模式，解决特定类型社会问题的企业组织。因此，其经营挑战在于如何兼顾社会与财务价值的创造。偏偏诸多社会问题的受助方常常也是经济上的弱势方，如果不依靠政府补助来解决问题，社会企业必须思考创新的商业模式，方能同时实现社会影响力与企业获利性。

例如，偏远地区儿童的教育失衡问题，多与当地经济萧条、单亲家庭、隔代教养、外配家庭有关，若要提供补助教学，受助方必然没有足够的经济能力支付。又如，都市游民的再就业问题，也与游民的现有技能、被辅导的意愿，甚至愿意改变的积极性有关，导致社会接纳游民的难度提高。

因此，想要解决不具备直接市场商机的社会问题，社会创新便成为社会企业成功与否的关键。换句话说，将单边市场改为双边甚至多边市场，扩大有价值的互补者，甚至构建具有社会影响力的平台，都是社会企业创新可行的模式。

例如，多扶接送成立的目的，是提供无残障资格限制、无接送区域限制、无须预约的专业且贴心的接送服务，以补充各县市康复巴士的不足。由于康复巴士接受政府补贴，虽然限制多但价格低廉，多扶的高品质、相对高价的接送服务便不易扩散，收支平衡的压力也较大。后来，多扶推出无障碍旅游服务（多扶漫游），不仅扩大了服务的受众人数（陪同旅游一定比就医多），更可借助独特、获利较高的无障碍旅游服务，补贴竞争激烈、不易获利的残障接送服务，形成有效的双边市场运营模式。在此基础上，多扶进一步建立起无障碍旅游与相关服务的口碑，创造更多与其他产业结合的商机，逐步打造无障碍服务的平台。

社会创新可以是商业模式的创新，更可以利用科技与创新的设计，例如有助于早产儿保持体温的Embrace，运用米糠发电的电力系统，甚至是踢足球发电的创新皆是显著的社会创新案例。由此可见，社会问题是绝佳的创新机会，而社会创新正是社会企业能够成功的王道！

第三步　找到适合你的法律地位：
立法与认证系统

台湾及大陆现有法律架构

　　台湾及大陆目前尚无专属社会企业的法定组织形态，缺乏相应的立法和认证机制，社会企业面临法律制度滞后于实践发展的局面，因此社会企业或具社会企业精神的组织，是以营利公司或非营利组织形态存在，依产业或领域隶属于不同政府主管机关而定。

　　决定要创业后，在申请法人登记时，该如何决定作为营利（股份有限公司、有限公司）还是非营利组织（财团法人、社团法人）呢？建议可以从以下五点思考：登记门槛、决策架构、财产规则、资金来源、税赋优惠（参见表7-2至表7-6）。

　　如果仍无法决定哪一种结构适合你的社会企业，不妨考虑"混合模式"。许多社会企业采用"公司"与"基金会"并行模式，强化资源运用，有的设立基金会接受外界捐助，在公司创设初期提供金钱、人力等协助；有的将公司盈余捐出给基金会，如英国十五餐厅，它的品牌形象与经营绩效，让基金会得以募集更多资源推动难有收益的计划。不过在设计混合模式时，须全盘研究、了解公司与非营利组织的相关法规，还需要严谨的管理机制，例如分离的理事会和会计部门，维持组织的责任制度（accountability）。

　　无论你最后选择哪种结构，建议在成立之前仍寻求专业律师、会计师或顾问团队的指导，广纳多方建议后选择最适合的组织种类以适用不同的法律地位。

国外社会企业认证机制

　　随着社会企业发展，新的法律结构与认证机制也逐渐出现，领导这波运动前进的是非营利组织"B型实验室（B Lab）"。总部位于美国的B型实验室由两位创业者杰·吉伯特（Jay Coen Gilbert）、巴特·侯拉罕（Bart Houlahan）与投资人安德鲁·卡索伊（Andrew Kassoy）共同创立，他们认为若能将资本主义的强大力量妥善使用在政府与第三方部门无法照顾到的角落，将可以为社会带来正面影响力。在聆听许多社会企业家与社会企业投资者的需求后，他们决心推动运用市场机制解决社会与环境问题并兼顾利害关系人权益的新公司类型，进而提出民间认证机制"B型公司"（B Corporation，简称B Corp）。

　　一个组织可向B型实验室提出申请，填写公益影响力评估表（B Impact Assessment），评估内容包括公司章程、供应链管理、员工福利、社区发展、保护环境、社会影响等方面，考量组织能否在内外部都展现全面且透明的社会与环境绩效指标、建立高度的法律责任标准，以及推动公共政策对可持续企业的支持。凡是能在总分200分的评估中获得80分及以上者即可成为B型公司，除了可统一运用B型实验室的品牌进行宣传之外，与B型公司成员之间的交易更可以享有许多优惠。B型实验室用这一认证机制勾勒出社会企业社群轮廓，目前在全球27个国家，有近850家公司申请成为B型公司，分布在60种不同产业中。

　　随着B型公司数量增加，美国各州也开始思考有无可能在此认证的基础上，创立能够体现社会企业精神的法律形式，将此草根运动的影响力提升至政策层面。因此，美国各州开始推动"公益公司"（Benefit Corporation）的法律形式，至今已有20个州共襄盛举，包含华盛顿特区以及最具代表性的德拉瓦州①。

国外社会企业立法现状

　　英国在2005年之前就已经立法准许新形态公司"社区利益公司"（Community Interest Company）设立，"社区利益公司"目前约有6000家。美国各州政府于2009年起陆续通过"低利润有限责任公司"（Low Profit Limited Liability Company）及"公益公司"相关法案，各有约900家及600家公司申请立案。亚洲则是韩国最为积极，2007年就制定了社会企业促进法（Social Enterprise Promotion Act, SEPA），现约有700家。

立法撑起社企保护伞

　　前文介绍的法案部分为现有公司法增订的专门篇章，部分为新设立的专门法令，立法形式或有不同，但都为新创公益事业者提供了以公司形态经营社会企业的明确法律架构，而使社会企业公司的设立及持续存在能被认同，运营模式可被遵循，且经营规模更易于扩展，此举亦能更明确勾勒出社会企业社群轮廓，发挥群聚效应。

　　分析美国公益公司法的发展脉络，旨在消除以公司形态经营社会企业会遇到的一些障碍。比如在一般公司法所规范的股东利益极大化状态下，许多社会理念

①美国德拉瓦州拥有最先进、灵活的公司法规、受尊重的司法体系与非常有效率的州政府，超过100万家公司以该州作为法定注册地，其中更包含一半以上的财富500强企业，堪称美国注册公司的圣地。

将难以被推行，或者社会企业处在较高的经营成本之上，却缺少相关政策的辅助甚至保护。公司在成为法定公益公司之后，可以在规模扩张或变更负责人以后仍然保有其公益经营理念，让社会大众能更明确辨识公司的社会价值，提升顾客与员工的忠诚度，也带来更多的投资机会。

以美国知名的冰淇淋商店Ben & Jerry's为例，此品牌从社区起家，不只拥有良好的产品品质与创意营销手法，更以照顾当地农场与员工的工作权益而出名。

在2000年，Ben & Jerry's被食品界龙头联合利华并购。起初，该品牌担心联合利华为了追求利润而无法兼顾公司坚守的社会理念，因此拒绝了联合利华的开价，转而将公司卖给另一家开价比联合利华低却符合创办人经营理念的公司。最后联合利华向法院起诉并且胜诉，完成了并购。因为法官裁定经营者必须遵守追求股东利润极大化的信赖义务，将公司销售给开价最高的竞标者。若当初Ben & Jerry's有机会登记成为公益公司，在有明确公益目的前提下运营，并购案的结果或许会截然不同。

台湾社会企业立法展望

社会企业立法的好处，最主要在于能提供一个明确的法律架构，使社会企业公司的设立及持续存在能被认同。台湾现阶段由于缺乏社会企业法律资源，因此不管是非营利组织从事营利事业，或是以公司形态经营的社会企业，都遭遇到一些经常性的障碍，形成社会创新的阻力。

若以非营利组织形态从事营利事业，由于与其公益宗旨不符，往往受到质疑，而且所属营利事业的经营规模不易扩大。主要因为大部分非营利组织提供的薪资水准不足以吸引更多人才，将捐款投入有风险的营利事业，也怕辜负捐款人的期望，再加上非营利组织财务信息公开披露的程度有限，也没有现成的监管机制，而且主管机关对非营利组织投资设立公司态度严格，以否定为原则，这些都使得非营利组织难以募集私人资本从事营利事业。

另一方面，因无相关法令，若以公司形态经营社会企业，经常被质疑假借公益之名，行牟取私利之实，难以获得社会应有的认同，不但无法引入非营利组织

🌐 **表7-2　台湾的营利公司与非营利组织：常见类型与登记门槛**

类别	定义	登记门槛说明
营利公司（以营利为目的，依照公司法组织、登记、成立的法人）		
有限公司	一种公司的组织形态，由一人以上股东组成，公司对外所负的经济责任以出资者所投入的资金为限	成立无最低资本额限制（但公司申请设立时，资本额仍需超过设立成本）
股份有限公司	由两人以上股东或政府、法人股东组成，全部资本分为等额股份，股东以其认账的股份为限对公司承担责任	成立无最低资本额限制（但公司申请设立时，资本额仍需超过设立成本）
非营利组织		
财团法人	因财物聚集而成立的组织，通常称作基金会	• 应以公益为设立目的 • 目前并无针对所有性质的财团法人统一规定的法规，而是由各县市或各部委依财团法人的性质（宗教、文化、教育、民政、社政、社会福利慈善等事务）制定各财团法人设立的许可及监督要点 • 一般地方性财团法人设立金额为3000万以上新台币（约为600万元人民币），具体性财团法人则依各县市规定，通常为500万（约为100万元人民币）至1000万新台币（约为200万元人民币） • 须制定捐赠章程 • 设置董事会作为最高决策单位，负责法人基金的筹措与管理，日常运营事务则由执行官负责，董事、监事的薪水应按各基金会章程设置一定上限或为无薪职位
社团法人	以人的组合为基础而成立的组织	• 至少30人联合发起 • 最高意志机构为会员大会，从中选出理事会、监事会负责管理、监督，日常运营事务则由常务理事会、总经理或秘书长负责 • 理事、监事均为无薪职位，但需酌情支付车马费。

的资金，也因欠缺法律资源而得不到政府的协助或奖励。另外，因为当局对社会企业并无规范与监管，增加了投资人的风险，若先成立公司再捐赠股权给非营利组织，则无法抵税，这些原因也造成公司形态的社会企业无法有效引进资金和专业人士，形成社会创新的阻力。

催生社会企业法律资源，解决潜在问题

以公司形态经营的社会企业，若欠缺明确的法律规范，极可能产生以下问题：

一、劣币驱逐良币。

🌐 **表7-3   台湾的营利公司与非营利组织：决策架构**

类别	决策架构	注意事项
营利公司		
有限公司	• 负责人、董事长、董事、经理人：对外与公司一起负连带责任 • 总经理或执行官：对内负责运营	有限公司由一人出资成立
股份有限公司		若有两位以上投资者，申请设立股份有限公司，对投资者更有保障，因为股份有限公司不仅能够经营较多营业项目，大众也普遍认为股份有限公司更具规模，在创业初期的招商或营销上占有优势
非营利组织		
财团法人	由董事会成员共同管理	董事长与董事需连选连任以保持决策的延续性
社团法人	由理事会、监事会成员共同管理	• 理事长是最高领导者 • 部分社团法人只得连选连任一次，且任期长度有限制

🌐 **表7-4   台湾的营利公司与非营利组织：财产规则**

比较项目	营利公司	非营利组织
运营目的	以追求股东利益最大化为优先目标	• 不以获利为首要目标，也不以发给董（理）事、监事红利为运营考量 • 可以从事商业行为以获取利益
盈余分派	需要分配给公司股东、员工及所有人或经理人	不分配给组织的所有者或管理者，而是重新投入到组织的发展中
歇业或解散	• 财产需进行清算 • 公司剩余财产应优先偿还公司外部债权人，再依据股东持股比例分配给股东	• 资产不属于设立人所有 • 若组织解散，所有资产必须赠予其他非营利组织，而非分配给董（理）事、监事

🌐 **表7-5   台湾的营利公司与非营利组织：资金来源**

资金来源	营利公司	非营利组织
主要来源	公司募资与营业所得（如销售产品或服务所得）	资金来源则较多元，包括（但不限于）向政府机关申请补助，接受个人、企业及政府机关的捐赠，销售产品或服务所得
部分来源	营业外收入（如利息收入及非投资公司的投资收益）	

二、非营利组织不容易创设或转型为财务自立的公益事业。

三、有志者投身社企创业或社会创新的动机与潜力受到阻碍。

四、投资社会企业可能面临低分红的风险，亦无抵税等奖励，使投资人投资意愿相对低落。

🌐 **表7-6　台湾的营利公司与非营利组织：主要税赋与优惠**

税别	定义	相关说明
营利公司税赋		
营业税	公司在岛内有销售货物或劳务以及进口货物取得营收时所应缴纳的税款	• 一般公司应缴5%的营业税，例如某商品的销售额为10,000元，则需要缴纳500元的营业税（10,000×5%＝500） • 其他税率：特种餐饮业、金融业、视障者营业人、农产品批发小规模营业人等适用其他较高或较低的营业税率 • 每个单数月的15日前需要申报并缴纳前两个月的营业税 • 可以自行申报或委托会计师事务所协助 • 符合营业税法第33条可抵扣税额的收入凭证，其收入税额准予抵扣支出税额。简单来说，对于公司有利的支出中的税额，可以抵扣公司营业税，例如本月公司委托外包研发费为10,500元，其中的税额为500元，公司支付款项、取得发票后，可以抵扣公司本次申报营业税的500元
营利业务所得税	公司每一会计年度收支相抵后的盈余要依据个别税率缴纳给当局的税款	• 2014年台湾的营业税率为17% • 营业满一年的企业应纳税，收入120,000元以下免税；收入181,818元以下，应缴税额＝（应纳税收入－120,000）×50%；收入181,818元以上，应缴税额＝应纳税收入×17% • 每年5月结束前向"国税局"申报上一年度的营业税，并且缴纳完毕
非营利组织税赋		
• 非营利组织的收入与支出都受到相关法律限定 • 通过公、私部门捐赠所获得的经费，通常是免税的 • 私人对非营利组织的捐款能抵扣个人税额 • 非营利组织仍须缴纳其营业活动的相关税赋		

五、各机关奖励或扶助社会企业公司时，因无明确法规，可能造成私人获利。

六、因公司治理相关法令仍依循一般公司规范，在追求股东利益最大化的前提下，社会企业的公益宗旨难以贯彻执行[①]。

七、在台湾，社会企业的立法状况落后亚洲其他各国及地区，错失了引导这股公民力量、协助当局共同解决社会与环境问题的先机。

基于以上理由，在一群志愿者（包括创业投资、投资银行、管理顾问、会计审计以及具有实际社会企业投资经验的人士，组成公益公司法志愿者团队）的协

①若按一般观点认为公司就是以股东利益最大化为宗旨，且公司经营层面只对公司股东负责（如股东优先原则），当公司努力履行社会责任时，是否对股东权益有害，答案是明确的。若公司负责人为达到公益目的致使公司营收遭受重大损失，股东是否提起诉讼要求公司负责人进行赔偿？这些都可能使执行现有社会企业的公益目的受到阻碍。

⊕ **表7-7 岛内外公益公司法规比较简表**

法规项目	美国（L3C）低利润有限责任公司	美国（Benefit Corporation）公益公司	英国（CIC）公益公司	韩国（SE）社会企业	中国台湾（志愿者版）公益公司
立法方式	各州公司法专门篇章	各州公司法专门篇章	专门法律	专门法律	专门法律或公司法专门篇章（选一）
公司种类	有限责任公司（Limited Liability Company）	公司法人（Corporation）	股份有限公司（Company limited by shares）或有股份资本担保的责任有限公司（Company limited by guarantee with a share capital）	包括公司、社团法人、协会及非营利组织等	股份有限公司
数量	现约900	现约600	现约6000	现约700	已有公司愿自觉遵循
基本要求	须由基金会投资设立，以商业运营及重大公益或教育为目的	须有明确公益目的，决策时须考量相关利害人的权益，多数州要求设置公益董事（类似独立董事）进行监督	章程中须写明公共利益且须符合政府核定的公共利益审查标准	须以公益为目的，如服务弱势群体或为其提供就业机会等	第一类公益公司：章程中须写明公共利益、考量相关利害人权益，并遵循盈余分派规定 第二类公益公司：除符合第一类公益公司的条件外，还须提出公益报告书；允许由财团法人投资设立，并遵守当局拟定的《社会企业发展条例》或另定的优惠条款
盈余分派	无特别规定（但不应以创造营收为公司主要目的）	一般无特别规定（但应达成允诺的公益目的并出具报告），亦有少数州有所限制	股利不得超过可分配盈余的35%；股利不得超过账面值的20%	至少将2/3的可分配盈余再投资于公司或用于社会目的	盈余分派不得超过可分配盈余的1/2（保留盈余可免除10%营利所得税）
财产处分	无规范	无规范	不得以低于市价的价格处分资产，且解散时剩余财产亦应转移至其他CIC或慈善机构等	无规范	解散后剩余财产中不得分派的部分，应赠予其他公益公司、学校或社会福利财团法人或归公

续表

法规项目	美国（L3C）低利润有限责任公司	美国（Benefit Corporation）公益公司	英国（CIC）公益公司	韩国（SE）社会企业	中国台湾（志愿者版）公益公司
公益报告	无规范	须提出公益报告书	须提出公益报告书	无规范	第二类公益公司须提出公益报告书
允许财团法人投资	允许由基金会投资设立，仍能维持其免税资格，基金会每年须支出5%的法定资产支持配套立法	基金会投资设立	基金会原则上仅能资助CIC的慈善活动，只有当其符合基金会慈善信托目的时，才可例外接受投资	无规范	允许由财团法人投资设立第二类公益公司
税赋减免	无	无	无	国家和地方政府可依据相关法规减免税额	第二类公益公司须遵守当局拟定的"社会企业发展条例"，可成为另定的税赋减免对象
其他优惠	无	无	无	国家可依据相关法规补贴部分保健、就业保险、职业意外赔偿保险及年金保险保费	第二类公益公司须遵守当局拟定的"社会企业发展条例"，可成为特定的奖助优惠对象

（资料来源：公益公司法志愿者团队 2013/12/17）

助之下，协同国际法律事务所草拟了台湾第一份"社会企业公司法"草案。希望借此抛砖引玉，引发回响。

国内社会企业立法建议

2013年博鳌亚洲论坛年会上发布的由上海财经大学社会企业研究中心、北京大学公民社会研究中心、21世纪社会创新研究中心、美国宾夕法尼亚大学社会政策与实践学院共同撰写的《中国社会企业与社会影响力投资发展报告》对国内的社会企业立法提出了以下建议。

第一，推动社会企业法律法规体系的制定，逐步完善、加强社会企业的认证制度。

公益慈善界、商业界和政府对社会企业还没有一个统一明确的概念共识，而

261

近年来国内公民社会力量的逐步增强，跨界合作更加频繁、深入。非营利组织、公司、合作社等各类型社会组织纷纷进驻社会企业阵营，业务领域涉及就业、教育、环保、扶贫、公平贸易等诸多方面，形成了社会企业多元化发展的局面。制定相关法律法规为社会企业确立合法性地位将是其发展的当务之急，这将在制度层面规定社会企业的认定程序，将社会企业的抽象理念落实为可操作的具体规定，严格规范和监管社会企业的运营。只有从法律上明确何为社会企业，并在此基础上逐步建立有关社会企业组织管理、利润分红、破产制度、资产配置和监督的法律体系，才能切实有效地在实践中加以规范和监督。

第二，社会企业法律法规将长期处于新旧制度并存的局面，且涉及跨部门合作问题。

由于我国社会企业起步较晚，在"社会企业"概念舶来以前，中国已存有多种形态的"类社会企业"组织①，它们均有自身所归属的法律法规体系，并且已有非常具体的发展问题和革新方案。例如，社会企业兼具商业部门和非营利部门的优势和特征，因此在制定社会企业立法时，不仅需要涉及与规范非营利组织活动的《社会团体登记管理条例》、有关公益慈善资金募集等相关法规的关系，还涉及与公司治理相关的《公司法》《企业破产法》等法规的关系。在很长一段时期，原有的有限公司、合作社、非营利组织法等相关法律法规也作为衡量社会企业发展的法律依据，形成了新旧法律制度并存的局面。这种局面的出现具有一定的合理性，它是社会企业法律体系发展的阶段性产物。社会企业的独特性决定了它的法律体系建设是跨部门合作的系统工程，其立法机制包含多方面的利益和诉求。

第三，社会企业法律制定将采取分级认定和管理方式。

为了促进社会企业的长期可持续发展，应当对社会企业进行整体的政策约束，例如对组织目标的量化、收入来源、利润分配、资产处置等具体指标进行统一规定。与此同时，应当意识到社会企业呈现多元发展的趋势，在领域、资产、利润、规模等方面具有很大的差异性。考虑到社会企业发展的阶段性和复杂性，建议初步实行分级和多领域的方式进行管理。对于社会企业的认定，实行分级定义的方式，在资质认定和享有政策支持之间建立起某种对应关系。即便对于同一业务领域，社会企业也应当尊重既有法律规范和实践经验，实行双重管理的方式。

第四，社会企业的法律体系须注重维持内部积极性与制度规范性之间的平衡。

---

① 大陆地区现有的最符合社会企业组织形态的是社会福利企业，社会福利企业是指集中安置有劳动能力（包括部分劳动能力）的残疾人就业的特殊经济组织（企业），受到残疾人保障法规和福利企业政策的双重约束和规范。

社会企业是否应当得到政府的政策倾斜和扶持仍存在争议，但是主流的观点认为社会企业在社会主义建设和发展中承担了大量的社会责任，为解决失业、帮扶弱势群体、发展教育、促进公平贸易和弘扬社会企业家精神做出了卓越贡献，并且这种作用将会随法律法规的完善发挥更大的影响力。从福利企业的经验来看，政府的政策支持对其发展影响深远，新旧法规的调整直接决定了福利企业的运营成本和社会责任之间的天平的变化。社会企业所面临的发展环境与此类似，其立法体系应当注重保护内部积极性与制度规范性之间的平衡。对于其自身发展而言，社会企业在收入来源、利润分配等诸多方面受到严格的限制，为了吸引更多具有社会责任感的精英人才进入这一领域，更好地促进社会企业可持续性发展，有必要为社会企业的发展创造良好的政策环境。

第五，社会企业的立法应当与制度环境、社会治理核心领域相结合。

社会企业是新兴的社会组织创新形式，因此具有其他机构所不能实现的组织灵活性、创新性和多样性。在进驻社会服务领域时，应当与国家当前关于社会治理的核心议题相结合，

重·点·复·习

社企创业实战 第三步
找到合适的法律地位

台湾及大陆现有法律架构

- 现无专属社会企业的法定组织形态。
- 目前须选择以营利公司（股份有限公司、有限公司）或非营利组织形态（财团法人、社团法人）存在，依产业或领域隶属不同主管机关而定。
- 可考量"混合型"模式，采用"公司"与"基金会"双轨并行以强化资源运用。

国外社会企业立法与认证机制参考

- 美国民间认证机制"B型公司"。
- 英国立法准许设立"社区利益公司"。
- 美国各州政府陆续通过"低利润有限责任公司"及"公益公司"相关法案。
- 韩国制定《社会企业促进法》。

选准其落地生根的社会环境和政策土壤。恰当地选取社会企业定位，明确社会企业应当如何更好地与制度环境相适应，发挥组织能动性，为社会发展做出贡献。

专家观点：法律地位选择

调整法人分类，迎接新时代

文／吴必然　协合国际法律事务所资深顾问

沿袭台湾传统的法律设计，想要设立法人的社会企业创办者，有两个选择：营利的公司，或是非营利的财团（社团法人）。但随着社会的发展变化，营利与非营利的

二分法渐渐难以呼应。更重要的是，为什么通过设立公司投入新科技运用、新运营模式的创业者，不能既经营体制良好的公司，又让这个企业不以营利为目的，完成以往财团（社团法人）所做的好事呢？如果先进国家都已经开始调整法人的分类，让公司结构的优点与社会价值的提升二者可以融合，我们是否也应该开始有些行动？

非营利财团（社团法人）虽然可以经营商业活动，但在目前的法规架构下，仍然不能以"创造收益"作为设立法人及运营的主要宗旨，且法人解散后的剩余财产也不可以分配给私人或团体；另外，以财团法人为例，不论是跨地区或地方性的财团法人，都是以"具备公益目的"作为设立财团法人的许可条件，而且除非经过法院批准，否则不可以轻易变更此目的。除此之外，非营利财团（社团法人）在投资私人公司方面也受到严格限制，以经济事务财团法人为例，不但需要准备投资计划书及审批过的财务评估报告书向经济部申请许可，许可后的投资金额，也受到法人初始创立基金的比例限制。因此，非营利财团（社团法人）目前并不享有营利公司在财务分配及运用上的弹性。

考虑到这些困境，具备公益使命又以营利公司为法人形态的社会企业，可以说是新时代的综合产物，不但具备公司创造营收及财务运用的弹性，也同时关注社会问题，积极投入公益。但是，公司形态的社会企业在追求公益目标时也会遇到不少困难，包括自愿做到不将公司盈余全部分配给股东的社会企业必须负担额外税赋，或不像其他非营利法人，可以自由接受财团法人投资，从而减少资金来源的窗口，又或者负责人为了达成公益目标而做成了一项不为公司创造最高收益的决策时，可能会被认为损害公司利益，而必须负担赔偿公司的法律责任。

因为这些问题，其他国家已陆续设有专门法律或专门篇章，赋予公司形态的社会企业明确的法律定位。比如美国各州已陆续立法承认"公益公司"，要求公益公司应该具备公益目的，考虑关系人的权益，并必须按年提出"公益报告"以说明公益目的执行的成效；而英国对已经设立超过6000家的"社区利益公司"也有类似规定，除了公益目的及公益报告外，还有股利分配及财产处置等限制。

完善的法律体制，对任何形态社会企业的设立及发展都是不可或缺的重要角色，参照其他国家的立法，中国台湾即使不额外制定公益公司的规定，也有重新考量现有规章法令的必要，应通盘检讨公共利益的定义、负责人关注义务的程度以及相关税法与投资规定，以提供适合公司形态社会企业发展的法制环境。

然而，如同有待开拓的沃土，法令规章只能提供社会企业发展的基础，公司形态社会企业的发芽、成长以至结果，都仰赖实际企业经营者的大胆播种、细心照料以及辛勤耕耘。

第四步　理清你的组织治理架构：
适才适用，发挥综效

为社会企业选择最适合的法律架构后，便可以着手设计组织决策与责任架构、程序、系统等管理机制。社会企业的存在，是期望能为大众、社区与环境带来正面改变，向利害关系者展现良好的管理机制，让他们知道这个组织说到做到，事半功倍，且言行皆对所处大环境负责，有助于汇聚更多资金与资源。

建立合适的经营团队

一步步构建起产品服务，并根据所处市场决定运营规模与日程后，接下来便要处理营销、业务、财务、法务、技术、研究等许多公司运营事务。

创业者要懂得在多元角色间弹性应变

新创事业规模小，资源有限，不太可能针对每项功能聘请一位专职员工，因此建议从创业者本身开始做。问自己四个问题——某项技能和组织从事活动的重要性、关联性有多高？有无可能再逐渐获得某项技能？有无可能找到熟悉某项技能的专家，愿意给予咨询？有无可能找到熟悉某项技能的个人或组织作为合作伙伴？——再去寻找互补的人才。

在组织草创阶段，创业者的角色是多元且广泛的，若本身能学习、了解的技能越多，越容易保持弹性，调整运营模式。而且创业者最好也具有基本财务技能，对于组织的成本及收益比例会更有概念。

找对成员帮你弥补能力不足之处

在创业者针对自身"目前现有"和"可能获得"的技能以及时间管理做完评估后，对于仍无法获得或无时间负担的技能，便要思考如何设计成一个以上的职位，并着手寻找具备所需知识、经验、技能，并愿意和你一起实践的伙伴。

在创业初期，你找到的可能是共同出资的创业伙伴，或是领取薪酬的员工，无论如何，他们的共同点包含能认同创办人的愿景、使命与价值观，有着和你互补的知识能力，且愿意加入团队。

建立经营团队的同时，请兼顾以下三个要点：

一、适才适用，发挥综效：人才若放在不合适的位置，有可能造成组织与个人的心力损耗。最好能长时间、多方位观察一个人的个性特质、专业能力，并充分沟通、了解双方想法与需求，降低加入组织后"同床异梦"的风险。

建议：平时可认识不同领域的朋友，在组织有适当职位时，除了公开招募，也有人脉资料库可以考虑。

二、在契约制与雇员制之间取得适当平衡：许多新创事业在初期会将业务或公司某些功能外包给独立承接人，降低雇用全职员工的成本，然而全职员工可以全盘了解组织发展脉络与运营层面，有助于提升工作流程与产品品质。

建议：随着组织发展，创业者应该在契约制与雇员制之间适度调整，而非一味仰赖兼职工作者。

三、规划在职训练：对于全职员工，建议编制教育培训相关预算，增进其工作上所需技能或特质（如领导力），改善组织品质与效率。

建议：若组织有机会扩展，创始员工便可执行或轮调至不同职位，或担任管理工作。

依组织需求成立治理团队

所有组织都需要有人负责决定策略方向与监督执行责任，依据不同的法律规定与架构（如公司、基金会、协会、合作社等），治理机制可能是由董事会或监事会、管理委员会、受托人等组织单位执行，本文统一将组织治理团队称为"董事会"，团队成员称为"董事"，以方便说明。

董事会成员较少全职参与组织，通常是定期聚会听取经营团队报告、制定未来重大策略等。董事们可以给予组织多方面的支持，包括资金财务支持，针对组织愿景、决策、领导力等个人技能给予指导，或者扮演顾问角色，针对组织管理所需专业技能给予咨询，董事们也能够引进组织所需的资源，如人际网络、业务机会等。找对人，就能构建带给组织全方位支持的董事会。

不同组织需要不同类型的董事会成员，建议可依据组织年限、使命、团队成员、所需专业等要素评估，参考表7-8，找出组织需要哪种类型的董事。

审慎拿捏组织需要的董事人数与身份

董事会成员并非越多越好。董事越多，代表组织决策过程越花费时间、越难有共识，关键是在 "广泛采纳多元观点" 与 "保持组织灵活决策" 中找到平衡，把董事的人数及身份纳入考量。

一、要有3～5位来自不同社群的董事：3～5位董事会成员，拥有互补的技能与资源，如此能确保组织将不同社群需求与想法纳入决策过程。

优点：较广泛的利害关系者参与，代表组织不是闭门造车，而是聚集较多民意与资源做基础，对组织在未来招聘、招商、募资上都有帮助。

二、邀请未担任组织管理职位的人士加入董事会：对新创团队来说，让投入资金的创业者成为董事成员，会形成出资创业者既是劳方（员工）、也是资方（董事）的责任问题。为了让治理更中立透明，建议组织能指派额外、未担任组织管理职务的适合人士担任董事。

优点：能在必要时提供不同于创业者的思维。

三、可设独立董事：由非组织大股东、未在组织任职并和组织运营无关的人士出任，具有高度独立性与专业性，能针对组织事务做出客观判断。

优点：有助于监督组织，保护利害关系者权益。

寻求并咨询专业顾问

除了付费取得专业顾问服务，许多社会企业因其公益性，享有另一种能为组织带来知识与经验的珍贵资源——公益专业服务（Pro Bono Service），指运用工作上的专业知识、技能、经验等进行的志愿服务行为，作为支持社会公益的一种形式。

善用"公益专业服务"解决组织难题

公益专业服务，最早可追溯至美国一些律师为低收入大众提供免费或低报酬的法律咨询、辩护服务。2000年后，美国非营利组织Taproot Foundation设计了"服务捐赠"（Service Grant）机制，汇集可提供公益服务的各领域专业工作者，并对接有相对需求的公益组织。公益服务提供的范畴与人员，也从律师扩展至会计、设计、工程、市场营销、策略规划、系统开发等多元领域。近年来此项服务的接受方，也从传统非营利组织扩大至社会企业。

公益专业服务试图为提供者与需求者创造双赢的局面。服务提供者可发挥自己的业务能力来改善社会，从工作中获得不同以往的动机与成就感，在与公益组织合作中，也可获得新的知识与人脉。服务需求者则可以较低成本获得专业人士的技术、经验，改善所属项目或组织所面临的挑战。

参加交流活动或得到相关人士推荐，是获得公益专业服务的主要渠道。在与服务提供者合作时，请记得他们的时间是有限的，双方可能每隔数周、数月才会碰面，因此建议服务需求者在会面前做好准备，明确提出自己需要的帮助，让合作更有效率。

募集志同道合的实习生、志愿者

无论实习生或志愿者，他们的参与都是出于对组织愿景、使命、价值观的认同，因此参加交流活动或相关人士推荐，便成了招募实习生或志愿者的主要渠道。

实习生参与时间短，志愿者则仅能投入有限时间，若想经营一个有效率的实

⊕ **表7-8　社会企业董事类型**

六种类型	特点说明	对治理组织的帮助
行动型 Activist	• 做事积极主动，愿承担风险，独立思考 • 愿意投入大量精力与时间 • 独立作风，可能不拘于组织政策、规则或程序	对新创组织最有吸引力与效率
投资型 Donor/Funder	通常已给予组织资金上的支持	关注组织使命、财务以及两者如何联结
专家型 Professional	• 包含律师、会计师等专业人才 • 重视组织的责任性、可靠性与管理经营实务 • 结果导向，对不拘礼节、出其不意等"组织不正式"较无法赞同	通常对发展成熟的组织最有吸引力与效率
荣誉型 Emeritus	• 通常是有前瞻性的思想家，注重组织宏观方面（主张、愿景、策略） • 运用自身名誉或代表性为组织加分，不太会投入具体时间参与	对现有组织最有吸引力与效率
顾客型 Client	自觉、沉稳，不轻易发表言论	知道组织在做什么且如何运作
社区型 Elected Official/ Community Leader	• 带着现有使命与民意基础加入组织，可能是民意代表或社区领袖 • 重视人际关系，可能要求等价利益交换	当组织对其续任或推动某议题有帮助时，会投入更多精力

习生与志愿者网站，建议考量以下三点：

一、了解志愿者想要什么：志愿者参与组织不是为了钱，可能是希望增进自己某项能力、交朋友、找伙伴等，所以在招募和定期聚会时，多了解大家想要什么。

建议：了解志愿者参与的动机和需求，也有助于帮助组织规划未来方向。

二、整合志愿者能做什么：在工作分配上保持弹性和乐观的态度，让想帮忙的志愿者对于自己所负责的工作有兴趣，也有时间处理，不至于负担太大。

建议：当组织有了一个新的工作分配架构，可在实行几个月后询问志愿者意见，看是否要做调整。

三、建立激励与退场机制：试着建立鼓励和退场并行的机制，在一开始招募时，就制定出明确的参与日程（如至少参与3个月）与可期待产出（如完成某个项目），日程结束时，志愿者可选择继续留下或离开。

建议：让继续留下的志愿者，明确知道未来须担负的义务及可获得的福利。

最后，无论是面对员工、董事、顾问、实习生或志愿者，建议在招募及相处时不忘以下"该做"与"不该做"的事情。

该做：
- 认真看待建立组织领导与管理机制的责任。
- 建立定期招募制度并翔实记录。
- 纳入主要员工的意见。
- 诚实揭露、主动面对组织所面临的挑战。
- 找出人们参与组织是对什么感兴趣。
- 确认你的价值主张，你能提供给参与者的"独家配方"是什么。
- 尊重、有同理心为对方设想，以你想被对待的方式去对待他人。
- 设定明确退场机制，对于要离开组织的人（包括你自己）给予尊重与祝福。
- 不要吝啬表达对人们的感谢。
- 多方面了解每位组织成员，有时候找到不合适的人，比找不到人还糟糕。

不该做：
- 组织面临危机时才进行招募。
- 对任何人都来者不拒。
- 要求对方永久参与。

组织治理是组织灵魂的对外表现

文／陈一强　活水社企开发共同创办人

不同于运营管理，组织治理是领导、管理及控制组织的一套政策、规则、权责、制度、程序和惯例，包含了组织与所有利害关系人的关系。组织治理通常由最高的治权单位——董事会或理事会——负责执行和控制。一个组织的治理架构与结构，充分反映了它是如何制定目标与决策的，以及达成目标与监督管控的方法。

组织治理的目的，不是防堵、限制与束缚，而是提供能量、保护与扶持。然而，两者之间，只有一线之隔，要如何分辨及掌握并不容易，完全取决于组织是否有坚定的信念与不变的价值。因此，从组织治理的瞳孔（权责与程序），我们看得见组织的灵魂（信念与价值）。也就是说，不论组织外在的形象如何光鲜亮丽或受人欢迎，一旦组织内在的灵魂受了伤，必定显露出破损的组织治理。

破损的组织治理难以经受大众的检验

组织治理之于社会企业，其重要性远超过一般的营利企业，因为社会企业必须考虑所有关系人的利益，并且需要他们的积极参与和支持。不论喜欢与否，社会企业的头顶上，常有公益的光环围绕，更必须坦然（或被迫）接受社会大众的检验。而检验点正是组织核心的价值与信念、内在的灵魂——组织治理。

重·点·复·习

社企创业实战 第四步
理清你的组织治理架构

经营团队（员工）方面

- 创业者在创业初期要能弹性扮演多元角色，寻找可以跟自己互补的成员。
- 聘用人才须注意：适才适用；平衡契约制与雇员制的选择；规划在职训练。

治理团队（董事）方面

- 董事会最好在财务、指导、顾问、资源上都能够给予组织支持。
- 找对组织需要的董事类型。
- 审慎评估董事的人数与身份，力求中立透明，要能纳入多元观点又不失决策灵活性。

顾问方面

- 可付费取得专业顾问服务。
- 可善用"公益专业服务"。

实习生、志愿者方面

- 招募实习生或志愿者的主要渠道是参加交流活动或得到相关人士推荐。
- 了解志愿者想要什么、能做什么。
- 建立一套明确的参与办法，包含激励与退场机制。

可惜的是，不少社会企业并不了解，也不重视组织治理，误认为组织治理是一件锦上添花的杂事，甚至觉得是官样文章或繁文缛节，只有大型的组织或机构（如上市公司或一定规模以上的基金会）才需要，等到日后走上正道时，往往事倍功半，甚至在求生存或冲业绩的过程当中，组织的灵魂早已被消磨殆尽，或者没有任何组织治理可言。

至于我们应如何检验组织治理是否已（将）到位或破损？建议可以参考下面的问题（不同阶段或治权结构下的答案有可能不同）。例如：您个人及组织愿意接受多少监督？如何回避球员兼任裁判及潜在的利益冲突？这涉及董事会或理事会与经营团队之间的独立性。又如，组织愿意主动公开多少信息？这涉及公开披露原则与组织的透明度。再如，组织是否有适当的财务与审计制度？如何决定薪资报酬与奖励？如何处理重大资产？是否遵循相关法规？……有趣的是，以上所列问题，若从运营管理的角度考量，可能都是最不急迫或最不重要的议题。

守住诚信，做好事也做对的事

对社会企业而言，在上述问题的背后，隐藏了两个非常重要的核心价值与信念。其一是：要追求公义，不只是做公益；其二是：要言行一致与即时告知。

一、要追求公义，不只是做公益

社会企业不应只是做好事（增加受益对象的健康、安全或幸福），更重要的是做对的事（公平合理对待所有的利害关系人）。否则，公益少了公义，一旦利害关系人未得到公平合理的对待，即使当下受益对象得到了一些健康、安全或幸福，仍旧是一件不折不扣的坏事，变成了伪善。

做公益，容易各说各话，往往靠着媒体报道或公关活动，决定了受益对象是否健康、安全或幸福。追求公义，必须有事实佐证，但通常信息不透明或不对称，很难评估其中的公义。组织治理最大的价值，就是提供了可以佐证的根据。

二、要言行一致与即时告知

言行一致与即时告知，两者合一，就是诚信。不同于一般营利企业，社会企业一定要有诚信，否则一定不是社会企业。

言行一致就是所说的与所做的完全相同，没有丝毫落差，这点相信我们都能了解，或容易自我察觉。但即时告知就比较难定义了，因为应该在何时告知何人何事，实在不容易拿捏及掌握。

所幸一位前辈曾教导过一个好办法，专门用来检验什么是即时告知，什么不是。这个办法称为新闻测试。简单地说，假若组织的一件事成为新闻被刊登出来，如果利害关系人觉得被蒙蔽，甚至被骗了，那么组织在新闻揭露之前，应当先尽到充分告知利害关系人的义务，这就是即时告知。没有做到即时告知，重则触犯法律，轻则众叛亲离，值得我们互相提醒。

贯彻组织治理的十大信念

2013年年底，社企流有机会以创业者小聚的方式，与十多家认同社会企业理念的公司组织共聚一堂，并且初步试拟了以下十大信念与价值，作为行为的准则与基石。这些信念与价值所代表的，其实就是一家社企型公司应该与所有利害关系人建立的应有的关系，表现在外，就是组织治理。

组织治理的十大信念：

- 运用商业模式解决社会或环境问题，但不求股东报酬最大化。
- 决策时考虑利害关系人及环境保护，愿意分享及创造共享价值。
- 维持高度透明，财务报表须会计师审批，并缴纳应缴的税款。
- 遵循政府法规，依据可接受的国际标准编制及提供公益报告。
- 重视治理机制，回避利益冲突，发挥董事会及独立董事功能。
- 善用盈余，改善运营并扩张，创造股东收回投资成本的机会。
- 努力发展能自给自足、可持续扩展的创新能力及社会影响力。
- 竞争但不侵害或牺牲其他个人或组织的利益以增加己方利益。
- 积极与非营利组织、营利公司及其他公益公司共创多赢机会。
- 勿忘初衷且心怀喜悦！

第五步　建立你的运营计划：
稳扎稳打，步步为营

许多人在尝试实践改变社会的想法时裹足不前，原因可能来自于无法完全抛下手边工作、缺乏启动资金等，此时不妨评估手上资源，在全心投入、把计划转为一个正式项目或组织前，先规划一个试验阶段，让你得以考量自己的项目或组织是否可行（如可带来获利）且能为某个领域或地区带来有效的变革。

由游民担任导游的Unseen Tours，便曾经历这个试水阶段。他们最初是和伦敦艺术节合作，设计出一条从伦敦大桥出发，融合历史、文化与街头故事的徒步游览路线，大受欢迎。两年后他们获得启动资金，才立案成立机构，正式运营。（参考第56页）

试验阶段：考量各项可行性

在运营的试验阶段，建议考虑以下几个要素：

一、规模大小：决定试验地域、人数等。例如，在非洲推广月经杯的组织Ruby Cup经市场调查，发现肯尼亚女性对于月经杯接受度高达90%。于是，该组织先和当地女性共同设计生产出符合她们需求的产品，在肯尼亚获利后再将其运营模式推广至南非、乌干

🌐 表7-9　运营地图参考

项目	第一年	第二年	第三年
运营层面			
运营地域	A	A/B	A/B/C/D
经营团队	新增X职位		新增Y职位
治理团队		招募独立董事	
业务开发	30个客户	70个客户	120个客户
营销宣传	建立网站	参加研讨会	刊登广告
资金募集	参加相关竞赛	申请补助计划	募集天使资金
销售层面			
产品服务	一项	三项	七项
销售金额	50万	200万	500万
顾客数目	200位	500位	1000位

（表中的数字／操作并非实际案例）

达等地。

二、日程长短：决定验证、调整组织或项目的社会与商业模式所需要的时间。时间长短的评估因个人或组织而异，会影响组织的人力与财务规划等方面，建议先制定粗略目标，并保持调整弹性。

三、人力组成：在项目或组织的初始阶段，安排好人力资源的调度。除了创办人辞去工作、全心投入外，另一选择是创办人或团队成员利用课余或工作之外的时间兼职投入。最好能聚集所有成员一起讨论人力资源的安排与调度，包括是否补贴车马费或是否聘一全职人员处理重要事务等，让有意愿投入的人可以参与又不会负担过重。

四、预期目标：制定项目或组织在运营与效益上要达成的目标。运营方面包括产品或服务的销售数量与金额、市场占有率、受益者数量、雇用员工或独立工作者数量等。效益方面指项目或组织要达成的社会变化，例如改善银发老人的医疗护理品质等。

社会创业就像一次旅程，在试验阶段可能因为个人职业规划、无法有效改善社会问题、无法找到获利模式、认识到自己的能力不足等各种因素，决定中止项目或组织，此时千万不要认为这是失败或丢脸的事；相反，在这段时间所积累的经验与智慧，都是用金钱也买不到的珍贵资产，不会是白白空转。若在试验阶段，发现自己的项目或组织能达成预期的财务与社会目标，就可以全力冲刺，进入长远规划的下一阶段。

长远规划：建立3～5年的运营地图

进入全力冲刺阶段，建议规划出组织未来3～5年的发展里程碑。建立运营地图，能帮助你了解达成目标需要进行哪些活动、运用哪些资源，以及理清组织内部各项功能、各种活动间相辅相成的关系。

架构运营地图时，越仔细越好，且广纳经营、治理团队成员意见并反复讨论，如此沙盘推演，能帮助组织的经营管理者进行"以终为始"的思考。即先达成3或5年后组织会是什么模样的共识，再慢慢推敲回到现在，思考组织每天该做哪些事才能达成目标，如此将有助于克服缺乏全面观察的盲点。

未雨绸缪：做好运营的风险预测与管理

组织创立与运营过程中，会面临内外部各种风险，如果能在商业计划书中讨论到风险面，忠实呈现组织可能面临的风险，以及可行的风险管理策略，可让组织利害关系者知道自己是有备而来，反倒有加分效果。一个社会企业常面临的风险主要表现在以下方面：社会与环境面的效益与影响难以控制并追踪衡量，需要较长时间展现，且易受大环境变化的影响；市场的规模大小、正负成长，以及产品服务的竞争优势也是风险所在；而组织的运营架构、财务与法务状况、信誉、利害关系者支持等，都是风险考量点。

想做好风险预测与管理可遵循表7-9的基本步骤，直到找出应对策略。至于常用的应对策略不外乎三大方向：降低风险概率与影响，如与单一农民合作的有机餐厅，选择增加合作生产者数量，以降低某些生产者违约对餐厅带来的影响；避开风险，例如，组织如果和某个客户合作可能会导致现金周转问题，便选择不合作；转移风险至可以控制的程度，如上述例子中，要求客户采取分期付款，使组织降低现金流压力，分担财务风险。

重·点·复·习

社企创业实战 第五步
建立运营计划

需要稳扎稳打，步步为营：

- 设试验阶段：考量规模、日程、人力与目标的可行性。
- 做长远规划：建立未来3至5年的运营地图。
- 懂未雨绸缪：做好运营的风险预测与管理。

275

🌐 风险预测与管理基本步骤

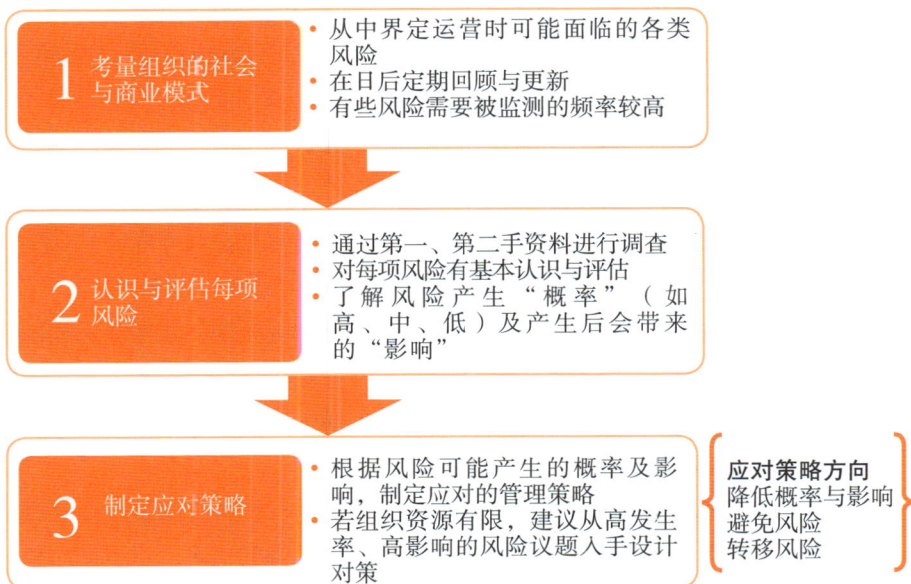

1 考量组织的社会与商业模式
- 从中界定运营时可能面临的各类风险
- 在日后定期回顾与更新
- 有些风险需要被监测的频率较高

2 认识与评估每项风险
- 通过第一、第二手资料进行调查
- 对每项风险有基本认识与评估
- 了解风险产生"概率"（如高、中、低）及产生后会带来的"影响"

3 制定应对策略
- 根据风险可能产生的概率及影响，制定应对的管理策略
- 若组织资源有限，建议从高发生率、高影响的风险议题入手设计对策

应对策略方向
降低概率与影响
避免风险
转移风险

风险与机会是一体两面，组织机会越多，便可能承担越多元、越难以掌控的风险。当风险无法降低、避免或移转，或以上这些应对措施的成本远高于让风险发生的成本时，组织在审慎评估后，仍可选择接受它。

社会企业究竟有什么不同？

文／顾远　　上海AHA社会创新研究中心创办人

社会企业现在越来越热，要说社会企业跟一般的商业企业有什么不同，估计很多人都能朗朗上口："社会企业的首要目的是解决社会问题，创造社会价值。"这当然不错，但若再追问一句："社会企业在具体的业务模式和运营管理上跟一般的商业企业有什么不同？"估计能答出个所以然的人就不多了。

社会企业也是企业，所以基本的企业运营管理原理是要遵循的，许多方法工具也都是通用的。然而，社会企业的"社会"属性，决定了它在运营过程中必然有其独特的优势和挑战。

从战略层面和运营层面争取最大协同作用

首先，社会企业必须同时满足社会、财务、环境等多重底线要求，而且经常在比商业企业更复杂的环境中运营，所以有更大的管理挑战和更高的行政成本。

更严重的问题是，社会企业经常不得不面对多重底线之间的权衡。在经济萧条时期，一家社会企业很难像商业企业那样用解雇员工或者降低薪资的方式来控制成本。那些在小生产者和主流市场间充当"中介者"角色的社会企业，在面对市场价格波动的时候，也很难及时地调整自己的收购价格，因为保证处在弱势地位的生产者享有稳定而公道的收购价格，正是它们体现自己"社会性"的地方。

在"就业型"的社会企业中，这种情况有时会更加突出。比如一家培训和雇用残障者的社会企业，需要增加成本来改善工作环境，以便员工更好地工作，因为它的"雇员"同时也是它的"顾客"，是它们希望帮助的受益人群，所以管理层有时会无所适从。

面对多重底线的挑战，社会企业应该从战略和运营两个层面上优化自己的业务模式，尽可能地减少不得不在不同底线之间做出权衡的情况，尽可能地整合不同底线的要求，创造最大的协同作用。

创造良性的社会资本闭环

其次，社会企业在运营过程中，比商业企业更有可能充分利用社会资本——也就是人们基于对你所做事业的认可而提供的各种支持。例如更容易获得志愿者、媒体的报道或商业租金的折扣。任何社会企业都必须学会充分利用社会资本来提供运营过程所需的物质、财务资本和人力资本，那些最优秀的社会企业更是把社会资本有机地纳入自己的业务模式，成为业务成功不可或缺的条件。最典型的例子莫过于针对穷人的小额贷款，充分利用人们之间的相互信任和合作（社会资本的典型表现形式），以团体联保模式开展业务。

任何优秀的社会企业也都应该能够通过自己的运营创造出更多的社会资本，不论是社区里更紧密的人际网络，还是公众对自己更大的信任和支持，从而形成一个良性的社会资本闭环。

社会企业是创新最为活跃的经济领域

社会企业做的是同时兼顾社会效应和经济效益的事情，要是容易做，商业企业早就做了。这么不容易做的事情，要想做成，就一定需要创新。创新性是社会企业的重要特征和活力泉源。社会企业面临比商业企业更复杂的外部环境、更苛刻的运营条件、更稀少的可用资源、更低支付能力的服务和更多重的底线要求。这些都意味着社会企业必须有持续创新的能力才能够持续经营，创造出更大的社会效应。

直接为弱势群体创造就业机会，是很多社会企业产生社会效应最简单的方式，但如果产品服务本身没有竞争力，顾客可能会因为善意光顾一两次，却很难长期支持。为了提升产品服务的品质和竞争力，社会企业需要不断地创新，而且已经开发出了许多新的业务模式，比如"按使用付费"模式，让穷人不必花钱在家中搭建基础设施，而在公共饮水机上可以刷卡消费清洁的饮用水；比如"渠道共用"模式，借助商业领域的成熟渠道，把社会企业的产品运送到偏远地区。由于社会企业在创新上矢志不渝的努力，这个领域已成为创新最为活跃的经济领域，一些创新的业务模式和管理方法也正在向传统的商业领域和公共领域传播。

所以，回到题目里的那个问题：社会企业究竟有什么不同？答案是：社会企业更有意义，社会企业有更多人愿意帮助，社会企业更要创新。

第六步 拟定你的营销策略:
找出品牌的独门配方

在第二步中,我们探讨了如何界定目标受众与价值主张,而在这两项信息的基础上,下一步便是制定组织的营销策略,以便有效地将价值主张传递给目标受众,和目标受众进行有效沟通。营销策略包含了三个基本要素:品牌认同、市场定位和市场渠道。

通过品牌认同建立区别度和竞争优势

品牌认同指的是大众对于"这个品牌是什么"的认知,它整合了产品或服务的特征与利益,以及组织想传递的核心价值,帮助组织在同类竞争者中具有区别度和竞争优势。品牌认同包含了右侧示意图所列三元素:特征、利益和品牌价值。

🌐 **品牌认同中由三元素构成**

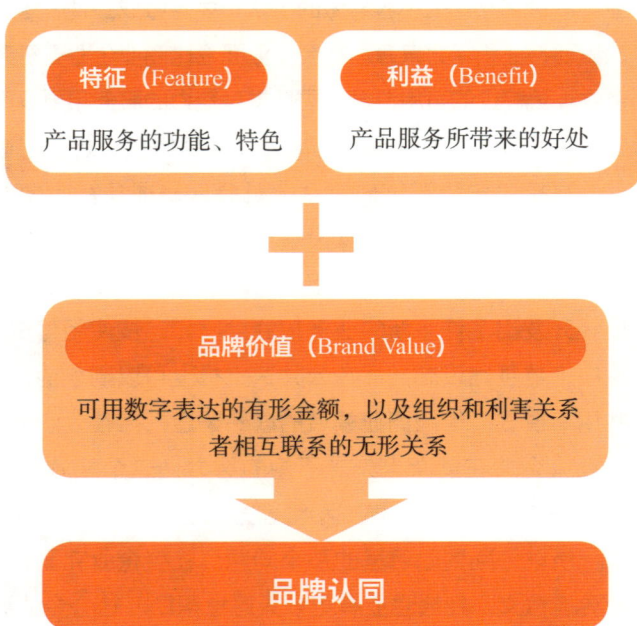

特征 (Feature)	利益 (Benefit)
产品服务的功能、特色	产品服务所带来的好处

+

品牌价值 (Brand Value)

可用数字表达的有形金额,以及组织和利害关系者相互联系的无形关系

↓

品牌认同

界定你在目标市场的独特卖点

下一步是要决定在你想进入的目标市场中,你的组织不同于其他竞争者的定位是什么,也就是市场定位,牵涉到组织的价值主张与同业竞争者的比较。若一个社会企业的价值主张是"道德时尚的高级女装",

(参考来源:UnLtd Social Entrepreneurship Toolkit)

聘用从人贩火坑里救出来的女子，助其谋生计，并坚守服装从设计、生产到采购的全过程都符合道德原则，则其目标市场就会是"道德时尚"与"高级时装"两块市场。接下来，宏观地观察分析竞争者在市场中的定位，并与自己的组织相比较，找出组织的独特卖点或竞争优势。常见的比较元素有产品服务的价格与创新性、社会或环境效益的品质与规模大小、规模化的潜力，以及组织的社会、环境责任与道德价值。

以定位为道德时尚高级女装的社会企业为例，在"品质"与"组织社会责任"两个变项的比较下，该社企明显从其他同业者中脱颖而出。若此目标市场的客户群也十分注重服装品质与生产者的社会责任，对价格敏感度较低，则该社会企业便能具有竞争优势。

选择以最小资源带来最大效益的渠道

市场渠道指的是能接触到目标受众的通道。以上述社会企业为例，直接渠道包括官方网站、宣传活动等；间接渠道则包括百货公司、精品店、批发商、零售商等。不同渠道能为组织带来的销售量和获利率可能不同，组织应考量现有资源及策略，将各项渠道做优先排序，并选择能以最小资源带来最大效益的渠道。

依个别产品服务分别拟订营销计划

营销计划的任务是让组织能按部就班地将品牌认同、市场定位、市场渠道等策略传递给目标受众。重要元素包括：

一、目标：理清营销计划的最终方向，是要从目标受众中开发更多新的消费者与使用者？维持现有的消费者与使用者？增加现有受众的购买力？或是要彻底改变产品或服务的销售与购买模式？

二、工具：达到目标的方法常被称为3P——价格（Price）、地点（Place）、促销（Promotion），需考虑产品或服务的售价是多少？要锁定什么样的目标受众？或使用哪一种销售渠道？将哪些产品服务的特色、利益与价值，借助上述渠道有效传递给目标受众？

三、计划：确保组织能够顺利运行的重点，牵涉到时间及预算，包括计划开始与结束的时间、需要多少金钱与非金钱资源来达成计划。

一个组织可能有好几项产品和服务，建议依据不同的产品服务，建立不同的营销计划，将会更为精准有效。

专家观点：营销宣传策略

更适合社企的"兼利市场学"

文／魏华星　香港社会创投基金创办人及行政总裁

经营社企的营销办法不应该只是一个实现目标的工具，它本身也可以是一个改变世界的过程。

社企携手商企，用营销能量带来改变

社会企业的诞生是要建立一个更"兼容""兼爱"的社会，让更多人能打破不同领域间的局限，为社会善念合作，这样，我们才更有可能建立一个新的社会文化。同时，社企大多在颠覆现有的制度，只能从小做起，如何利用有限资源发挥最大社会效应、营销作用，永远是一个令人头痛的问题。"协同营销"（Collaborative Marketing）或许可以同时满足两个需要。

"协同"，简单而言就是"借力使力"。卖玉米片的可以跟卖牛奶的合作促销推广计划，以加大宣传力度；时装品牌可借卡通人物获得品牌新鲜感或新客户，而卡通人物也能通过连锁店覆盖增加人气，两者各有所取。类似的品牌营销或商业策略合作，在商界也越来越普遍。

"协同营销"的重点如下：

一、探索：在考量自己的需要时，也要透彻理解伙伴的策略与需求。

二、共享：寻找共享的价值或共同理念作为合作基础。

三、创新：发挥创意思维，充分利用双方的优势创造新点子。

四、互动：双方团队要真诚合作，建立共融、互信的氛围。

五、远景：保留更多、更长久的合作可能性。

香港从2012年开始的社企"绿色星期一"（Green Monday），用一年多的时间创造了高知名度，实现自负盈亏，并渗透主流、改变香港的素食文化，借的就是企业的"东风"；同时，"绿色星期一"也帮助企业运到了它们靠自身力量难以实现的目标。不少餐厅找到了"绿色蓝海"，用素食吸引到一批新客户，有人就曾看到和尚出现在专卖牛肉菜品的店铺享用特色素食火锅；也有餐饮集团通过推广素食餐单而减少了数千吨的碳排放量；香港机场也刚刚全面推广了"绿色星期一"，为香港地区塑造了绿色的形象。

"协同营销"发挥一加一大于二效应

"协同"带来最大的"利"，不一定是货币符号后面的数字。社会企业应用协同策略，要比商业企业更能带来协同效应，真正实现一加一大于二。

除了金钱利益，"协同"又能带来更多边际利益，如人际关系、客户网络、行业知识、市场信息、具有弹性的战略部署、成本控制等。更重要的是通过"协同"能慢慢学会"兼容"，对任何人任何事都懂得先从客观的、对方的角度出发。

"同"者无差别也，"利己"同时也要"利他"。真正达到"同利"的话，社企可以摆脱依赖慈善捐助的枷锁；商界或其他合作方也能真诚、持续参与有利社会发展的活动。而最重要的是，无论参与者来自何方，都可以互相了解，找到共享价值。

第七步　衡量你的绩效：评估社会效益和影响力

　　绩效衡量指的是从质量和数量方面，评估组织达到它们的使命、目的、目标、行动步骤或达到希望标准的程度。而社会绩效衡量则是将绩效衡量机制，运用于检验组织在社会及经济上的影响力，并探讨社会与经济效益之间的关系。社会企业的绩效衡量已经从单一走向多元，从组织财务、运营绩效的检验，拓展为对社会效益与影响力的衡量。

公益参与：从出于信任到追求责任

　　20世纪60年代，慈善行为、慈善事业盛行，人们投入资源主要是出于个人情感的认同与联结（Trust Me）。例如，海啸后人们纷纷捐善款、捐物资赈济灾民，便是慈善行为，而之后有计划、有组织地进行灾后重建，则是慈善事业。

　　从20世纪60年代至2000年左右，非营利组织更强调"理性"参与。例如设立研究灾后重建品质或效率的机构，则属于公益（Philanthropy）事业，目标是找出社会问题的源头（Tell Me），组织不一定与受益者有个人情感联结的关系。

　　2000年后，公益创投（Venture Philanthropy）的概念自欧美兴起，将传统的创业投资机制，导入到社会企业或是非营利组织的领域，公益投资人通过提供财务支持、专业技能指导、资金募集协助、策略发展与运营管理的参与等方式，从中协助与监督组织领导人改善运营绩效。公益创投概念也更强调资源运用的责任，希望证明（Prove Me）投资者所投入的每一分资源，都能产生财务、社会、环境等方

🌐 **个人或组织从事社会公益的概念演变**

出于个人情感认同	**Trust Me**	・20世纪60年代 ・慈善行为或事业
要找出社会问题源头	**Tell Me**	・20世纪60年代—2000年 ・公益事业
证明投入资源有回报	**Prove Me**	・2000年至今 ・公益创投

面的回报，而不只是出于个人情感认同的捐赠。除了投资者，许多社会或非营利组织的顾客、员工等利害关系者，以及考虑将资源投入创造公益价值的个人，对于资源被运用的透明度与责任度的要求都逐渐提高，衡量与评估社会影响力的课题也日益重要。

🌐 **价值衡量的难易度**

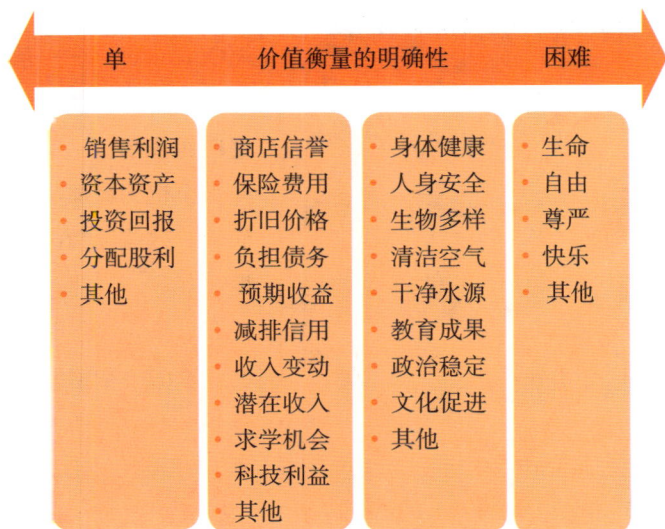

单	价值衡量的明确性		困难
• 销售利润 • 资本资产 • 投资回报 • 分配股利 • 其他	• 商店信誉 • 保险费用 • 折旧价格 • 负担债务 • 预期收益 • 减排信用 • 收入变动 • 潜在收入 • 求学机会 • 科技利益 • 其他	• 身体健康 • 人身安全 • 生物多样 • 清洁空气 • 干净水源 • 教育成果 • 政治稳定 • 文化促进 • 其他	• 生命 • 自由 • 尊严 • 快乐 • 其他

社会影响力的无形价值，较难量化判断

与财务价值或回报相比，一个组织的社会价值与回报往往较难衡量与判断。由表7-2"价值衡量明确性"图解可以看到，一个社会企业的销售利润、投资回报、负担债务等，都可以进行简单、明确的衡量，然而其对于能源、健康、教育等造成的影响，却是难以量化的。

产出、效益及外部因素牵动社会影响力

要衡量社会效益与影响，第一步先界定要衡量的变化，如变化的大小、范畴怎样？是要衡量组织的愿景与使命，还是组织中某个项目的目标？第二步，找出要衡量的对象，是产品服务的使用者、

🌐 **《大志》杂志社会影响指标举例**

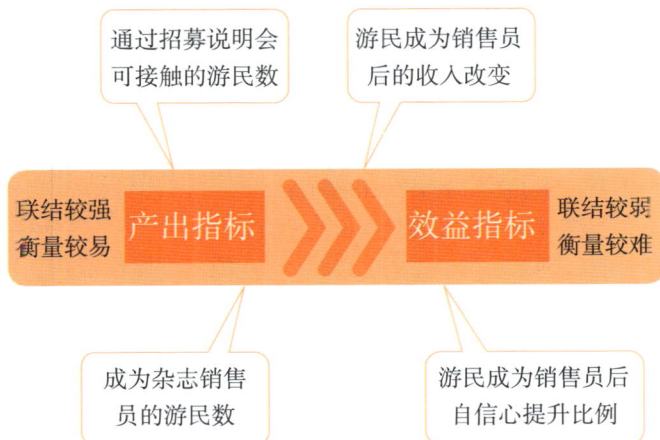

通过招募说明会可接触的游民数

游民成为销售员后的收入改变

联结较强衡量较易　产出指标　➤　效益指标　联结较弱衡量较难

成为杂志销售员的游民数

游民成为销售员后自信心提升比例

受益者、消费者，还是投资者？第三步是构建社会影响指标——产出（Outputs）与效益（Outcomes）——帮助我们联结、计算投入资源与所产生社会变化的比例。产出指的是此项目或组织所创造出的短期（如1年）、直接、可被量化的具体事物，如产品或服务数量、金额等。效益则指此项目或组织所创造出的中长期（如3～5年）、间接、较难被量化的效益或变化，如品质改善、成本降低等，虽然较难衡量，却能帮助组织理清与愿景（使命）还差多远，或在想要达成的社会影响中占了几分贡献。以《大志》杂志为例，从图表7-3可以看到

衡量与评估社会影响力的好处

1. 改善项目管理，更有效率地规划与评估。
2. 增进了解工作所产生的变化与影响。
3. 强化与组织内外利害关系者的沟通。
4. 提升对社会、经济、文化、环境等价值创造的关注。

它的两大类社会影响指标。

衡量时也别忘了要"扣掉"其他非项目或组织所能控制，却会影响产出、效益与影响的外部因素。例如其他为游民提供社会服务的非营利组织，可能也对提升游民收入与自信心有所贡献。

衡量与评估社会影响力的挑战

1. 并非所有社会效益与改变都能被量化或赋予对等金钱价值。
2. 许多社会效益与改变要较长时间才会展现，且牵涉的外部因素繁杂。
3. 不同领域（如教育、环境、健康等）社会效益衡量指标差异大，难有标准。
4. 不同利害关系者（如投资者、消费者、受益者）重视的方面不尽相同。

创新的评估工具：社会投资回报率SROI

社会投资回报率（Social Return on Investment，简称SROI）是一项常见的社会影响力评估工具。它是由传统仅衡量财务的"投资回报率"所衍生出的新概念，意指衡量在投入资源后，所得到的"非财务层面"的回馈与报酬，例如社会影响力、环境可持续性等。一般而言，在计算组织的社会投资回报率时，会衡量其所达到的经济价值、社会价值与环境价值，也可采用其他指标来评估，例如文化价值、社区价值等。

美国罗宾汉基金会（The Robin Hood Foundation）便是巧妙运用SROI的实例。该基金会于1988年成立于纽约，创办人曾在对冲

基金工作，希望运用自身专业，建立"创投式慈善机制"来对抗贫穷议题，并在拨款过程中，应用了财务投资的原则。基金会每年会审视资助的组织或项目，并停止资助SROI表现属于最低5%～10%之列的组织或项目。

🌐 罗宾汉基金会计算社会投资回报率（SROI）的方法

观察纪录（项目成果）	赋予社会的变化（对等金钱价值）	成本效益（分析计算）
受训者个人收入增加	$2.6M	成本效益比例
受训者家庭收入增加	$0.3M	效益÷成本
总收入增加	$2.6+0.3 = 2.9M	
基金会贡献	$2.9×0.5 =1.45M	$1.45M ÷ $0.2M
基金会成本	$0.2M	=7.25

计算结果：基金会每投资1美元，服务对象可增加7美元收入。

备注：货币单位为美元，M代表100万美元

以上图为例，基金会在某一项目为辍学的青少年或游民提供职业训练，该项目评估某一年所有受训者因此可增加的个人收入（因获得工作机会）与家庭收入（因工作收入得以让下一代接受教育、获得较好社会经济地位）共290万美元（约为1800万元人民币），扣除外部因素（如受训者所获得的其他社会福利协助），基金会认为其对于"受训者收入增加"效益的贡献度约为五成，即145万美元（约为900万元人民币）除以基金会投入成本20万美元（约为124万元人民币），计算出成本效益比例为1：7.25，即基金会每投资1美元在此项目，便可帮助项目服务对象收入增加7美元（约44元人民币）。

衡量社会效益与影响并不简单，建议在项目规划时，便将衡量机制纳入考量与设计中，先将资源集中在追踪、衡量可提供实际证据支持社会影响的信息上，建立一小组最新、最相关的指标，并与利害关系者分享，确定他们也认同将要衡量的变化及相关指标，执行过程中再慢慢调整机制，使其更完善、准确。

专家观点：社会绩效评估

计义也要计利
文／郑志凯　　联讯创投公司共同创办人及总经理

资本主义制度形成了200多年，公司的组织架构居功至伟。以营利为导向的

社企创业实战 第七步
社会绩效衡量

1. 个人或组织参与社会公益的概念，已经从出于信任演变为追求责任。

2. 社会企业的绩效衡量，除了对组织的财务、运营绩效的检验，也包含对社会效益与影响力的衡量。

3. 衡量社会影响力难度大，因为：

- 量化或赋予货币价值有难度
- 长时间才看得到变化或效益
- 不同领域衡量标准不同
- 不同利害关系者关切点不同

4. 建议构建产出指标和效益指标来衡量，并考虑外部因素的影响。

5. 可用社会投资回报率（SROI）作为评估工具。

6. 在项目规划的同时，设计社会绩效衡量机制，执行过程中再慢慢调整完善。

公司组织将所有权与经营权做了完美分工，不仅降低了投资人的风险，也使经营者必须以股东的利益为最终的经营目标。虽然近30年来，管理学者扩大了公司存在的宗旨，包括员工和客户的利益，甚至加入企业社会责任的概念，但是因为股东当初投资的目的是为了获取利润，为股东谋取最大利润自然是经营者的天职，而衡量经营者绩效的标准，也简化成简单的投资回报率（ROI）。

传统组织与绩效不适用社会企业

对社会企业创业者而言，传统的公司组织架构造成了根本的困难，因为股东毕竟是公司的拥有者，股东既有权更换经营者，也可能以追求利润为由，修改甚至否定公司创立时的社会理想；社会企业的投资人不以赚钱为目的，传统的投资回报率也就失去了参考价值，又没有其他量化指标可以取代，因此不知如何有效评估经营者的绩效。

而运行多年的非营利组织机构，因为享有免税资格，政府定下严格法令加以管制。社会企业又不像营利组织具有所有权的概念，也就无法转让、分割或合并；经营者虽然由董事会监督，但是董事会却不必向股东负责。

组织变革：服务为主，以利润求持续

英、美等国近年由于政府经费拮据，社会救济需要却日益增加，有识之士意识到必须借助社会创新激发出非政府部门的能量。针对传统公司或慈善组织的困难，英国政府研究领域经过十余年的思考，于2005年立法，提出一种新型的法人组织结构——"社区利益公司"（简称CIC）；美国也不落其后，推出所谓"低利润责任有限公司"（简称L3C），或是公益公司的法人组织。

CIC基本上是一个公司组织，必须向政府缴税，和一般企业最大的差别是，CIC的经营目的在于服务某一项社区利益，而非为股东创造利润；但可以合法地追求利润，以利润来扩充组织，进一步扩大服务对象的范围，因此它比非营利组织多出许多弹性。例如，它可以从事商品买卖或者对提供的劳务收费，一如其他商业行为谋取正当利润。有了利润，CIC得以积累资源，持续经营。它也可以发行股票，募集资金，寻求新的投资人，甚至进行借贷，以应付组织扩充的需要。由于具有这些优点，几年之间，英国已经有超过6000家CIC登记注册。

无论是CIC、L3C或公益公司，仍然面临如何评估经营绩效的挑战。经过多年思考，英、美的思想先驱大刀推广"社会投资回报率"（SROI）的观念。

绩效计算：将利益量化

传统的社会企业，往往以募款金额、志愿者人数、服务小时或救济人数来衡量绩效，而SROI更着重计算为社区带来的实际利益。许多精神利益虽然无形，难以用金钱估计，但是粗略地计算，总比不做任何估算好得多。传统的ROI计算利润（profit），SROI 计算利益（benefit）。要计算利益，先要定义有哪些受益者，然后分析所从事的社会服务需要哪些资源输入以及可能产生的利益输出，再尽可能将输出量化，赋予其金钱价值。这一步也许最为困难，也难免存在过度的主观判断，但如果社会企业创业者和投资人事前能够达成共识，也不妨作为事后衡量的基准。

台湾是一个充满爱心的社会，虽然没有如CIC或L3C等法人组织，却依然有相当多令人感动的社会企业，喜憨儿烘焙餐厅便是一个成功的例子。喜憨儿烘焙餐厅是喜憨儿基金会创办的企业之一，除了餐厅收入之外，基金会也接受捐款和政府补助。由于历年运营都有结余，所以陆续成立喜憨儿农场、庇护工场等企业。如果用SROI评估喜憨儿基金会的收益，如喜憨儿员工的身心健康、家庭的经济负担、社会对喜憨儿的正确认知等，把这些效益适当量化后，社会大众必然更加感谢基金会创办者对经营的用心。

孟子当年劝告梁惠王"何必曰利，曰义才是上乘"。可是，利毕竟是普世共同的语言。要能释放社会创新的能量，不断创新更合适的社会企业组织形式，社会企业才可长可久，计算利益才不会不得不尔。

第八步　做好你的财务管理：
锱铢必较，量入为出

经营任何一家企业，若要持续发展，必须做好财务管理，其核心即为财务决策，而财务决策必须以财务预测为依据。"财务预测"就是财务人员用企业过去的运营结果，考量当前及将来要面对的各种变化因素，来预估未来资产及负债变化的方法。

为什么需要财务预测

进行财务预测的目的，是为了帮助经营者、投资人与财报使用者认识该组织未来可能的财务状况及价值，是否会有资金缺口，手头上的现金是否可以支撑组织资金未来的波动，以及产品与服务的定价是否可以让组织收支平衡等。

有了对于未来财务状况的认知，经营者可以及早对未来的资金缺口做出资金调度的动作，并为可能的现金流波动准备足够的应对现金，还可以为产品与服务划定可行的价格范围。

财务预测的时间跨度

财务预测按照时间跨度，又可以分为长期、中期、短期的预测。长期是指5年以上的财务预测，而中期则是介于1～5年的财务预测，短期是1年以下的财务预测。

一般而言，财务预测的精准度会随着时间跨度的增加而下降，因为时间跨度越长，所面临的不确定性因素就越多，能借助财务预测得到的信息就越不精准。不精准的财务预测，可能会导致不正确的财务决策，所以财务预测其实是一个不断变动的过程，随时根据所取得的不同信息、影响财务数字的情况而做出修改和调整。

在实务上，通常都只会使用短期跟中期的财务预测去做决定，因为长期财务预测的精准度实在太差。不过只要是预测都会跟实际数字有出入，因此也不能完全依赖财务预测。

认识财务管理工具：会计三大报表

会计三大报表分别是资产负债表、综合损益表及现金流量表。三张报表在编制上是相对独立的，而在财务分析时却相互依存、相互影响。

一、资产负债表：反映组织在某一会计期间期末的财务状况和资本结构的报表，主要分成资产、负债和股东权益（非营利组织称为基金及余绌）三个部分，彼此间的关系是"资产=负债＋股东权益"，等号两边的数字必须相等，称为会计恒等式。此表可以观察到企业的资本结构、偿债能力、流动性状况及对股东的盈利贡献能力，可视为组织的健康检查表。

二、综合损益表：反映组织在报告期内经营状况和盈利能力的报表，其中包括收入、成本与费用的来源和多寡，以及最终组织的利润状况。若是营利公司，则综合损益表可以视为企业的成绩单。而对于非营利组织而言，其重视的社会影响力未必反映在综合损益表上，所以综合损益表通常仅用于参考该组织的经营效率，而不是追求综合损益表里的利润最大化。

三、现金流量表：反映报告期内，现金及等价物的变动情况。若组织掌握现金越多，代表资金调度能力越好，也有较好的偿债能力。由于现金流量表记录企业的真实现金往来情况，且经营活动现金流一般不受会计估计和判断的影响，因此难以造假，也成为投资者考察企业盈利品质的重要依据。

财务预测的种类与流程

财报预测，大概可以分为营业收入预测、成本和费用预测、利润预测、流动资产负债预测和资金预测。不过这些项目都是基于三大财务报表之上，所以财务预测的一个重要的阶段性目标就是制作预测未来几年情况的三大财务报表。

以公司为例，财务预测的流程如下所示：

一、积累历史会计资料：先取得公司过去的三大会计报表资料，以其作为基础进行财务预测。

二、积累公司背景资料：从了解总体经济层面的情况开始，到公司所属产业目前发展现状，以及公司目前的经营状况、生命周期等。

三、营收成长率设定：依据历史会计资料及公司的背景资料，试着设定财务预测中最为重要的数字——营收成长率。营收是公司的收入来源，也是对公司运营最为重要的指标之一，营收的成长率可以看出公司业务的扩张情况。对于草创期的公司而言，营收增长率动辄达50%、100%都不足为奇，然而对处于成熟期、衰退期的公司，可能5％的营收增长率都是过于乐观的数字了。

四、三大报表预测：三大财务报表的预测顺序，是从综合损益表的营收预测开始，利用去年的营收数字乘上（1＋所预估的营收成长率），即可得到营业收入预测。销货成本的预估应利用营收增长率，反推得到出货量，并利用每件货物的进货成本，调整可能的价格变动后乘上出货量即可得到销货成本；而营业费用的调整则视各类费用是否随营业收入增长而成长，会有不同的假设，基本上就是前一年费用项目的数值乘上（1＋营业收入成长率×调整项），即成本和费用预测。根据营收预测及成本和费用预测的结果，再调整营业外的收入和费用预测，即可得到利润的预测。此外也可以利用往年的利润及现在的总体经济及行业发展，预测出未来一年的利润应落在哪个区间，来得到利润预测。

接下来要调整的是资产负债表。流动资产负债预测，探讨得比较多的是应收账款、应付账款及现金的预测。一般会以营收增长率为应收账款、应付账款的增长率，再根据行业变动及公司议价能力变动进行调整。而现金的部分则是等到所有资产负债表项目调整完后，才去做手头现金的调整。

资本支出的预测，则视公司未来运营上是否要添购机器设备、厂房、土地等来进行预测，有时也会视行业平均水平去做调整。在调整完资产的变动项后，继续看企业是否有举债的打算，调整负债的部分。而股东权益的预测，则跟利润预测有着比较高的相关性，因为当前年度的获利会直接影响到公司的股东权益大小。

最后，即可进行未来现金流量表的编制。此部分的计算没有假设的部分，所有的项目皆可从资产负债表及综合损益表中找到，只是在运营活动的现金流量之上，再调整投资活动及融资活动的部分，即可取得真实的现金流量。而由现金流量的预测，我们即可得出未来哪些时间点上可能存在资金短缺的情况，会有资金的需求。

五、预测分析与决策制定：预测分析，最常见的方法是敏感性分析，针对几项常见的重要数据如营收增长率、利润率、资本支出数字、应收账款增长率等，上下调整几个百分点，看看公司运营状况会如何变动，作为运营及财务决策的依据。看到做了敏感性分析后出现问题的财务数字，如营收增长率一调低，就会出现亏损，可能代表产品价格定得太低，挤压到公司的获利能力，可能需要上调公司产品价格等，这方面属于公司运营决策的部分。财务决策则是涉及筹资、管理运营资金、选择投资计划等决策。

筹资的决策，多是根据现金流量表的预测做决定。看未来年度现金流量的流出与流入，若是有资金缺口，则代表公司有筹资需求，这时就要决定以何种方式筹资、筹措多少现金等。运营资金即所谓的流动资产，此部分的管理看的是资产负债表的预测，可以从未来的流动资产减去流动负债得出相应的净运营资金，再依据当时的运营资金投资政策与融资政策做出调整。如果未来的现金流量表长期都是正数，又没有重大的资本支出及还款需求，则可以考虑将手头的现金发还股东，降低未来手头资金水位；或是考虑把资金投入可贡献回报的投资计划中，以赚取回报。

对于非营利组织而言，进行财务预测的方式与企业类似，只不过并非重视利润最大化，其决策方向更重视社会影响力与持续经营能力。

持续经营的基础：现金流的重要性

现金流是指一段时间内企业现金流入和流出的变化量情况。企业在销售、服务及借贷时产生现金流入，在采购、支付薪酬、偿还债务等活动时则会产生现金流出。

从企业的长期发展来看，关注现金流比关注利润更加重要，因为它贯穿于企业经营的每个环节，也反映企业经营管理能力的高低。在实际经营中，有些企业虽然盈利丰厚，但是却因为现金流断裂而倒闭，有些企业虽然处于亏损状态，但是却可以依赖良好的现金流管理得以生存下来。

要做好现金流管理，需要注意以下两个方面：一是预测，现金流预测的主要目的是确保企业在需要时，以可以接受的成本筹集到足够的现金。这就要求企业管理层和财务负责人对企业的全面经营情况有所了解，根据实际情况做出相应的计划，对企业整体支出进行优化，否决不必要的支出。二是控制，现金流量控制是管理企业现金收入、企业内部各部门之间现金周转，以及企业现金支出的技术，需要一个强有力的部门进行管控，并且需要一个稳固的实施计划。

重·点·复·习

社企创业实战 第八步
做好财务规划

财务决策的核心是财务预测，妥善规划才能持续经营。
- 一般根据短、中期的财务预测做决策。
- 看懂会计三大表：资产负债表、综合损益表及现金流量表。
- 通过财务预测规划未来几年的三大财务报表。
- 企业想要持续经营，有效的现金流管理比高利润更重要。

291

财务管理，是新创社会企业成败的关键

文／吴惠兰　安侯建业会计师事务所执业会计师

依照我这么多年的工作观察，造就一个企业成功的是资金、团队、产品、服务与业务！

但让企业得以在创业初期存活、成长阶段顺利成功、步入成熟阶段永葆基业不衰败的，却是强烈的持续经营的管理意识，因此，只有重视管理的经营团队才能找到自助的契机。在诸多管理项目中又以财务管理最为重要，因为，不良的财务管理对企业运营可能造成一剑封喉的致命影响，不可不慎重。

然而，在谈财务管理之前，几个重要的观念是创业团队不能忽略的：

一、管理靠数据，数据靠会计，即管理所凭借的财务数据必须以正确处理的账务信息为基础。

二、账务处理的基本资料要构建在有系统、有逻辑的流程制度上。在考量效益与成本时，创业初期建立几个核心流程的管理制度即可，例如销售、采购及成本分摊等流程的相关制度。

三、账务处理要依循的是一般公认的会计原则，而不是税法。一般公认的会计原则与税法规定之间的差异称为财税账差异，可于申报营利所得税时采取调整纳税所得的方式处理，换言之，企业不必要做两套账。

四、不正确的账务处理，除严重损伤社会企业的公益形象外，其他可能衍生的弊端包括：

无法取得投资人或银行的信赖，造成企业增资或融资上的困难。

无法合理估计公司价值，造成引资协议的障碍。

不正确的会计信息可能导致严重的管理决策错误，例如报价，也会让绩效衡量失之偏颇。

产出不实财务报表，除有补税、罚款等税务风险外，财报使用者也须承担不诚实的法律责任。

错误的财务信息除可能导致运营资金的财务管理不良外，其他重要资产的管理，包括应收账款、存货、固定资产、无形资产也可能徒劳无功。

综上，管理就像一种助燃物，本身虽然没有单独存在的价值，但要顺利取得运营资金、留住人才、开发有竞争力的产品或服务、制定业务拓展策略都需要有效的管理支援，对企业持续经营的重要性不言而喻！

第九步　募集你的资金：为社企注入源头活水

社会企业虽不以营利为首要目标，但良好的财务与资本是让组织稳定运营并创造社会效益的重要基础，不可小觑。本文介绍各种募资渠道——从外部资本市场、内部财务调度到新兴集资机制，以及组织应该如何决策。

募资渠道一：外部资本市场

社会企业因具有"创造社会与环境价值"的竞争优势，加上可以以公司、协会、基金会等不同形态存在，因此资金来源也十分多元——从纯商业的贷款、股票、风险投资等机制，到具有公益性质的社会投资、慈善捐款甚至政府补助等，皆有可能成为选择。

一、传统融资：包括亲友融资（创业初期的第一桶金多半来自于此）、股权融资（代表个人或组织的投资者，投入资金以换取公司部分股份）、债权融资（向政府或银行、风险创投基金等私人机构借贷）、证券融资（公开发行股票，进入证券市场集资）等四种渠道。许多社会企业创业者或经营者认为他们不适合传统融资方式，也不知道如何申请，其实传统资本市场因规模庞大，仍是最大的机会市场，不妨多研究与考虑。

二、社会投资：运用资本创造社会、环境等影响的天使投资人越来越多，此概念被通称为社会投资（Social Investment）、影响力投资（Impact Investment）、社会责任型投资（Socially Responsible Investing）、耐心资本（Patient Capital）或慢钱（Slow Money）。社会投资者在运用资本时，除了考虑其财务回报率也看重"社会投资回报率"——资金能为社会与环境带来正向改变的程度。除了个别的天使投资人，近年来社会企业创投机构（Social Venture Capitalist）也陆续成立，如在欧美运营的聪明人基金与阿育王、施瓦布基金会、新加坡的亚洲社会效益投资交易所（Impact Investment Exchange Asia）、中国大陆的LGT公益创投、中国香港的社会创投基金以及中国台湾的活水社企开发，这些组织以传统风险创投概念为基础，并架构创新股权、债权、奖金等融资机制，为社会企业提供资金。

三、慈善与政府资金：对以协会、基金会、合作社等非营利组织形态存在的社会企业而言，慈善与政府资本也是组织收入的可能渠道。慈善资本包括个人或组织捐款，但竞争十分激烈且不稳定；台湾当局给付的资本则包括奖金、补助案、标案等，组织需投入相当成本处理与当局合作需要的行政程序。

四、众筹（Crowd-funding）：这是近年来新兴的集资机制，通过网络平台，串联有好点子但缺乏启动资金的提案者以及有兴趣提供小额支持的群众，涵盖领域广泛，因此成为许多社会创新提案或社会企业创业者寻找第一桶金的另一渠道。美国Kickstarter网站为全球最大的众筹平台，中国台湾则有flyingV、嘖嘖等平台推动此概念。

五、竞赛奖金：全球各地支持社会企业发展的竞赛或奖学金种类繁多，因此在项目或组织草创期，将改善社会的好点子写成一份完整的企划书，亦有可能从此渠道获得启动资金，以及创业辅导、人脉资源等非金钱资源。

六、社会效益债券（Social Impact Bond）：社会效益债券并非传统意义上的债券，而是一种联结政府、社会企业（或非营利组织）和投资者等多方参与者的伙伴关系。政府会制订一个想要改善的社会问题的解决方案，并招募、委托有能力的社会企业或非营利组织来执行，方案执行成本由投资人购买社会效益债券来支持。若执行组织成功达到或超越政府设定目标，则投资者可拿回全数投资，甚至得到额外分红。因此社会效益债券也称为"绩效支付债券（Pay-for-success Bonds）"，因为社会效益投资者的获利报酬，取决于投资方案最终达成的社会成果。例如2012年8月，美国纽约市市长彭博宣布该市将发行美国第一份社会效益债券——由高盛集团发行960万美元（约为5960万元人民币）的社会效益债券，投资一项为期四年、降低纽约市青少年重复入狱率的方案，便是借助这项创新的金融产品——有效地利用资源，使用预防性干预，达到更好的效果。

募资渠道二：内部财务调度

除了外在的融资机制，创业者也可通过控制组织支出、改善现金周转率，或活用组织资产等策略来产生资金流。

一、应收账款快快收：应收账款是为客户提供商品或服务后待收的款项，其总额越低，表示组织手中能运用的现金越高，因此可设计机制，在报价单或合约中明示，鼓励客户尽快付款。

二、应付账款慢慢付：应付账款指的是因购买原料或接受劳务供应等而须付给供应商的账款。进货之后必须支付的账款越晚付、出货之后能够收取的账款越早到，组织在手上可运用的现金越多、资金周转状况会越好。

三、活用资产：考量组织的现有资产，如软硬件设备、资本等，并开动脑筋活用这些资源，如分租办公设备给其他团队、将公司暂时不会用到的资金转为定期存款以赚取利息等，"开小差"为组织创造另类财源。

🌐 **表7-10　融资渠道比较**

财务选择	花费时间	金额高低	稳定度	与组织社会使命的关联度
传统融资	中等	中等	中等	低
社会投资	高	高	高	高
政府资金	高	高	低	中等
群众募资	低	低	中等	中等
组织调度	低	低	中等	不适用

找出最适合的融资策略

以上介绍了许多募资渠道，鱼与熊掌不能兼得，每种募资渠道各有优劣，必须做出取舍。银行贷款渠道多元，创业者较容易申请，但资金对增强社会企业使命毫无助益；社会投资者（或机构）与社会企业共享相近的价值观，可能带给组织更多非金钱资源，但须长期相处与合作以建立信任关系；群众募资具有成本效益，但募资金额不高且需投入宣传资源；内部财务调度可在短期内产生效果，但金额不高。建议综合个人偏好、组织特质、获取的难易程度等要素考量后，做出合适选择。

以下建议可作为筹募资金时的参考：

一、了解出资者重视的价值和决策要素：换个角度，从出资者的角度出发，思考什么对他们而言是重要的、什么会影响他们做决定。了解出资者的语言，例如向银行介绍组织的"价值主张""投资回报率""债权架构"等信息，会比单纯讲述组织的愿景、社会影响更能吸引目标听众的注意力。

二、建立长远网络：天使投资人或一些融资渠道需要人脉推荐以及长期相处与合作以建立信任关系，继而找出并参与有兴趣的社会企业创业、经营者社群，也许从中可以认识未来的投资者、创业伙伴等志同道合的朋友。

三、建立信用纪录：向银行贷款或与政府建立契约时，对方都会评估组织财务及业务往来状况、创业者个人信用纪录，因此建立良好的信用纪录十分重要，且非一蹴而就。

社企创业实战 第九步
寻找资金募集渠道

妥善利用各种资金募集渠道，以支持社会企业稳定运作，并创造更大价值。

- 从外部资本市场寻找资金：包括传统融资、社会投资、慈善与政府资金、群众募资、竞赛奖金、社会效益债券。
- 发挥内部财务调度效益：应收账款快快收、应付账款慢慢付、活用现有资产。

四、整顿组织装备：出资者在评估一个组织时，会考量其不同方面——有经验的经营团队、透明的公司治理、清楚账务、独立审计、完整的商业计划书等，越早建立起这些组织"装备"并具体落实，组织便越有可能获得出资者青睐。在公开市场募资时，由于外部投资人对公司的情况并不了解，则更重视综合损益表、资产负债表等能够表示公司量化资产价值的财务报表，作为基本面的衡量，以及通过技术分析、筹码面、消息面等股票投资技术决定是否购买公司股票。

五、建立备选方案：别把鸡蛋放在同一个篮子里，保有未雨绸缪的心态，别将所有资源投资于单一资金来源，建议选择2～3个渠道，并有备选方案，降低募资的相关风险。

专家观点：资金募集渠道

今天我们谈影响力，不谈ROI

文／郑志凯　　联讯创投公司联合创始人及总经理

从20世纪60年代起，企业社会责任（CSR）逐渐排上各公司董事会的议事日程之后，许多投资者也开始反思：投资的目的在追求资本获利之外，是否也应该考虑社会责任？

美国和中国台湾资本市场一个很大的差别是，美国以法人投资机构为主，而中国台湾散户占股市八成以上，虽然两者逐利的目的一样，投资行为却有很大的不同。美国许多法人投资者将社会责任列为选股条件，甚至各种社会责任投资基金纷纷成立，有的明确表态不投资烟酒、武器制造、赌场等，有的专注于环保、绿色能源或洁净科技等领域。经过20年的发展，社会责任基金已占全美国基金总资产额的11％，并且还在持续成长。而在中国台湾的散户投资人因为以个人价值取向为主导，少见将社会责任列为选股的考虑因素。

正如社会企业不同于追求CSR的一般企业，"影响力投资"是一种新的投资观念，与社会责任投资（SRI）不尽相同，其细微但重要的差别在于，后者以社会责任为手段，赚钱为目的，前者却以赚钱为手段，社会责任为目的。

虽然最近社会企业在台湾受到许多关注，然而各种观念、实务、制度仍在起步阶段。在推动社会企业发展的整体生态环境中，还有几个关节需要打通，而最重要的可能是注重影响力而非投资回报率（ROI）的投资风气。巧妇难为无米之炊，没有追求社会价值的影响力资金，空有再多的爱心或创意也无法成为企业。

影响力投资：介于捐献与投资之间

任何运作良好、可持续经营的企业本来就能为社会带来许多正面影响，但影响力投资特别注重对社会或环境问题的解决方案。根据在麦克阿瑟基金会服务、掌管3亿美元（约为18.6亿元人民币）基金的Debra Schwartz的经验，她用5个P来汇总影响力投资对社会企业的贡献。

- Price：影响力投资基金可以接受较低的投资回报率。
- Pledge：社会企业向银行贷款时，影响力投资基金愿意提供担保。
- Position：影响力投资基金提供贷款给社会企业时，愿意接受较低的还款顺位。
- Patience：可以接受较长的投资退场时间。
- Purpose：任务导向，按企业需要提供富有弹性的投资或借款方式。

因此从本质来说，影响力投资是一种介于捐献和普通投资之间的投资行为。虽然美国也有许多影响力基金号称其投资回报率不比一般投资逊色，但如果影响力投资遵从5P原则，风险比一般性的基金大，报酬不见得更高，平均ROI自然更低。难道会有投资者愿意牺牲ROI吗？我们不难想象，只要一个人有捐献的习惯，他便可能考虑ROI较低，但能产生社会效益的投资机会。

跟捐献相比，影响力投资吸引投资人的原因之一是可以取回本金，循环使用，投入下一个社会企业。同时捐献给人授人以鱼的印象，影响力投资则仿佛授人以渔，使初创的社会企业在经营正规化后便可以自力更生，不必持续依赖资本的帮助。

以投资放大影响力

一般现代人若经济上略有富余，基本上多数都会一面积极理财，进行传统投资，追求最大的投资回报，一面也热心捐献。虽然整体财富的ROI因此降低，但精神层面的满足也是一种无形的报酬。

　　以下用一个极度简化的例子说明影响力投资会如何左右现代人对投资与捐献之间的分配。

　　假设某人有100万美元（约为621万元人民币）可用资金，他将95万美元（约为590万元人民币）投入常见的一般性投资，每年有10%的ROI，另外5%无偿捐献给各公益组织，平均下来他每年的ROI将为4.5%。

　　假设影响力投资也是一个选项，他可以将捐献的金额降低为4%，另外投资4%在追求影响力的项目，其余92%继续投入传统投资。传统投资的ROI仍然是10%，影响力投资的ROI较低，只有5%，在这些假设条件下，他每年平均的ROI将会是5.4%。投入公益的金额增加了，ROI却不见得降低。

　　这个例子里ROI高低多少并不重要，更重要的是原来他只有5%的公益预算，通过影响力投资，他可能将预算扩大为8%或更高，换句话说，他对社会公益的贡献（或是影响力）从5%增加到8%。如果这个人代表社会的多数人，流入社会公益领域的资金将会增加60%，这是何等可观的力量。

　　台湾以爱心充沛闻名，遇到紧急灾难时社会上的捐献向来不落人后，发展社会企业的远景令人期待。上述的三个关键环节——创意、制度、资金，缺则事倍功半，全则事半功倍，影响力投资要得到普及，需要开发观念，制定相关制度，以及有心意、有能力人士的实际参与。

第十步　做好你的创业心理准备

对于想要采取行动、创立社会企业的人，前面9个小节提供了技术层面的重要信息供参考，然而最后、也是最重要的环节，便是考量心理层面——你准备好要创立社会企业了吗？

创业需要专心致志，需要时间、心力、金钱与勇气，这个决定可能与你人生过去的任何决定都相差甚远，更重要的是决定创业后，你就是自己的老板，没有其他人能够帮你决策、替你出面或让你躲藏。本文将忠实呈现创立社会企业会经历的甘苦，期望帮助你反思，衡量自己是否准备好要踏上创业之路。

理清动机，创业马拉松才能走得远

创立与经营一个事业光凭灵光乍现不足以成气候，只有少数人能将绝佳点子和执行技术相结合。有一半以上的创业在前三年就会失败；撑过前三年而存活下来的，在接下来两年中也有三到四成会失败。

每个人决定创业的原因不尽相同，常见原因包括想自己当家做主、想赚钱、想抓住市场机会、想改变世界等。理清自己的动机非常重要，选择创立社会企业，除了面临与创立一般企业同样的获利挑战外，还要能够证明自己正在为社会、环境创造正向改变（这点有可能降低财务报酬），以及经营广泛而多元的利害关系者社群，因此难度往往较高。

而投入这么多心血，社会企业却可能需要较长时间才能达到收支平衡，也很难让创办人变成亿万富翁，因此若创立社会企业的动机，只是单纯因为想不到其他事情做或想赚大钱，很难持续背负创业的压力。成功的社会企业创业者，更多的动机是来自对尝试创新、拥抱变革、创造社会公益、改善现有服务等价值的追求，而不仅仅是财务回报。此外，其他的社会企业创业者可能也会面临类似的挑战，更能彼此相互支持。社会企业创业者们协力开创新局面及可持续环境的"同舟共济"，也是投身此领域的另一动机。

有舍有得，创业风景大不同

创业需要投入相当高比例的时间与心力，也代表在金钱、健康、生活等方面可能有所取舍。

在时间方面，创业刚开始总是跌跌撞撞，找到符合市场需求的产品需要耐心，醒着的每一分钟也都在想如何让事业走得更稳更好，随时保持正面心态来迎接下一个挑战，别让自己身心耗尽非常重要。在财务方面，创业第一桶金通常来自于自己、家人或朋友，此时建议确认没有高额财务负担，避免因创业初期的收入匮乏或不稳定影响到偿还债务的能力；向家人与朋友借款时也要明确评估与沟通，避免因创业失败而破坏长久情感关系。在健康生活方面，创业伴随着冗长的工作时间与持续的工作压力，常导致创业者饮食、作息不正常甚至社交孤立，不自觉减少与家人、朋友的相处时间，建议仍要尽可能维持工作与生活的平衡。在个人发展方面，工作之余别忘了留心各项创新发展，科技、金融、政治、社会变迁等趋势，可能会影响你及所创立的事业，作为组织领导者也需不断增进自己的相关技能。

鉴往知来，参考社会企业创业者的共同特质

成功不能复制，但可以学习，以下整理归纳的普遍被认为有成就的社会企业创业者的共有特点供参考。

相信自己：对自己及所做之事的强大信念，是让创业起飞的第一步，真心相信自己能达成愿景。

充满热忱：对于想改善的社会议题充满热情，是启发、邀请更多伙伴加入或提供资源的关键。

把握机会：遇到问题不是怨声载道，而是能看到、把握其他人所忽视的机会。

勇于创新：不安于现状，不妥协于限制，以更新更好的解决方案回应社会与环境问题。

结果导向：通过创新方案，在有限资源下创造能改善社会、可被衡量、具有持续性的务实变革。

从做中学：摒弃"准备好才创业"的等待心态，从实战中学习面对创业过程中的机会与挑战。

自主管理：化被动为主动，自我约束，提高控制能力，推动组织不断发展前进。

专心致志：面对挑战不轻言放弃，被挫折击倒时迅速爬起，将不顺利抛在脑后，整装再出发。

谨慎冒险：了解如何计算风险与回报，承担风险，且从中取得平衡，谨慎决策。

成为行家：成为自己所耕耘的社会议题、关注领域、运营地区与产业的专家，有能力让改变发生。

善于沟通：能清楚向他人表达自己创业的愿景使命，从中启发他人，取得跨界支持。

富于机智：知道为事情的轻重缓急排序，并擅长调动人力、财务、政治等资源来解决问题。

领导有方：能够领导与激励伙伴向创业者看齐，懂得适才适用，让每位伙伴都能实践使命。

以终为始：富有远见，以清楚、明确的结果为目标，来决定现在要做的每一件事情。

拥抱失败：勇于讨论失败的原因、程度及情形，吸取前车之鉴，作为让组织进步的基础。

你可以当社会企业的从业者或内部社会企业家

你也许觉得创业对你而言还太遥远，或者心生恐惧。其实，本来就不是人人都适合当创业者，以创业风气最盛行的美国为例，过去5年创业人口占全美就业人口的平均比例约一成，换言之，其他九成人口，绝大多数是受雇于企业或机构的从业者。

全球知名品牌维珍集团在2006年成立"维珍燃料"（Virgin Fuels），研究生物燃料的制造与使用，希望降低燃烧石油所产生的二氧化碳排放量。集团创办人布兰森（Richard Branson）常提到，他最擅长且得意的不是自身执行力，而是找到合适的专业经理人团队来管理各个事业群体，这比他事必躬亲来得更有效率，也让他能够无后顾之忧，思考新的创业灵感。

具备专业能力的"社会企业从业者"（Social Enterprise Practitioner），使得社会企业创业者能够找到伙伴、形成团队。创业者从零开始、独具远见的开创能力，搭配从业者实事求是、化繁为简的执行能力，两者互补可让组织运作得蒸蒸日上。

全球近年来也兴起"内部社会企业家"（Social Intrapreneur）风潮，通过所属组织支持，结合企业核心能力与社会贡献使命，从内部寻找灵感，思考策略，建立新业务项目，如同在组织中经营自己的"社会企业"。例如日本宅急便公司大和运输株式会社员工，想出一套结合快递服务、老人关怀与基本健康咨询的服

重·点·复·习

社企创业实战 第十步
做好创业的心理准备

从心理层面，考量自己是否已经准备好要创立社会企业。

- 你创业的动机是什么？是否强大到让你愿意持续背负创业的压力？
- 你能否在时间、金钱、健康、生活形态、个人发展等方面，面对得失取舍的挑战，找到平衡？
- 你拥有成功社会企业创业者的共同特质吗？

如果不适合创业，当个社会企业从业者或内部社会企业家，一样能成就公益精神。

务，降低独居老人发生危难时无人照应的概率，争取两年后获公司支持，现已在日本5个城镇实行。

内部社会企业家并没有离开原本的工作而创业，也不似社会企业创业者易受到外界瞩目，然而他们拥有组织的专业资源、对社会议题的热忱以及勇于创造与争取管理者支持的努力，甚至能够开创所属组织与社会企业合作的新局面。这样的宁静革命，将创业家精神带入日常生活中，一样值得持续鼓励与关注。

专家观点：个人职业考量

创立社会企业，你准备好了吗

文／陈冠学　社会企业创投前咨询顾问

从台湾逐年增加的青年国际志愿者人数，可以看到越来越多基本需求无忧的青年，对于弱势群体、环境与社会问题的关注。每个人投身公益的理由各不相同，也许是因为有过不愿别人再经历的创伤，也许生下来就有悲天悯人的心肠，或者是因为个人志趣，都可能让我们思索，与其顺应传统价值观，拿个不上不下的薪水、追逐永远无法追上的房价、日后让自己也入籍成为网络世界的"鲁国人"[1]，不如过点更有意义的人生，投身公益，协助弱势群体，对这个社会下"战书"。

许多年轻人在考虑投身公益领域的时候，想到的常常都是要如何帮助别人，无论是弱势群体或环境议题。然而，帮助别人，不代表解决问题。就像你也曾捐赠物资到资源缺乏的国家，你很可能暂时帮助到当地的小朋友了，但不代表你真的解决了贫穷的问题。

然而，就算你想到了解决方案，也不代表你能够让这个方案自给自足，甚至成为具有规模的社会企业。你只是知道钥匙应该怎么打造，但你还是需要一笔钱去找锁匠。社会企业听起来很酷，但不是所有社会问题的解决方案，都能够建立在社会企业的模式上。

拿出追求一流的创业企图心

要提供一个能够建立在社会企业模式上的解决方案，也就是自给自足的持续性模式，来打造解决问题的钥匙，除了商业模式、创新，还有对于企业整体品质

---

[1] 台湾网民常称自己或某些人为鲁蛇，即"loser"的谐音，意指薪水不高、在社会夹缝中求生存的一群人，因人口庞大被戏称为"鲁国人"。

与竞争力的要求。若对社会企业工作者来说，那就是社会创业者的企图心。

许多公益组织，并不是没有打算运用商业模式解决对于捐赠与补助的需求，例如现在每逢重要的传统节日，企业都会购买赠品做商业往来用途，不少公益组织看见这样的机会，便开始制作并营销自己的糕饼产品，这也让越来越多的个人或企业，将这部分往来礼品的预算，转移到这些公益组织的产品上。

这样的风气开始了几年，我也吃过许多家公益组织的糕饼了，但我却从来没有品尝过让我觉得有特色或品质真正超群的产品。这些产品的质量其实不差，不过他们和一般糕饼品牌的差距，实在如同韩国整形艺人之间的差异一样微小。

说穿了，这些企业、个人，之所以会买这些品牌，很大部分是出自好心与善意。若是去除了这些公益色彩，人们很可能从不会认识这些产品。

不能只卖同情，更要创造价值

台湾是一个过度良善的地方，很多人觉得做公益就是在帮助别人，所以商品或服务的本身，就不该那么被计较，也不需追求差异化，但这样的观念却会阻碍一个优秀社会企业的产生。因为你是在销售感觉而非为顾客创造"价值"，你帮助别人所以自我感觉良好，然后你将这种感觉转售给了终端顾客，他们购买你的服务或商品之后，也自我感觉良好。虽然产品使用后，其实感觉真的一般。

我并不是说，当你看到市场附近辛苦卖豆腐脑的80岁婆婆，如果卖的豆腐脑没有比附近的早餐店好吃，就不应该去买。顾客当然可以支持弱势的就业者，但是社会企业创业者的标准却不能只在这个高度。

TOMS是一个许多台湾年轻人都知道的美国休闲鞋品牌，过去台湾没有直接经销，许多人甚至会请人代购，可见其吸引力。然而很多台湾的顾客并不知道，TOMS其实也具有社会企业的精神，制鞋销售也同时捐鞋给贫穷地区的儿童。但假若TOMS创建的时候，只想凭这种公益的诉求，而没有非常努力地让其商品具有差异化的个性，给予顾客最好的实际价值，我想TOMS不会有今日的成功。

创建社会企业应该要有做一流企业的野心，也许因为社会企业本身成立的宗旨，而导致资源与市场的局限，所以很难在一般商业市场竞争，我们当然可以在创造价值与创造"公益的感觉"之间求得平衡，但是这种追求一流的态度不可缺少。不能因为你帮助了别人，就可以不用做到最好，甚至只是和别人一样好。社会企业若要走得长久，要让自己超越同情的水平，建立在"市场"的基础上。

建立社会企业，我们对社会问题与对象要谦卑，但是对品质与服务的要求却要非常骄傲。社会企业，也应该是一流的企业。

附录　来自知乎的问答

1. 什么是社会企业？社会企业是商业机构吗？

徐博闻，儿童教育及非营利组织管理者、研究者

社会企业的具体定义在世界各地还有争议，如果从指导策略来分，美国的社会企业更强调社会和经济目标的融合，可以分为"非营利创业"（Enterprising Nonprofits）和"社会投资"（Social Investment）；欧洲则兼顾政策、经济和社会效益三大目的为一体，可以分为"工作整合"（Work Integration）和"社会创新"（Social Innovation）——从字面上我们可以看出其中的细小差异。

一般来说，我们可以把社会企业理解为一种非营利组织的商业化形态，面对社会问题，社会企业会通过以社会价值为导向的商业活动来解决问题。相比于过去公益组织偏向"先污染、后治理"的因应模式，社会企业更强调一种对社会责任的主动承担，会自发去发起一些运动来解决社会问题。从某种意义上来说，社会企业可以起到整合非营利机构和商业企业两方面资源的作用，一方面给需要帮助的群体带来需要的帮助，另一方面可以帮助公益从业者提高薪资待遇，同时保证自己的高度独立。

还有一种定义，认为充分实现自身企业社会责任的工商企业也可以被称为社会企业；也有一些学者认为社会企业的实现形态应该是工商企业下设基金会，由基金会指导非营利机构实现社会价值，而出资的企业则称为社会企业。但此处我们不探讨这一类非主流的社会企业。

从经营角度说，社会企业首先是一个合法的组织，以非营利机构或工商企业的姿态存在，强调利润收益不分红，但可以用利润进行重新投资以实现企业的社会目标。社会企业的经营目的并不是带给股东经济回报，而是带给股东社会价值的回报。与传统非营利机构相比，社会企业以企业精神为主导，坚持社会创新的道路，具有自负盈亏的经济自主性，并不依赖外界的捐赠而生存。

总而言之，社会企业是一个处在非营利机构和工商企业中间地带的概念，所以也受到很多质疑。第一是法律上的监管问题，社会企业是被非营利机构或工商企业的某一方，还是双方监管。第二是本身性质的定义问题，如上文所说社会企业的定义比较模糊，而且本身的性质及与传统非营利机构的互动性还有待验证。第三是制度上的政策问题，由于社会企业还在初创阶段，各方面变数很多，未来的政策取向还是未知数。不过值得注意的是，很多国家和地区已经试图促进社会企业的发展，我到台湾的这一年是台湾地区的"社会企业元年"，当局正式开始以一个三年计划推动社会企业发展。

2. 社会企业与NGO有什么区别？

韦冠楠

社会企业这个概念目前还没有一个广泛认同的定义，个人比较倾向于认为社会企业是指为达到一定的社会目的，通过企业和商业的手法（管理、营销、财务等）来运营一个公司或组织。社会企业大多有明确的目的去推动解决某个社会问题，手段有向消费者提供服务或产品，通过追求财务的自给自足并获得盈余来实现其社会目标。

社会企业有多方的参与，有传统的NGO在做；有政府和政府基金会，比如香港政府就有一个几百亿的基金会来扶持初创的社会企业；也有商业公司支持，例如汇丰银行有一个社企商业中心（social enterprise business centre）来帮助和服务社会企业，更广地看，企业内部的企业社会责任部门也可以认为在做类似的事。

相比之下，传统的NGO不以追求盈利为目的，不靠经济利益来驱动，更多地依赖外部的募捐或帮助。

因此，NGO只是社会企业的一种组织模式，它和社会企业有交集。

3. 有哪些可能的社会企业的商业模式？有没有可参考的相关资料？

苞谷地主(高博)

实际上，社会企业性质不同，发展模式相应的也不同。为了更好地回答这个问题，我们需要对社会企业进行分类，根据营利模式可以大致分为以下三种：

1. 政府购买服务模式

2. 企业以及基金会赞助模式

3. 企业自身商业以及增值业务

这三种模式并不是什么类型的社会企业都采用的，根据企业三个要素（social programs, enterprise activities, organizations），也就是根据各个企业商业运作和社会项目的占比关系，社会企业可以分为三种形式：embedded, integrated, external。这三种类型的社会企业具体来说就是：（1）business enterprise，传统商业持续支持社会项目的部分（通常具有专门做公益事业的部门）；（2）NGO（NPO）；（3）purely social enterprise，严格意义上的社会企业，受益人可以是企业职工、shareholder或customer。

对于NGO（NPO）来说，政府购买服务模式更为普遍，同时它们也接受企业及基金会赞助。当然，少部分会有自身产业的保值增值，如办公室租赁、人员租赁等，不过目前占比不大。

business enterprise，基本上是以自身的商业模式赚钱支撑社会公益事业。拿我这个暑期调研的一家社会企业来说，就是这种情况。企业自身以建筑装修、投资业务为主，具有高技术含量，也很profitable，而企业自身做的social mission是关于当地贫困儿童就学和贫困人群的住房问题。

对于最后一种社会企业，也就是purely social enterprise，严格意义上的社会企业。在我们国家最接近或者就属于这一范畴的就是社会福利企业，也就是残疾人企业，比较出名的有深圳残友集团。这类企业营利模式是以企业自身商业以及增值业务为主发展，同时由于这类企业的特殊性，相比传统企业来讲，可以享受部分税收减免。一般这种企业的目的是为社会弱势群体提供工作并为他们提供一个可持续的医疗和生活保障。在这个暑期，我还接触到一家剪纸企业，企业员工除会计外，皆是白血病患者。通过销售剪纸产品，实现企业盈利，并为企业的白血病患者提供可支付的医疗保障。更重要的是，白血病患者在那里感到自己的劳动受到了重视，实现了他们的社会价值，所以在那里的白血病患者都不会感到被社会歧视，相反感到自己也为社会做出了贡献，很有存在感，相应地，心理疾病也会少很多。

关于书籍的推荐，第一个肯定是社会企业的带头人、小额贷款创始人穆罕默德·尤努斯的一系列书籍，包括《穷人的银行》《企业的未来》《新的企业模式：创造没有贫困的世界》。

国内关于社会企业的文献，说实话有是有，但是很凌乱不系统，毕竟社会企业这个概念是2006年才引入我国的，不过还是有一些比较好的文章，浅显直观的有包括英国大使馆2008年的 *Social Enterprise Research Report*，还有FYSE和瑞银集团出的 *China Social Enterprise Report 2012*。学术性强一点的包括 *Social enterprise in China driving forces, development patterns and legal framework*（一个中国人写的，应该有中文版本），*Social Entrepreneurship in China: Trends and Strategic Implications* 等。

最后，推荐一个网站：http://www.socialenterprise.org.uk/，上面有关于社会企业一些最新的动态和案例。你最好根据自身企业性质和发展模式选择相应的板块进行阅读，这样才能产生事半功倍的效果，希望我这个答案能够让你对社会企业的认识更深一步。

4. 国内做得比较好的社会企业、社会企业家有哪些？

冯珏曦，互联网产品运营&推广

从广泛意义来说，运用商业思维和模式来解决某个突出社会问题的企业，都算得上是社会企业。"社会企业"这个词语最早起源于英国，距今已有100年历史了，而最近才在中国的公益界变得火热，但是这并不代表着这是一个舶来语，其实中国之前也有很多跟社会企业性质相同的企业，只是那时我们还没有这个概念，所以我们更多称为福利企业。

目前，随着中国政府加强在民生方面的建设，更多的政策也偏向于解决社会问题的企业，而很多人也看准了政策优势，纷纷投身于创业中。目前符合"社会企业"定义的企业在中国还是很多的，除了残友之外，还有谭木匠（一半的工人是雇用残疾人），当然也有一些在解决能源问题的太阳能企业、解决环保问题的厨余垃圾处理企业或者是帮助农民增收的农村超市等。

5. 如何寻找创办社会企业的创意？

王永国，产品设计运营，互联网创业者

不管哪个行业，寻找创意的道理都差不多，针对社会企业的创意来源，我个人认为应该从以下几方面出发。

第一，思考的素材：思考多数都需要有启迪的依据。

对策：多关注社会热点问题，查阅相关资料，最好选择一个自己擅长的和感兴趣的方向进行专攻。

关键词：看；听；想。

第二，思考的启示：在问题与需求中需找价值。

对策：需要有一颗冷静的心和一个善于思考的大脑，最好入木三分地问几次"为什么"，才能不断使自己敏感起来，能够及时抓住自己浏览信息中的问题与需求。

关键词：观察；问；思。

第三，市场商业能力：建立起可行的商业模式。

对策：需要了解创业策划涉及的知识和能力，具备市场分析师的特性。

第四，反向思考：从对象入手。

对策：这个模式的建立是从需要帮助的对象入手，来寻找他们的需求和问题，再建立商业模式。

第五，创意与创新：有人说创新是创意的可行性分析后的结果。

对策：想创新除了把握问题与需求外，还需要有打破常规的勇气与思维方式，需要有怀疑的精神与强烈的自主意识。创新可以是需求本身，也可以应用在运作方式上。

总结：需求和问题就是机会，前提是有这种观察、思考、联想的能力，进而建立起商业模式，进行执行。

关键词：信息；观察；思考；联想；问题与需求；商业模式；执行计划。

6. 想要建立医疗领域社会企业，怎样入门更靠谱？

张轶，产品经理

看到这个问题，我想起五六年前的自己，我当年认为医疗的大数据大有作为，所以弃医从网。我也没有做过咨询、市场等其他职位，只能讲讲作为产品经理的一些事儿。

快毕业的时候，我的想法很幼稚，认为建立统一的电子病历平台，然后通过医学统计得出任一疾病出现病症的概率然后反推算出权重值，可以通过算法做出一个精准的医疗诊断辅助决策系统。

我当时一心想进搜索的公司，后来去了当时还比较有名的爱帮网（CEO是百度的前CTO），谁知赶上团购的爆发，成为最早一批做团购的产品经理，然后从前台做到后台，从web做到APP，从前十的搜索公司换到前三的团购公司。现在才开始医疗互联网的创业。

其实，如果是freshman，我建议早期的工作以提升自己最擅长、最容易提升的能力为主。对行业的理解只要保持信息量，多关注、多调研即可。因为需求是瞬息万变的，经验没有学习能力、专业能力重要。这样机会来临的时候你才能真正抓住。

产品经理，不只是大家眼中做个产品这么简单，能把产品经理做好是件特别不容易的事情，做好产品经理最关键要有解决需求（问题）的能力、推动事情向目标前进的能力、各方沟通的能力。好的产品经理是自己产品的小CEO，一定也是一个好的市场人员，好的咨询人员。当然，我相信其他职业做到极致也是殊途同归。

就我自己来说，其实也不乏一些运气的成分。从开始做产品经理至今都是在一些相对很重视产品经理的创业公司，所以和大老板、CEO走得很近，学习的机会特别多，并且都是从自己公司的角度想问题，又赶上团购的爆发。所以，不是几年都是在做一颗螺丝钉，相对业务能力及其他能力得到了比较均衡的发展。当然，人外有人，天外有天，我还需要不断继续学习。

最后，一定要维护自己的圈子。我一直都会去维护自己的那个医疗的圈子，定期会有聚会，并且在聚会的时候，不断向大家推销自己，也推销自己对医疗互联网的理念。我现在的合作伙伴，就是自己医疗圈子的人。另外，就是在公司很注意结交各种人才，市场、销售、行政、技术、产品、UI……如果以后你想自己创业，这些资源一定用得着。

总结一下就是这样几点：

谋事在人，成事在天，但是朝着趋势执着地去努力，一定会有收获。

刚开始工作时，最好找对自己的工作能力、简历背景、行业人脉提升最多的公司。激进的方法就是，找一个有前景、有知名度的创业公司。

剩下就只有坚持啦！

本书共同作者简介

（按姓名笔画顺序排列）

余昌柔　美国加州大学洛杉矶分校英文系毕业，研究兴趣为欧美文化，热爱思考及创作。

林子豪　美国艾奥瓦州立大学信息科学研究所毕业，现从事有关网络入侵防护的研究工作。

林以涵　美国得州大学奥斯汀分校公共事务研究所毕业，社企流联合创始人、执行官。

林祖仪　财金博联合创始人、PTT官方粉丝团主编。学生时期便致力于金融教育推广。

林冠廷　在中国台湾攻读社会学，比利时取得财务硕士，在比利时的阿育王工作过，现于台湾奋斗。

邱韵芹　台湾大学财金、社会系毕业，曾任社企政策研究助理。现于美国攻读国际关系硕士。

金靖恩　台湾大学工商管理系毕业，社企流联合创始人，负责网站编辑与营销事务。

柯振原　东华大学生命科学系毕业，热爱海洋，关心环保议题。

张简如闵　台湾大学政治系毕业，热衷跨领域学习与思辨，关注媒体与公共议题。

梁淳禹　台湾大学工商管理系毕业，喜欢学习新知识与结交朋友，现推广食农教育与朴门持续概念。

郭又甄　台湾政治大学新闻系毕业，热爱美食，向往半农半×的生活，现于意大利就读慢食硕士。

陈玟成　台湾政治大学公共行政系毕业，社企流联合创始人，负责教育培训和活动方案。

黄重豪　台湾政治大学公共行政研究所毕业，现为独立记者。喜欢听别人的故事，补自己的浅薄。

黄绍航　美国杜克大学工业管理研究所毕业，致力联结亚洲与硅谷，探索社会创新的可能。

黄菁嫩　台湾大学国际企业系、政治系毕业，自由作家，和他人合著《斯坦福改造人生的创意课》。

杨昌儒　台湾大学农业经济系毕业，现任职于顾问业，关注农业、教育议题。

叶孟霭　台湾政治大学公共行政研究所毕业，现为社企流资深编辑。

虞佳媛　台湾政治大学会计学系，热爱志愿者服务，关心贫穷问题。

蔡业中　台湾大学英文系毕业，相信世界从未巨大到人能漠然以对。

郑全智　比利时Vlerick商学院商业管理研究所毕业，曾任职于体彩业，关心消除贫穷的议题。

赖菘伟　加拿大多伦多大学企业管理研究所毕业，曾任职于外商药厂，现经营诊所。

缪　荸　台湾政治大学新闻系毕业，视运动如命，更希望自己能为社会做些什么。

简佩吟　美国得州大学奥斯汀分校社会学研究所毕业，关心流浪动物与性别、移民议题。

特别感谢英国顶尖社会企业培育组织UnLtd，授权本书第七章使用"社会企业创业工具箱"（Social Entrepreneurship Toolkit）内容。

组织简介：UnLtd致力于为英国的社会企业创业者提供弹性的、个人化的服务，为其量身打造募资、咨询、资源网络等多样化的支持。协助他们在创立社会企业时建立必要的信心、技能、承诺与网络，进而实践其创新想法并对社会带来正面改变。UnLtd提供的支持，包括社会企业的启动、规模化、成长、培养与创新等各方面的经验。其使命是为想要改变世界的社会企业创业者提供他们需要的联结与能量。请参阅http：//unltd.org.uk。